美麗國度

Beautiful Country

A Memoir

不被記錄的黑戶童年

王乾——著
Qian Julie Wang

楊詠翔——譯

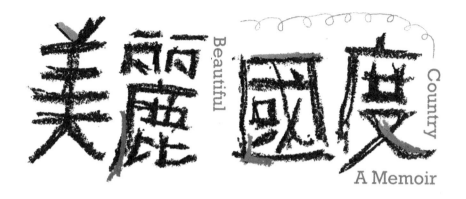

獻給所有仍待在陰影中之人——
願有朝一日你們不再有理由怕光。

「家就是那個青春的領域，孩子是唯一真正生活其中的居民，
家長、手足、鄰居則是神祕的幽靈，來來去去，
並在這個領域唯一擁有權利的公民，孩子的身上及周遭，
做些怪異又無法理解的事。」

——瑪雅．安吉羅（Maya Angelou），《致我女兒的信》
（*Letter to My Daughter*）

目次

過去如何開始

How It Began

我的故事在我出生數十年前就開始了。

在我父親最初的記憶中，他當時四歲，一邊蹦蹦跳跳走向市中心廣場，一邊用玩具槍射著附近的鳥兒。在這裡，他受到耐人尋味的搖盪身影吸引而停下腳步——他很慢才認出來：兩名男子吊掛在一棵粗壯的樹上。

他緩緩接近，推擠過圍繞樹旁的成人的膝蓋，在悶熱的夏末空氣中，蚊蚋和蒼蠅蜂擁包圍垂掛的屍體，腐爛血肉的惡臭也淹沒了他的鼻子。

他在泥土地上看見一個用血寫成的字：

冤。

遭到冤枉。

那時是一九六六年，文化大革命剛剛爆發，即便是對一個以動盪不安聞名的國家來說，接下來的十年也都會帶來前無古人的混亂。迄今，這場整肅清洗造成的實際死亡人數仍然是個禁忌話題，更糟的是，根本無法估算。

——

三年後，我七歲的父親目睹他的長兄遭到逮捕。前幾個星期，我那還是青少年的伯伯寫東西批評毛澤東，認為他透過煽動人民反目來操弄無辜的中國人，只為鞏固自身的權力。我伯伯還滿心天真，英雄般愚蠢地在文章簽上他的名字，並到處分發。

所以他再也沒辦法從中學畢業了，只能在牢牆後方挨餓和飽受折磨。

從那時起，我父親的童年就全都花在眼睜睜見證他的父母遭到公開批鬥，同時還要忍受自己在學校受到的種種羞辱：他每天早上都被迫站在教室最前頭，老師和同學一邊斥責他和他「反動」的家庭。在學校外，成人和小孩也沒有兩樣，用石塊、鵝卵石、狗屎丟他，他祖父的榮耀已不復見——當年他長袖善舞地協商及談判，可是想辦法保住了村莊，不受日本人占領的姦淫和劫掠染指；來到王家院落託他父親寫書法的訪客也不再出現。從那時起，就只剩他母親瘀青的臉，還有他父親沉默又節制的眼淚，紅衛兵衝進來洗劫他們早已殘破不堪的家園時，他的四個姊姊只能尖叫。

我父母人生的開端，正是在這樣的背景之下展開。我媽的痛苦，則是身為一個女兒，並且生在一個和政府糾纏不清的家族中，無論她父親的權力多大，都不夠保護她免於她生活時代下的騷亂及性別歧視。她在距離我父親家數百公里遠的地方長大，而他們遭受的苦難，既看似相同，卻又彷彿天差地別。

半個世紀以及移民到世界的另一頭之後，我得靠著心理諮商緩慢又艱難的揭露，才了解創傷的線頭已經織入了我的家庭，還有我童年的每一層肌理之中。

一九九四年七月二十九日，我拿著一紙太快就要到期的簽證，抵達甘迺迪國際機場。五天前，我剛滿七歲，和我父親開始他日日與恥辱搏鬥的年紀相同。接下來五年，我父母和我會在紐約市鬼鬼祟祟的陰影下度過，努力熬過飢餓帶來的痛苦並為卑微的工作付出勞力，沒有半點權利、沒辦法獲得醫療照護、也沒有得到合法地位的一絲希望。中國人*在口語上會把這種未正式

---

*譯注：由於本書多是從作者童年的視角敘述，其中若提及Chinese一詞，皆是指她在家鄉中國所看見、和她長相類似的黃種人，並非慣稱的華人，因為兒時的她應該尚未認識「華人」這一概念，只是認為這些人和家鄉的人長相類似，且後文若提及其他亞裔，也會直接以國名稱呼，因而書中的Chinese一詞皆會譯為中國人，特此說明。

獲取身分登記的狀態叫作「黑」*：身在黑暗中、遭到排除在外。而情況就是這麼貼切，因為我們在那些年間都是受到黑暗籠罩，同時和希望及尊嚴搏鬥著。

記憶是個變幻莫測的東西，但是除了姓名和能夠辨識出身分的特定細節（我出於對他人隱私的尊重而改動了）之外，我已盡力真實且詳盡地記錄下我們家沒有留下任何記錄的那些年了。話雖如此，我依然相當遺憾無法還我父親的童年一個公道，因為那段時光已經受到我永遠都無從理解的極大絕望摧殘得坑坑巴巴、千瘡百孔。

從某種層面上來說，撰寫本書的計畫一直以來都深埋在我心中，但從一個更廣泛的角度而言，我應該要感謝的其實是二〇一六年的美國總統大選。我念大學時，第一次可笑地嘗試完成這個計畫，想把這寫成虛構小說，卻不懂根本就不可能從一個還在潰爛的傷口中找到敘事的觀點。

我從對自己而言徹頭徹尾格格不入的耶魯法學院畢業之後，替一名聯邦上訴法官擔任助理，而她在我心中注入了對於正義堅定不移的信心，遠遠超越我最深也最理想的希望。擔任法官助理的那一年，我看著歐巴馬政府大玩兩面手法，見人說人話，見鬼說鬼話，一邊支持暫緩遣返所謂的「追夢人」（Dreamers，即孩提時期非法抵達美國的移民），但核發驅逐令的比例卻又攀上前所未有的新高。等到移民的案子來到我們的上訴法院時，我的法官時常沒有什麼使得上力的地方。

二〇一六年五月，此時距離我第一次踏上紐約市的土地，隔沒幾天就滿八千天了——這裡是我的心和靈魂唯一稱為家的地方，而我也終於成為了美國公民。我這趟成為公民的旅程，一直到終點前都還十分艱辛：我走經曼哈頓下城，前往聯邦法院宣誓的途中，伴著我的是傾盆大雨。我沒有邀請任何賓客，甚至連我父母也沒有邀請。

大雨並不礙事，我在愉悅的孤寂中如魚得水，臉龐泡在雨水和開心的淚水中。儀式結束時，預錄影片上的歐巴馬總統歡迎我成為「美國同胞」，而我這時驚覺，即便我幾十年前就已經成了美國人，先前卻從未受到正式認可。

六個月後，我在陰鬱如出殯般的紐約醒來，為這個國家哀悼——他們竟選擇投給一個政策主打排外及不包容的總統。就是在這時，我找到了我的敘事聲音。羞恥和自我懷疑顯而易見，我把這個計畫的初次嘗試成果給扔掉，重新將手指放上鍵盤再來過。

我是為了我自己和我的家人記下這些故事的，更是為了我的伯伯，我們那個無名英雄。我撰寫這本書，也是為了美國人和世界各地的移民。一個移民的心碎，和另一個移民的，從來不會相去太遠。

話雖如此，我之所以寫下這些故事，最重要的仍是為了這個國家遭到遺忘的孩子們：無論過去或現在，他們在恐懼和孤寂之下長大，並且深信自身的存在是錯誤的，他們本身也是非法的。我這一路上都幸運得不可思議。但我依然夢想著有朝一日，受到認可、被當作人對待，並不需要好運——到了那時，這將是種權利，而非特權。而我也盼望著有那麼一天，我們每一個人都不再

＊譯注：本書行文中有許多中文字詞作者都是使用拼音表示，以和英文區別。譯文中為同樣做出區別，且在不干擾閱讀的前提下，使用標楷體標示這些中文字詞，特此說明。

會有理由害怕踏出陰影。

在我家身處黑暗、不見天日的那些年間，只要事情變得非常糟糕，我都會大聲說出我的夢想：那就是，等我長大以後，我會寫下我們的故事，這樣其他跟我們一樣的人，就會知道他們並不是孤身一人，而且他們也能順利存活下來。當時，我母親總是會接著提醒我，這一切都只是暫時的：

靠著你的寫作啊，乾乾，你將無所不能。
有朝一日，你不會再餓肚子。
有朝一日，你會擁有一切。
願那充滿韌性的希望，能夠照亮前路。

0 家

Home

我最久遠的記憶，是由燦爛奪目的光線照耀：

我把臉深深埋在姥姥的胸口，她的胸口裹著紅色的棉布，整個人聞起來甜甜的，就像肥皂和溫牛奶一次湧上。我的鼻子湊得更近，繼續往深處鑽，對這個香味欲罷不能，她邊笑邊搖著我。

「她一直湊過來，她一直湊過來呢！」

快樂就是我童年初期的主題曲。

接下來則是出現一個場景，就我所知，是在好幾週、好幾個月、好幾年之後發生的，媽媽和爸爸各自抓著一條厚重溫暖毯子的兩角，而我則是裹在毯子中央，一邊傻笑著。

「準備好了嗎？」爸爸問，眼神神采飛揚。

我點了點頭，然後我就出發了：他們手臂一揮，我跟著往上高飛、翱翔、滑行，我也感覺到空氣在身下、上方、周遭颼颼呼嘯。我尖叫出聲，卻無所畏懼，接著我很快就回到毯子安全的包覆中，開懷大笑，點頭表示想要再來一次，小小的手指抓著腳趾，腳趾則蜷向手指，懶洋洋地躺在我的毯子小窩中。

「看，她想要再來一次！」

一切就像這樣持續下去，彷若永恆：我交替著高高飛越空氣，無拘無束飛翔，再回到毯子的懷抱中，我父母則全程以寵愛的眼神在一旁看著，而我跳動的心臟之中，除了溫暖、安全、滿滿的愛之外，別無他物。

1 上升

Ascent

我在巡航高度逐步長大成人。起飛頗為顛簸，而我編好的辮子，兩邊各自綁著紅絲絨緞帶，在我七歲的臉龐周圍輕晃。我大腿上擺著最愛的娃娃，她穿著蓬蓬裙就像淑女一樣，雙眼擁有長長的睫毛，並隨著亂流啪地打開又閉上；她的雙腿好好地壓在我的安全帶之下，所以我知道她很安全。

在我身旁，媽媽彷彿頹然癱縮回自己體內，她的裙子包覆著她，雙臂護著腹部，臉則埋進胸口。我以前從來沒看過她這樣子。幾分鐘前，戴著假睫毛、畫了眉毛、嘴唇是番茄紅的空服員彎身越過我，問媽媽說她有沒有繫上安全帶。

「媽媽。」我尖聲叫她，邊戳著她身側。

媽媽沒有回應。

「請確定她有繫好安全帶。」畫著更深紅色的紅色嘴唇說。

「媽媽。」我又試了一次。

沒有反應。

「我剛剛有看到她繫了。」

「真的嗎？」她的眉毛抬了起來。有時候大人，就是長大的人，成人，並不相信像我這樣的小孩子。

「對啊。」

她瞪著我，維持了我這短暫一生中最漫長的幾秒鐘。最後，她終於繼續走下走道，並成了我第一個謊言的唯一證人。

——

媽媽總是會暈得很厲害，不管我們搭的是什麼交通工具都一樣。有一次，我們搭巴士去保定，她就吐了一整趟，還邊發出動物般的聲音，聞起來實在超臭，臭到公車上的另一名女士也開始吐了起來，並發出同樣的聲音，然後我身旁很快就全圍繞著相同的氣味和聲響了。

唯一的差別在於，那一次，姥姥，也就是外婆，跟我們待在一塊，不是只有我和媽媽獨自待在飛機這台會飛的機器上，要前往另一個截然不同的國家而已。而且我也不需要確保媽媽有繫好安全帶或是為此說謊，因為那是姥姥負責的——至少，安全帶的部分是啦。我不知道姥姥是否曾為了媽媽而必須撒謊過。
我對於身在這台會飛的機器上不大高興。
五天前，我才剛滿七歲，而在這之前的幾個星期，大舅舅——也就是媽媽的兩個弟弟中比較老的那個——才剛買好我的第一台腳踏車給我。車子是白色的，手把上有粉紅色的流蘇裝飾，籃子上則是畫著一朵朵花。他說他會教我怎麼騎，但他那時必須出差工作，所以我把時間都花在牽著那台漂亮的腳踏車，在姥姥家的中庭四處走來走去。
「還真是台漂亮的腳踏車啊。」某個路過的大人說。
「謝謝。」
「流蘇跟你的裙子很配哦。」另一個人表示。
「謝謝。」我又說了一次，同時抗拒著衝動，不要扯爆媽媽逼我穿的這件蓬蓬蕾絲裙。
那台腳踏車現在則是待在姥姥的倉庫裡，等著我回去。
「媽媽，」我又戳了她的身側一遍，「我們什麼時候會回去？」
一聲咕噥響起，但再無其他回應。
我們是在我生日的前幾個星期得知自己要離開的。爸爸已經離開去美國了，就在兩年前，而媽媽也已經試著取得旅遊簽證試了幾乎一年。有四次，媽媽離開我們家，花好幾個小時前往北京，但在那裡的美國大使館，這個國名如果直譯就是「美麗國度」的國家的大使館，卻一直拒絕她。
大姨，媽媽最大的姊姊，就住在北京，每一次媽媽去得到另一次拒絕，都會留在她那邊過夜，留下我跟姥姥還有姥爺——也就是外公——在家。而每一次，我都睡不著，在姥姥的臂彎中哭得像海嘯來襲似的。

「如果她不回來怎麼辦，就像爸爸一樣？」

上一次，我大大發了一頓脾氣，媽媽只好帶我和她一起去北京。早上，就在她準備離開大姨家前往大使館時，我再次爆哭。

「怎麼不帶她一起去呢？」大姨總是和我同一陣線。

媽媽盯著我哭到漲紅的臉，搖了搖頭。「她會哭的。」

「這可能是件好事啊，」我的盟友展開協商，「她這麼可愛。」

媽媽又盯著我看，我則努力讓自己看起來是最可愛的樣子，還拖著鼻涕什麼的。

所以就這樣，我最後跟她還有好幾張衛生紙一起搭上計程車。

「我們到那裡的時候，乾乾，可不要出糗了。」媽媽用她嚴肅的聲音說道，所以我知道要看起來非常認真才行，並且也相當認真地點了點頭。

「你可以說你很想念爸爸，可是不要發瘋，好嗎？」

我再次點頭，但我根本就從來沒發瘋過。大人才是發瘋的人。

我們下了計程車後，在一條漫長的隊伍中等待，隊伍環繞這座巨大建築物所在的整個街區。這裡周圍有許多旗子，旗子上的樣式我從沒看過，有紅色、白色、藍色，還有星條。

我們的旗子也有星星，不過是紅色和黃色的，就像我在哭的時候臉上的顏色。

等到我們終於進入建築物，我以為這表示我們很快就可以回家了，但我們反而是拿到一張紙條，上面寫著一組長長的數字，然後我們就坐在滑溜溜的塑膠白椅上，又等了更久，空間中全是大人。這超無聊，但至少我和媽媽在一起，而要是她要離開去別的地方，我也會跟她一起去，我不需要指著空中會飛的機器然後說「媽媽就是去了那裡」，就像我對待爸爸不在家這件事那樣。

感覺像是過了好幾天之後，某個亭子裡的一名禿頭矮小男子叫了一個號碼，媽媽迅速衝上前去，我則是跟在她的裙子後面悠悠哉哉慢慢走。那個男人在一扇玻璃窗後，我發覺他看起來很矮小，其實是因為他坐著。玻璃上有些洞，他從洞口跟我們講話。我們得付他錢嗎？我唯一見過這種亭子的時候，是我們坐在計程車或公車上時在路上看到，而司機必須要付錢給坐在裡面的人。

媽媽把她的手提包放在櫃檯上，櫃檯非常高，所以我不斷跳上跳下，好看見那個禿頭男子。每一次我跳得夠高，都會對他揮揮手，不過他似乎沒看到我，所以我一直跳。

「乾乾，別弄。」

我認出媽媽聲音中的語氣，停了下來。但是我越來越無聊，所以開始拉著她的裙子，直到她得把我抱起來，然後把我放在櫃檯上。從我的新位置，我可以看見那個矮小的禿頭男人；在他閃亮的頭頂上，只有幾根稀疏的頭髮。他坐在一個螢幕前面，還有一大疊紙上都蓋著橡皮印章的紅色戳記。

我在想他的印章蓋出來的是不是和我的一樣，會有多采多姿的動物圖樣。

玻璃窗在底部和櫃檯連接，中間有個小小的縫隙，我把手指塞到玻璃下面，並朝那名男子揮舞，他還是沒看見我。

「乾乾，別弄。」

我試著靜靜坐好，並再度讓自己看起來很可愛。

「拜託，」媽媽正在說，「我老公已經兩年沒看到他女兒了，她甚至都不記得他長什麼樣子了。」

這話是真的。我對爸爸只有大略的印象。在我腦中，他是那個在電視劇裡演乾隆皇帝的男人，這代表我應該要是個格格，是個公主，戴著漂亮的頭飾，還有拿著扇子走在我身後的僕人。

我轉向亭子，並看見那個矮小的禿頭男子正搖起了頭。媽媽自己的頭則是垂了下來，她也開始收拾東西。

「我想爸爸！」

我的臉再度成了我們的旗子，又紅又黃，淚水泉湧，我不知道究竟是從哪流出來的，只知道現在正是時候。

矮小的禿頭男子抬起頭，並且同樣迅速地別開目光。他嘆了口氣，接著拿起一個印章，在他面前的紙張上重重蓋下，然後把紙張塞過縫隙，就揮手要我們走開，連看都沒再看我們一眼。

我不知道這代表什麼意思，但我認得媽媽的表情。我們快步走出大使館時，我沉浸在一個想法中，覺得那天晚上我有很高的機率可以吃到北京烤鴨。

在會飛的機器上，那名頂著一張假臉的女士，現在正推著一台狹窄的推車走下走道。在推車上匡噹作響的，是一罐又一罐美麗的色彩。我好想把這些全都喝掉。我想問她有沒有姥姥從市場幫我買的那種甜甜的優格飲料，但當我開口要說話時，感覺就像是有人把我耳朵的門給關上了。所以，我反倒只要了一小杯水，溫的，跟我們平常在家裡喝的時候一樣。

「媽媽，」我又戳又弄，「我的耳朵不能呼吸了，媽媽。」

她盯著我，但她眼裡沒有半點神采。我把小拇指插進耳朵，試著戳破。

「別弄。」她用力把我的手臂拍走，然後又蜷曲回座位上。

我只好置之不理，並在會飛的機器一路顛簸、把我們晃得七葷八素時，試圖忽略我的耳朵、我的嘴巴、我的所有感官，而世界剩下的部分，聽起來彷彿遠在好幾個房間以外的地方。

2 跳舞和影子

Dances and Shadows

爸爸很愛跳舞。離開去美國前，他每週都會去舞廳；媽媽就沒那麼喜歡，所以她常常要我代替她陪他去。那裡太多女人了，她說，而他女兒人在那裡，可以幫忙提醒她們他已婚了。

爸爸是個大學講師，跟媽媽一樣。不過媽媽教數學，爸爸教的則是英國文學。他蠻高的，但也沒有到很高，話雖如此，這依然無法阻止他的學生在看到王老師時臉紅啦。他喜歡戴著白手套去上課，我覺得這樣很好笑，而且讓他看起來像米老鼠；他也有一根用來指東西的棒子，可以伸長跟收回來，但他永遠都找不到在哪，因為我常常拿它來教我的娃娃們世界上的大小事，還有在媽媽煮菜時對她發起祕密攻擊。

爸爸離開前，我的童年相當單純，和大多數人的童年差不多：快樂就是存在之道。我在世界上最喜歡的東西，就是我的火車組還有蓋房子的沙坑。大人常常告訴我，我的行為舉止不像小女孩應有的那樣，我又髒又臭，還喜歡和一樣臭一樣髒、也住在我們社區的男孩們到處跑來跑去。

即便如此，我在某個層面上，還是表現得像個女生：我很愛跳舞。所以去舞廳對我來說是加倍的快樂，我可以跳舞，還有個責任要履行：讓那些女士遠離爸爸。而且啊，我還真的是很會跳舞。我會站在爸爸腳上，他會帶著我到處轉來轉去，其他時候，我則穿著一條巨大的蓬蓬裙蹦蹦跳跳、翩翩旋轉——我總是穿著蓬蓬裙，媽媽堅決要求的——而我也會表現得像個狂野又不在乎節奏的報喪女妖，同時幻想自己是世界上最優雅的瞪羚。

跳舞同樣也是種生活方式。我到哪都會跳舞。夏夜時，老人們，也就是長者，會坐在中庭的凳子上嗑葵花子，邊聊天邊下棋。我很愛跳到他們面前，並命令：「看我跳舞！」然後不需要配樂便跳起舞來，只要跟著我腦中播放的曲子就行了。他們會拍手，而我會跳個不停，直到好幾個小時後，媽媽把我給拖走，因為老人們得去睡啦。

跳舞等同呼吸。就連媽媽邊煮飯邊聽著電臺的音樂時，我也會搖來晃去、用力抖動。媽媽都說我在會走路之前就會跳舞了，她懷我時，無論何時，只要音樂響起，我就會在她肚子裡動起我還沒發育好的雙腿。而她也很愛告訴我，我出生時，並沒有嚎啕大哭，而是踢了踢雙腿，然後用力拉了拉我已經很長的頭髮，之後打了一個心滿意足的大噴嚏。

爸爸和我會跳一種特別的舞。我還只有幾個月大時，他為我們倆編了首歌，歌詞全都是胡言亂語：

小母猴

立大手

立哇立嘎立沙沙
啊哈、啊哈、啊哈哈

我們總是連唱兩次，而且永遠都是在跳舞時，我的小腳踩在他的大腳上。這是我們每天都會進行的日常儀式，只要爸爸一下班回家就會，甚至根深柢固到他都開始叫我「小母猴」了呢。

有很長一段時間，我都以為歌詞是實際存在的字，只是我還沒學會。但即便是在當時，我也並不需要理解字詞，就能知道這代表爸爸很愛、很愛我。

媽媽教會我負責。她讓我知道當你的女兒起水痘，每天晚上都會醒來狂抓猛抓自己時，你要不惜一切代價幫她，就算這代表要在你鄰居的蘆薈園裡跪上好幾個小時，一邊採集著植物，植物還一邊刺著你早已血淋淋的手指。稍後，在煮晚餐、準備隔天的講課、洗我們衣服的空檔間，媽媽還會剝好蘆薈並熬煮，煮到變成膠狀的藥膏；她接著會把藥膏敷在我紅腫的身體上，而我還全程對著她的耳朵尖叫。

不過，是爸爸教會我，當我在我們三人共享的大床上睡不著時，當我沒辦法讓自己的指甲遠離紅腫、皺起、流湯的皮膚時，我可以讓自己從蔓延全身的發癢中分心，並進入我的腦海中央，方法就是在牆壁和彎曲長頸小燈之間的空間舉起雙手——那盞燈總讓我想起媽媽弓著背在水槽上的模樣——接著上下左右移動，以創造出不同的動物：這裡有隻鴨子，那裡有隻鳥兒。而在爸爸的鳥兒飛撲俯衝、一把抓走我呱呱叫的鴨子，害我尖笑出聲的那一刻，發癢和紅點就全都消失無蹤了。我眼裡能看見的，就只有一座池塘和一隻快樂的鴨子，跟她在空中飛舞的鳥兒朋友嬉戲。

也正是在這些皮影戲中，我學會雖然媽媽的工作是隨時隨地都待在我身旁，爸爸卻能離開，甚至是人在心不在。偶爾，我的目光會離開牆壁，並瞥見雖然爸爸的鳥兒仍繼續東飛西飛，卻有一抹陰影接管了他的雙眼。鳥兒還在那裡陪我沒錯，又飛又盪的，可是爸爸，他卻前往了另一個地方。有時他很快就會回來，我只要向他示意一下就行了，但其他時候，他對我的舉動竟似乎如此視若無睹，讓我不禁懷疑他是不是會一直這樣保持下去，是個心神飄走的殭屍，雙手卻仍舊持續翻飛，永恆模仿著一隻影子鳥兒。

爸爸也教我應該要及時行樂，部分是因為我永遠不會知道快樂的時光何時會結束。我五歲時，就在他離開前，爸爸做了張菱形的風箏，分成四個三角形，每個塗上不同顏色。我們跑到社區附近的懸崖去放風箏，那懸崖俯瞰著一條發出惡臭的水溝，大家會把垃圾往下面丟，聞起來肯定很臭，但我絲毫沒注意到，因為我忙著到處奔跑，風箏拖曳在我背後。我們最後一次去放風箏，是在爸爸離開的好幾週前，風箏卡在一根樹枝上，而當我猛力一拉，風箏雖然和樹分開了，線卻也斷掉了。爸爸和我就這麼眼睜睜看著，嘴巴無望地張開，而繽紛的菱形則歪歪斜斜快速衝下崎嶇的山丘，並掉進垃圾推中。

「我們要怎麼把風箏拿回來啊，爸爸？」

「別擔心，小母猴，我會再做一個新的給你。」

我們那時還不知道，他永遠都不會再有機會了。

——

爸爸很受歡迎。他可以只用幾句話，就讓全場哄堂大笑。我們獨處時，他通常頗為安靜，但是周遭人越多，他就會越發神采奕奕、生氣蓬勃。他的嗓音低沉，要求著關注，而且他還有種方法，可以把一個個微小的字詞，編織成一張巨大的詩意之毯。全世界都很欣賞他，我也不惶多讓。

爸爸也讀很多書，並擁有許多他不能公開談論的想法。他會在家裡說，但我受到禁止，不能重述：他討厭政府，而且也討厭人家告訴他該怎麼想。

「他們不讓我們質疑，但這就是我們必須做的。」

我完全不知道「他們」是誰，但我也不敢問。

爸爸並沒有注意到殖民了我臉龐的困惑，繼續說著：「但不要讓他們知道這回事，最聰明的人，看起來永遠最笨，棉裡藏針。」

——

把針藏在棉絲裡。

爸爸的父母，也就是爺爺和奶奶，住在邯鄲市裡的一個村子，不知道為什麼，雖然和我們住的地方是在同一個省份，感覺卻像隔了一個宇宙那麼遠。* 我們得在擠滿人的火車上坐上好幾個小時，久到穿著制服、推著食物小推車的男子至少都會經過我們兩次，然後才會抵達。接著我們得換成搭車，車子會把我們帶到離村莊夠近的地方，而即便這裡現在已經有很多比爸爸還年輕的高聳建築物，人們依然稱這裡為村莊。

我們不太常跑這麼一趟，因為比起普通話，爸爸的家族只會講他們當地的方言，我和媽媽不會講。而且媽媽也不喜歡那裡，因為爸爸的家族非常窮，住在一個老派的院落中，沒有淋浴間，也沒有廁所，我們得走下好幾個胡同，也就是院落間的小巷，才能抵達公共廁所。但是那裡也沒有淋浴間或水龍頭，只有一條長長的水溝，也沒有自來水，屎就這麼一坨疊著一坨，成群蒼蠅到處飛來飛去，惡臭入侵我們的鼻子。

但不管怎樣，我還是很喜歡那裡。姥爺和姥姥叫我他們的「外」孫女，因為我是他們女兒的女兒，可是對爺爺和奶奶來說，我就是完完整整、無條件的孫女——事實上，我還是唯一一個孫女呢，因為我爸是唯一有生女兒的兒子。爸爸告訴我，這表示我是家族的「掌上明珠」，但我不知道這是不是為什麼即便這個地方有這麼多令人不適之處，感覺起來卻依然像是我真正的家。我確定的就只有，那些零星拜訪的記憶，已經烙印在我的感官之中了：

* 譯注：此處經作者審訂，與英文版文意稍有不同。

跑下胡同，小小的雙腳輕巧踩在凹凸不平的地面上，踢起黃色的塵土，迫切想早點抵達王家的宅院，一邊示意媽媽和爸爸走快點。隨著我們走近，木炭燃燒的氣味也越來越濃，家的香味。

我踏進熟悉的大門，門上裝飾著一條條破爛的紅紙，上頭寫有黑色的書法字體。在我更早的記憶中，奶奶總是會在院落裡，無論季節，並在冷水盆和迷你又陰暗的窄小廚房間來來去去，煮菜、打掃，在我面前擺上冒著蒸氣的大碗，裡面裝著這樣菜和那樣菜，家常麵、餃子、粥。在後來的記憶中，院落則是更加寂寥，奶奶待在床上，總是在床上，因中風而癱瘓，現在只能用聲音照顧我，提醒我記得吃飯。

家族裡還有其他成員，堂表親、叔伯、姑姑，全都混在一起，根本不可能分辨，因為他們全都長得有夠像，非常像我和爸爸。區分輩分也總是很困難，有些人我稱呼他們為堂表兄姊，也就是爸爸兄姊的小孩，但長得卻像是應該要叫姑姑和叔伯；還有些我稱為姑姑和叔伯的人，如果不考慮輩分，他們看起來則應該是要叫堂表兄姊才對。不過無所謂，他們總是很高興見到我們，就像道喧鬧的巨浪朝我們襲來，是張巨大又打了好幾摺的被子，全都是用同一捲線編織出來的。

然後還有爺爺，一看見我，他的臉就像是撥雲見日般舒展開來。他要不是正在讀報紙，手指沾得黑黑的，就是正騎著他裝滿雜貨的腳踏車，或是在散步時伸手要握住我的手。無時無刻，他嘴邊總是叼著根香菸。

媽媽告訴我，我最開始學會走路的那幾步，就是朝爺爺走去的，就在附近的市中心廣場，那個爸爸曾看見某種糟糕恐怖事物的地方。但我完全沒有半點印象。我只記得在我所知有關家和歸屬的一切之中，爺爺和奶奶所住的村子就座落在核心。

——

我天生就不適合中國，即自稱的中原王國。在學前教育時期，如同所有地方，我們都必須要睡午覺，也就是小睡一下，就在中午。我討厭死睡午覺了，要不是整段時間都保持清醒，就是帶著抗拒睡去，醒來還會開始頭痛。我真的是寧願把時間花在跳舞、畫畫，或在外頭的泥巴裡玩。

但是在中國，所有人在相同的時間都必須要做一模一樣的事，所以每天有一個小時，我都會躺在我嬰兒床般的床上，身處躺在各自床上的同學之間，瞪著天花板，並在腦中數數和唱歌。其他日子，我則會煩躁起來，會因為我是唯一醒著的人而越發生氣，直到我決定動手去戳兩旁的孩子。

「嘿，嘿。」而在用力戳個幾下之後，我的朋友最後終於會醒來。

「幹嘛？」吐出這句話的臉龐，絕對都是睡眼惺忪又不爽。

「你在幹嘛？」

「睡覺啊！」

「喔。」迫切想延續這場對話的我，會繼續追問：「那你喜歡嗎？」

聽到這話，她通常會呻吟一聲，然後轉身背對我，但我的另一側幾乎永遠都會有另一個孩子，讓我可以再試一次。

這個遊戲很可靠，總是能消耗掉十分鐘的午睡時間。

我在中國之所以很皮，也因為我會問一些我的老師們說是很沒必要的問題。有一次，我犯了個錯，問說為什麼二加二等於四，老師於是強迫我罰寫「我對不起」，就是我很抱歉，用中文寫一百遍哦，而雖然這會讓我每一句還要多寫一個字，但我還是驕傲地寫成：「我不對不起」。我才不抱歉呢。

老師從來沒有注意到這件事，因為重要的並非我們罰寫了什麼，而是能夠控制我們的能力。

——

有一天，爸爸回家後跟媽媽說他在課堂上又說錯話了。他回家後常常老大不爽的。他不喜歡人家告訴他該說什麼，還有當學生詢問某個叫「文化大革命」的東西時，他也不能回答。

「他們總是在偷聽我們、觀察我們，不要說這個，不要承認那個，他媽的。」他邊說邊一口乾掉一小杯味道濃烈的米酒。

爸爸看起來很悽慘，所以我偷偷爬到他的大腿上。見到這舉動，他露出微笑，但只持續一分鐘而已。

「真是太超過了。」然後他搖了搖頭。

一會兒後，媽媽和爸爸便決定他應該去美國。而我們家的每個人對此都有一番意見。

「那裡是很美沒錯，但他們對待中國人可不怎麼好。」姥爺表示。

「哎呀，」姥姥哀號，「他們會當街對人開槍耶。」

「我聽說大家都挨餓，而且他們沒半個人有飯吃。」大舅舅這麼認為。

「很棒啊，」小舅舅稱讚道，他是媽媽最年輕的弟弟，「我聽說路上都鋪滿錢跟黃金呢。」

有一次，我在電視上看到美國。有一排又一排衣衫襤褸的骯髒大人和小孩坐在街上，手上拿著生鏽的碗，突然，有個人找到一顆漢堡，然後大家便蜂擁而上。在我回過神來之前，就已經分不出某個人的頭跟另一個人的手了，因為他們成了一團巨大的物體，並將自身撕裂開來，讓我想起另一部媽媽同意讓我看的恐怖片，裡頭的鳥類狂啄猛啄，直到某個人的頭變成一顆骷髏頭。

我才不想要去美國。我只吃過一次漢堡，而我不喜歡。那顆漢堡是在北京的某家餐廳買的，那家餐廳還有世界上最恐怖的東西：一個頂著一頭紅髮、掛著一張紅色大嘴、腳穿一雙巨大紅鞋的白色小丑。

等到我住在美國的街上，我是要吃什麼才好啊？我不喜歡媽媽在中國時強迫我穿的蓬蓬裙，但我在電視上看到的美國破衣服，根本就什麼都遮不住，而且看起來也很臭。可是爸爸得去美國才行，出於某些理由。而即便我很難過沒錯，我還是不確定我想跟他去。

他離開那天，媽媽和爸爸帶我一起去機場。我以前從來沒有去過機場，那裡看起來就像是個巨大的商場，只不過沒有賣娃娃的地方而已。我們和爸爸在一列長長的隊伍中跟其他大人一同等待，排隊的每個人都擁有超大的行李箱，大到我可以和我所有的玩具一起塞進裡面。我四下張望時，目光落在三個人身上，他們穿了一身黑，還有一條條白色的裝飾。我指著他們開始尖叫，黑色很快在我眼中模糊，因為我正在大哭。

其中一個人經過我時說了些什麼。當時我還不會說英文，不可能知道那人是個修女，而且她是在祝福我，直到爸爸跟我解釋。那一刻，我只知道那個人說的是一種無法理解的話，還擁有藍色的眼睛，我甚至都不知道這樣的眼睛存在。

等到我的眼淚乾涸，我的喉嚨也變得太過沙啞、連半分貝都叫不出來時，爸爸已經把他跟大小和我身材一樣的行李箱，放到一條輸送帶上了。我們接著搭手扶梯，然後走下一個又一個大廳，才按照指引來到一個出入口，那裡圍著繩索，還有全都穿得一模一樣的大人。爸爸彎腰到我的高度，這時我便知道，他即將要說的話「非常嚴肅」，而且只對我說。所以，仔細聆聽相當重要，我心知肚明，我甚至都不敢喘氣或眨眼。

「乖，小母猴，聽媽媽的話，嗯？」

我點點頭，我會當個好女孩，聽媽媽的話的。

「盡量努力在午餐時間睡個午覺，就算只是假裝，就算你只是閉著眼睛在問問題也好。」

我又點了點頭。爸爸彎下腰把他的嘴唇壓在我的左臉頰上時，我的頭都還在動。

不知為何，我突然一陣哽咽，內心也一沉。

我看著爸爸重新打直身子。他和媽媽又說了些什麼，我太矮了聽不見，接著，我這輩子唯一次，目睹他們交換了一個吻。然後他揮了揮手，就大步走向繩索和那些穿著相同服裝的大人了。就在爸爸正要走進繩索後的世界時，我看見我的兩隻手臂在眼前大大張開，一聲叫喚逃出我的口中：「爸爸！」

爸爸後來告訴我，接下來好幾年間的每一天，他只要閉上雙眼，就會看見我向外伸出的手臂。而在他轉向我的那一剎那，我看見他的臉就跟我的一樣，又黃又紅，就像我們的旗子，皺得宛如用過的餐巾紙。

然後就這樣子，他離開了。

——

現在媽媽和我也在會飛的機器上，要到美國去。我們終於是時候要下飛機了，但媽媽還是癱縮在她的胸口。

「媽媽，」我邊說邊戳她，「我們現在到美國了！」

頂著張假臉的女士正好走過我們身旁。

「還沒，親愛的。」她說，一邊彎下腰並把她現在已經融化的臉靠得離我太近。我把臉往回縮，我從來沒看見這種景象過。

「我們在日本。」

我那時候不知道日本是什麼，所以我想說我們一定是上錯台會飛的機器了。這一台不會帶我們去找爸爸，但我又不想嚇到媽媽，所以我保持沉默。

「看起來你媽媽需要一張輪椅，會有人在登機門等你們，他會帶你們到轉機的地方。」

我點點頭，用的是那種當我需要假裝自己並不困惑或害怕時的方式。媽媽還在睡，而我得搞清楚什麼是轉機，還有這是會帶我們去找爸爸呢，還是回家。也許我們還來得及回家，趕上姥姥的韭菜豬肉餃子上桌。也許太陽還沒下山，我就可以去那間小倉庫——我先前得把我所有東西都鎖在裡面——然後牽出我的腳踏車，拿出娃娃，並說：「想不到吧！我沒有跟爸爸一樣消失哦。」

會飛機器裡的燈光亮起時，媽媽幾乎站不起來。她靠著我，我成了她的雙腿，這是我這輩子扛過最重的重量，我假裝自己只是在背一個書包或是隻巨無霸泰迪熊。我把娃娃收回背包，並告訴她只要一下子就好，我得空出兩隻手來扶媽媽。

媽媽已經把一個全滿的嘔吐袋放在地上了，但手上還提著另一個，我不記得我們是怎麼拿下行李箱或是誰負責提，只記得反正不是我。絕對不可能是我的。我唯一能應付的，就只有支撐住媽媽。

要走下狹窄的走道，再走出會飛的機器，堪稱是趟長途跋涉，我們一出去，我便發現我們身在一個並不真的是走廊的走廊。我會知道，是因為在比我身高還高一點的地方，有幾扇迷你的窗戶，而當我踮起腳尖朝外望時，我看見我們離地非常高。我差點喘不過氣，這時媽媽醒了過來。

「怎麼了？」

「別看，媽媽。」我邊說邊拖著她迅速溜下假的走廊，同時疑惑著日本是不是什麼高高位在天空之上的奇怪地方。

在路程的終點，我們遇見一個大人，長得就像我們國家的大人，只不過他更矮小，身旁還有張大輪椅。

「你好。」我說。

「你好。」他回應，但他的語調很奇怪，讓他聽起來像機器人。

「你媽媽有喝水嗎？」

我點點頭，感覺自己像個大人一樣重要。

媽媽對那個困惑的男子露出一抹虛弱的微笑，然後便在輪椅上安頓下來。

我們走下一條走道，接著又是另一條，還經過許多氣味濃烈的餐廳，使得媽媽又往剩下的那個袋子裡嘔吐，直到最後終於轉進一個區域，那裡有很多膚色更白、體型更魁梧、身高更高的大人，說著跟那個藍眼黑衣人同樣的可怕語言。他們大部分也都穿著類似的服裝：短褲、T恤、運動鞋，還有小小的黑色包包綁在他們氣球般的腰部。雖然他們的衣服顏色全都不一樣，他們看來卻還是一模一樣。

那個既是中國人又不是中國人的大人把媽媽的輪椅停在等候區的某個座位前面，而她滑到座位上，同時雙眼依然緊閉。他把輪椅收好，看了看她，接著盯著我，就這樣看了好一陣子。我看回去，並露出微笑——只要有大人盯著我看，我都這麼做，渾然不覺他其實正在等著拿小費。

他別開目光，接著一臉企盼轉頭看向媽媽，但當時她還是蜷縮著身子，不顧一切地——她後來說——想讓眼前不再天旋地轉。又過了好幾秒，接著他的雙肩微乎其微地一塌，便走開了。

然後就又再度剩下我和昏昏沉沉的媽媽了，在巨大的門前等待，要前往第二條飄在空中的走道，登上第二台會飛的機器，那個既是中國人又不是中國人的大人跟我說過。我坐在媽媽身旁，負責守望，注意著任何可能出現的掠食者。我的任務，就是帶著我們前往爸爸安全的臂彎。

3 B型

Type B

爸爸離開中國後，媽媽和我搬去跟姥姥還有姥爺住。大舅舅也住在那，所以每天都應該要是場派對才對，但我卻變得非常不走運。

爸爸離開後，媽媽和我第一次去買日常用品時，表現出我已經成了個多大又多成熟的女孩，對我來說突然之間變得非常重要。我們從店裡回來以後，媽媽在建築物外頭鎖她的腳踏車時，我從車籃裡拿了一盒雞蛋跟一瓶醋，那些爸爸如果在的話會負責拿上去我們頂樓公寓的東西。我在媽媽注意到之前便衝進建築物並爬上樓梯，等到她尖叫著「乾乾，小心點！別摔倒了！」時，我已經跑上二樓了，這棟高聳的建築物總共有五層樓。

媽媽的腳步聲不久後也開始接近，但等到那時，已經太遲了。等她的身影終於出現在四樓的平臺時，我人已經在地上了——因為絆到鬆脫的鞋帶，我白色的蓬蓬裙全沾滿了黃棕色的生蛋和醋，碎掉的玻璃和破掉的蛋殼刺在我血淋淋的右手臂上。

從那時起，我開始越來越常跌倒。幾乎就像是裝醋的瓶子碎掉的玻璃永遠住在我身體的右側，隨時都會害我失去平衡摔倒。走下電扶梯也因此變得異常凶險，我會小心翼翼地謹慎踏出第一步，心臟在喉嚨中砰砰狂跳，但還是極少成功。我一次又一次跌倒。我一直在想，我總會習慣尖銳的鋸齒在我滾下每一階金屬階梯時咬進我身側的吧——這樣的話，至少，我就會表現得像個大女孩一樣，不會哭出來了。可是每一次，那痛苦都令我訝異，並為我的雙眼帶來巨嬰般的眼淚。有一次，就在我於某間店裡摔倒之後，當我的眼淚還在風乾、臉也還沒腫起來時，媽媽指向距離我跌倒處幾步遠的一個大轉盤。

「你看，乾乾，」她說，「你可以去轉轉盤，可以贏到玩具耶，你不是很愛這些東西嗎！」

但是我看見轉盤周圍早已聚集了一群人，是年齡各異的男孩女孩，而且每個人都一手握著他們爸爸的手，另一手則握著媽媽的。

我搖搖頭並表示：「不要，我現在運氣不好了。」接著便一手拉著媽媽，離開轉盤，並往下一座下樓的電扶梯去，而我的另一手，則握在扶手上。

——

媽媽話說得更少，也笑得更少了。我猜這是因為我讓她失望了，我沒有成功變成大女孩。我們以前會玩一個遊戲，我會指出街上標示的中文字，並問她是什麼意思；我們會這樣消磨掉好幾個小時，她熱情回答，我則一頭栽進指指問問中。但在爸爸離開之後，她常常根本連回答都不回答，雖然她的外在軀殼還是一樣，她卻不再住在裡面了。

媽媽的脾氣也變得更不好了。我是個胃口很好的孩子，給我什麼就吃什麼，很好養，但就像我得問她每個字是什麼字，我也得問我在吃的是什麼啊。媽媽知道問這個問題是餐前的例行儀式，可是爸爸離開之後，某天我這麼做時，媽媽竟然用我從沒聽過她發出的大吼攻擊我。姥姥那時也坐在桌旁，她也開口抗議，但這只是導致媽媽又多大吼了幾聲。

「別回答她，」她命令，「她只是假裝不知道，在求關注而已。她被寵壞了。」

我們一聲不吭吃完那頓飯，姥姥什麼也沒說，我則質問著自己究竟做錯了什麼。

晚上的時候，我聽見媽媽在我們一起睡的床上對著枕頭用力吸鼻子，而我在想是不是有人在某個晚上偷溜了進來，把我親愛的媽媽帶走了，並用一個冒牌貨代替了她。

爸爸離開後改變的另一件事，是我們的週日夜。我們開始走過夜市，但從來不會在攤販旁停下來，嘗嘗令人食指大動香氣的來源，反倒是繼續走，直到來到姥爺工作的巨大咖啡色建築。建築上的窗戶盯著我們，就像政府的眼睛，媽媽在打開大門前，也總是會先四下張望，還要我們在一片漆黑中爬樓梯。

「電燈在哪裡，媽媽？」

沒有回應。但我知道她人在那，因為我正牽著她的手。

三十四階之後——我確保每次爬都會數，而每次我都很擔心數字是以四作結，這代表厄運，因為這個字在中文是念成四，就像死——我們會在黑暗中摸索，並打開另一扇門，然後走下走廊。再走幾步，媽媽又會打開另一扇門，我們便走進一個房間並坐下，媽媽總是坐在辦公椅上，我則永遠都坐在沙發上，雙腳離地擺盪著。這間房間似乎也沒有電燈，所以我只能靠著從百葉窗隱隱滲入的一片片街燈光線，辨識出媽媽背影的形狀。電話的中央有個大大的轉盤，上面寫著數字，還會發出喀嗟喀嗟喀嗟的聲音，而我會跟著聲音踢腿。有時實在非常暗，暗到媽媽會撥錯，必須重來一次，因而在我從話筒聽見爸爸的聲音之前，會先經過許多喀嗟聲和踢腿。

總是媽媽先跟他講話。從沙發上，我聽見爸爸好像生病了，聲音沙啞低沉，時不時還會被吸鼻子的聲音打斷。大多數的通話都平淡無奇，總是媽媽在說話，向他保證家裡一切都沒事。

然而，三不五時，媽媽會說：「你永遠都不會回來了，對吧？每個月都有一個新的數字，你永遠都賺不夠多的，永遠都不會夠的。」

我完全搞不懂她在說什麼，但我還是拖著腳步走向媽媽安慰她，滑到她的大腿上，並緊緊給她一個擁抱。有時她會對著我的頭髮啜泣，她的氣息往我的頭皮送來一陣刺痛的溫暖。其他時候，她則似乎根本就沒有注意到我，會用我討厭的那種心不在焉的方式拍著我的背，直到我受不了，沒辦法再安慰她一分一秒了，然後又慢慢縮回我在角落的沙發。

我和爸爸的對話總是一成不變。我會告訴他我在學校玩的遊戲，包括老鷹抓小雞，而我永遠都當母雞，工作就是保護所有的小雞。偶爾，爸爸會「嗯、嗯」地附和著，但他從來都沒有什麼想說或想問的。我先前認識的他從不會這樣子，所以我能做的，就只有繼續說下去，直到爸爸或媽媽說：「好，乾乾，把電話還給媽媽。」

隨著一個月又一個月滴答流逝，這種情況也越來越常發生，最後爸爸只會對我說一句話，然後就請我把電話還給媽媽：「乖，乾乾，爸爸想你。」他總是會確保有告訴我他有多想我，然後，在和媽媽說了聲「晚安」之後，爸爸的聲音就消失了。

就在爸爸離開去美國前，我陪他去看醫生，做他的檢驗和打針。我們走到那間聞起來像化學物質的診所，那裡絕大部分都是白色的，除了牆壁開始泛黃的地方之外。媽媽在工作，所以責任落到我身上，要確保爸爸完成了所有事項。這是因為我是唯一比爸爸還更怕醫生的人，就是那個穿著白色外套的可怕老人，所以他得以身作則，讓我看看該怎麼勇敢表現才行。而我會得知這一切，是因為我在某天晚上偷聽到媽媽和爸爸講悄悄話，他們以為我睡著了。我一直都蠻鬼鬼祟祟的。

輪到爸爸打針時，他得把長褲脫掉，然後屁股挨針才行。他先前幾週一直都很忙，為他的工作收尾，還有打包行李，所以這個爸爸，比起我之前認識的，好像縮小了一點。那天他瘦巴巴屁股蛋的畫面，深深烙印在我腦海中，我是一直到了那時才知道人的屁股可以有多瘦。我先前只看過我朋友們的屁股，都非常圓潤，有時候還髒髒的，就在遊樂場上。醫生將一根閃閃發亮的金屬針插進爸爸的屁股上時，我正咀嚼思索著這個新發現，這時竟無法抑制地自動痛哭了起來。我聽見自己在大爆哭，卻停不下來，我一直在哭，直到爸爸匆忙跑來，還一邊拉著他的長褲。不過他卻突然停下，往下盯著地板，直到這時，我才發覺我弄掉了幫他拿著的藥瓶，小小的膠囊灑得滿地都是，就像屁股上的雀斑。護士和醫生看著我然後笑了出來，但我不在乎，因為我還是哭得停不下來。

爸爸一把抄起我，然後跑出診間。我漸漸恢復精神，舔起從我臉頰流到下巴上的眼淚。「沒事，沒事。」他安慰著我，但要一直等到後來，在人行道上吃完冰棒後，他才有辦法說服我，醫生並沒有在傷害他和他瘦巴巴的屁股，而且一切都沒事。

兩年後，輪到我忍受同樣的屈辱了。出於我無法領略的心理機制，關於針頭是如何插進我沒那麼瘦的屁股蛋的過程，我一點都記不得。我記得的只有拿到血型檢驗的結果，並發現我的血型其實不是A型，而是就我從英文字母的排序所推斷，比較差勁的B型。我臉臭到不行，和媽媽分享了我的沮喪，她聽了之後爆笑不止，告訴我別擔心，她也是B型。但這根本就沒有安慰到我，只是讓我知道，我的差勁已經編寫在血液和基因裡了。

下一站是牙醫，比起醫生，我還更討厭牙醫，因為他揮舞著很吵的金屬工具，我知道絕對是設計來鑿開他受害者的頭顱的。牙醫很惡劣，我看不見他的嘴巴，因為他在臉的下半部罩了塊白布，可是他的眼睛散發黑暗的光芒。我的牙齒裡有個洞，需要填起來，他如此宣布，一邊移動一根桿子，降低我躺在上面的狹長椅子。他在我的舌頭上放了一坨小小的金屬東西，害我整個人僵住不動，再來，他拿了把鑽頭，對準後方那顆可憐的牙齒，並害我眼前星火四濺。

「啊啊啊啊啊。」我爆出一聲尖叫，口水也在我嘴裡泉湧而出。

「你這蠢小孩，你把填充物吃下去了啦！」他把口罩扯掉，我看見他的嘴巴就跟雙眼一樣下垂又黑暗。

「對不起。」我嘶啞著含糊表示道歉，一邊平衡著還垂在我嘴巴外面的工具。

他又做出另一坨灰色的金屬，並再次放在我的舌頭上。

「我們再來試一次，」他說，「千、萬、不、要、吞、下、去。」

我點點頭，然後舌頭保持完美靜止，一動也不動，這時一段回憶飄進我腦海中，來自我去上學的第一週。坐我隔壁的那個男孩，用釘書機釘了他拇指上的肉，就在指甲和皮膚間的那個小縫，我繼續看著，他則一臉面無表情盯著指甲從拇指頂端脫落，血噴到他的襯衫和我的書桌上。幾週後，我又看到同一個男孩跑下走廊，還有個老師拿著掃把追在他身後，因為他拒絕聽課，還一直拿東西插在自己身體上。

假如那個男孩這樣都能活下來了，那我也能撐過這個。我讓肌肉全心全意專注在這段回憶上，專注到我連一公分都沒移動。剩下的過程肯定繼續進行了下去，但我一點也不記得。

我們前往美國的漫長旅程的後半部可說平淡無奇。我因為擔任護衛的工作精疲力盡，在我把自己和媽媽綁到座位上的那一瞬間，就覺得全身的肌肉都散架了。媽媽呢，我認為，也因為好像把全身的器官都給吐了出來而遭到掏空且元氣盡失。我們兩人癱倒在彼此身上，媽媽睡著了，我則只是假裝睡著，眼睛雖然保持緊閉，耳朵卻仍相當警戒。直到頭頂上的機艙燈光開始閃爍，我才再度睜開眼睛，而我們別無選擇，只能振作起來，從凹陷磨損的座位上起身。

我不記得太多過海關的細節。但我確實有印象媽媽再次坐著輪椅下飛機——有個男人出現，這一次還真的是個中國人，並協助我們回答一名制服男子的問題，男子是白皮膚，眼睛也是綠色的，而非藍色。我們接近前，媽媽轉向我並指示說：「別說話。」在我們入境美國的那段期間，她還會再一直跟我重覆這句話很多次。

安靜，什麼也別說。

我的聲音不再有地方安放。

問完問題後，中國男子叫我們走過一連串大門，然後就拿走媽媽不再坐著的輪椅並說再見了。大門通往一個巨大的空間，擁有平面的環狀輸送帶，每條輸送帶上都放著行李箱。我們找到自己的兩個大型行李箱——我們先前把箱子打包得密密實實，還用緞帶纏繞在四周——但現在緞帶不見了，迎接我們的是全新行李箱黑色的布料，赤裸又曝露。虛弱的媽媽滿臉震驚，一邊從平面輸送帶上拖下兩個行李箱，並放到她找來的推車上。我幫她一起推推車，但是推車的手把比我的頭還高。推車和行李箱，唯一的功用只有擋住我的視線，害我看不清我們要走到哪裡去。

在穿制服的人坐於其中的亭子面前又排了好幾次隊之後——我對這部分只有一些朦朧的印象——另一扇大門再度帶我們來到一個熙來攘往的空間，裡面有各式各樣膚色的人。我以前從來沒有看過這種景象，有些人像我們，其他人膚色更深，是棕色，還有些人像是我兩年前看見的修女，眼睛不止是藍色或是綠色，而是藍綠色、綠棕色！眼前的人們彷彿千變萬化的色彩萬花筒，我以前都不知道存在著這些顏色。

在人群中再度看見爸爸，就像在摔倒之後盯著我自己的膝蓋。他看來有別於從前卻又熟悉，是我的又似乎不是我的，彷彿剛發紅的關節，鮮血從破皮處滲出來。爸爸看起來就像他自己，但更消瘦、更憔悴、更疲憊。發黃的凹陷接管了他的臉，接管了他全身上下。他穿著一件素色白襯衫，邊緣都開始磨損了，還有皺巴巴的長褲。

「爸爸？」不知怎地，這句話像個尖銳的問題般浮現，而非興奮的問候。

「乾乾，你這麼大了！」

我怎麼長這麼大了。

爸爸，你怎麼變這麼矮了，你怎麼變這麼瘦這麼老了。但我管好舌頭，他和媽媽用一個漫長的擁抱問候彼此。我們接著推著行李箱出去，並放到一台黃色的車子上，有個男子坐在前座，就在隔板的另一邊。

在中國，我曾和媽媽坐過類似的車子，只不過車子不是黃色的，而且司機是中國人。我後來才知道，爸爸其實存了好幾個月的錢，才有辦法用一台黃車來歡迎我們抵達美國。

爸爸用英文跟那名男子說了些什麼，他於是發動車子，接著爸爸轉向我們，一手拍著我的頭，另一手則摩娑著媽媽的肩膀。

「怎麼樣？餓不餓？累不累？」

我們餓了嗎？我們累了嗎？又餓又累。但最重要的是，我們很開心我們這個小小家庭終於團圓了。

要一直到那一刻，當我的頭靠在爸爸的肩膀上，而新城市狂野的光線在車窗外閃耀，我的娃娃也被我遺忘在地上，我才終於能夠進入深沉又安全的夢鄉。

4 美麗國度

The Beautiful Country

美國跟大家承諾過的一點也不一樣。一切聞起來都很怪，看起來也截然不同。我們住在一個爸爸說叫作布魯克林的地方，身旁來去的大多數人都有著棕色皮膚和黑髮，除了我們的廣東人包租婆之外，我們幾乎很少看見半個長得跟我們一樣的人——而且就算見到了，他們也永遠都不會用中文跟我們說話。我在想，我們是不是拋下了世界上唯一擁有我們同類的地方。

我們的新家是一間房間，位在三層木造房子的二樓，房子的地板總是在我們的重量下嘎吱呻吟。我們這層樓的另一間臥房，則是由來來去去、像是乘著輸送帶前來的新移民占據，他們就跟我們一樣，只能剛剛好湊出足夠的錢付房租而已。再隔壁的一扇門，則是通往一間所有人共用的浴室；媽媽在美國交代我的最初幾件事之一，就是我在裡面時，務必永遠都要把門給鎖上。我們已經不在中國了，我不能把門放著沒鎖，而且我最好也避免讓門開著。

一樓也有兩間臥房，另一個家庭住在其中一間，爸爸說他們是波多黎各人——就算是在中文裡，這幾個字我也聽都沒聽過。共用的廚房也在一樓，雖然這是我所住過最糟糕的房子，卻擁有我見過最巨大的廚房。中國的廚房是女性的領域，所以和外屋共屬家中地位最低的空間，通常會遭貶低為最狹小、最骯髒、最不通風的區域。而即便我們得和屋子裡的所有人和所有蟑螂共用新廚房，這個廚房還是有個中島，跟一間人可以走進去的儲藏室。

出於某種理由，我們的包租婆喜歡在大家吃飯時躲在那間儲藏室裡。她是個嬌小的老婦人，面容友善、一頭白髮、駝著背的樣子讓我想起蒸包子。每一次我們在廚房裡時，我要是說了些什麼，爸爸都會要我住嘴，並指指儲藏室，提醒我那個駝背的嬌小婦人在裡面。第一個月時，我完全不相信他，直到某天吃完晚餐後，我把燈關掉並躲在中島後頭，才過了幾分鐘，我便聽見儲藏室的門嘎吱打開，屋子的地板也因為新動靜和重量的轉移發出呻吟。我從中島的角落窺探出去，發現我們包租婆佝僂的背正朝門口移動。

她身後的儲藏室門沒關。我從沒見過那扇門打開過，所以把握機會跑了進去，將身後的門緊緊關上，門把的喀噠聲在整間木頭房間中迴盪。門邊有個通風孔，就在其中一面牆的底部，我滑下身子，把眼睛靠在木板條上。當然囉，我可以清清楚楚看見外頭。身體側躺著，雙眼從通風孔往外望的我，待在堅硬的地板上，等著某個人出現可以讓我監視，這肯定沒有太難受，因為我竟然陷入夢鄉。

我記得的下一件事，就是醒來看見老婦人的雙眼，布滿皺紋，且因白內障而汙濁。她正大喊著我無法理解的廣東話，身體的重量靠在刮痕滿布的拐杖上。隨著所有的血液衝上我的臉，我尖聲噴出一句道歉：「對不起！」接著，我便從敞開的門溜走，然後三步併作兩步蹦跳上階梯，回到我們的房間。

我記不得這整段時間媽媽和爸爸人在哪，只記得在美國，他們留下我自己一個人的時間，比以往都還多。他們從未發現這起事件，即便我在之後幾天都提心吊膽，等待著我的懲罰降臨。而我下一次看見儲藏室的門再度打開，那個小房間已經不再空蕩蕩的了，反倒是裝滿了一袋袋的米跟一罐罐的貓食。

在我們新家的夜晚，媽媽和我會頹坐在黑暗中，遠離窗戶。每一次我往窗邊或光線靠近一丁點，媽媽都會大叫：「危險！」危機四伏——根據媽媽的說法，我們所在新國度中的一切都很危險，甚至連走近窗戶或開燈都是。外頭的碰碰聲是槍聲，她說，而要是他們看見我們在家裡，就也有可能會對我們開槍。

我從不質疑她告訴我的事，而且我也害怕到不敢問為什麼會有人想對我們開槍。所以我們每晚都坐在黑暗中，我坐在我的小床上，離媽媽只有幾公分，她則坐在多多少少大了一點的床上。我們兩人都坐得直直的，並靠在窗戶對面的牆上，直到聽見爸爸疲憊的腳步聲爬上樓梯，來到我們的房間。他總是一走進來就開燈。

「為什麼關著？」

燈為什麼關著？爸爸總是這樣一成不變質問媽媽。根本就沒必要，他堅稱，可是媽媽只要爸爸不在，就會變得對美國的一切都很不確定。

「乾乾，你看。」爸爸說，手上拿著一個棕色紙袋對我示意。他用古怪的方式拿著袋子，抓在側邊，用兩隻手水平捧著。

「什麼？」

「你開呀！」打開袋子，他命令。

所以我從他手上搶過袋子，然後轉成垂直狀，本來就要這樣的吧，我心想。

「小心！」爸爸說。

我總是很疑惑為什麼在中文裡「小心」會代表「注意點」。

打開這個袋子讓我想起有一次望進一隻鬥牛犬的嘴巴。那是媽媽的朋友帶過來的，狗兒直接朝我跑來，熱氣吞噬了我的臉，並漫進我的毛孔，一股濃烈的臭味讓我暈頭轉向。

「狗！」我厭惡大喊，害得我爸媽都大笑出聲。爸爸解釋說裡面沒有狗肉啦，這只是美國人叫作「披薩」的東西。

我拿紙袋的方式，使得披薩自己捲起來了，變得好像是包了內餡一樣。我咬下一口時，起司還拉長牽絲，黏黏的，卡在我的手指、紙袋、下巴上，害我也開始傻笑了起來。這個可怕、驚人、好吃的物質到底是什麼啊？而且為什麼我現在才第一次吃到？

我花了一秒才發現切片的棕色蘑菇，也完全不像我以前吃過的任何東西：有點彈性，也沒那麼有味道。大聲咀嚼了第二口「披薩」後，我遞給媽媽，光是品嘗還黏在我手指上的屑屑就很滿足了。

棕色的紙袋裡只有一片，是我們一家三口的晚餐。我已經學會美國這裡的餐點都更小份，我們吃的食物很快就能讓我們填飽肚子，而起司和乳製品是我們從前很少吃的東西。但我總是在一個小時內又會餓起來。吃美國人的食物，就像是大口吞下巨大且馬上就會帶來滿足的氣泡。

流浪貓是我們新家中我最喜歡的一部分。屋子有個圍起來的後院，全都是貓，院子各處，老包租婆放置了一碟碟便宜的貓食，混雜著米飯和一碗碗曾經很新鮮、但很快就因落葉、塵土和雨水而變得汙濁的水。院中有五顏六色的貓咪：長著黑色斑點的白貓跟虎斑貓。中國幾乎沒有什麼流浪動物，而當大舅舅告訴我，我在美國會看見前所未見的事物時，我從來都沒想像過，竟然可以這麼幸運地生活在群貓之間。但假如貓咪算是某種跡象，代表的卻是美國會充滿不可靠的朋友。我每天出去都會心懷希望，覺得會找到牠們，而有些日子牠們確實也在，友善又誘人，可是其他日子，牠們卻若即若離，躲在裂縫和角落，害我得到處找。而牠們的眼睛似乎也會隨著天氣改變，前一秒還充滿仰慕，下一秒就散發輕藐，感覺牠們的心情就像我們的生活一樣瞬息萬變。

我在院子裡也找到了另一個更為堅定不移的朋友。院子的後牆連著一個狹窄的平臺，上方有個微微突出的屋頂。在平臺上，有個佛教神龕，放著一張張裱框的照片，裡面的人長得很像包租婆，年齡卻老少交錯，此外還有線香跟一盤盤水果。平臺末端，則放有我這輩子見過最小的電視，寬度大概只有三十公分吧。

我第一次過來平臺上時，唯一的聲響來源，是來自小電視上播放的《辛普森家庭》；沒有半個字是我聽得懂的，但鮮豔的色彩和長相古怪的角色，依舊讓我目不轉睛。裡面的白人膚色是深黃色的，中國人角色則是淺黃膚色。我知道他們應該是中國人，是因為他們的眼睛更細、更長、更斜，在那之前，我都不知道中國人的眼睛看起來應該要是那個樣子的，但這很快成了我看待自己的方式，讓當時的我認為，我的眼睛一定是哪裡出了問題。

從白人凝視的角度看待我的種族，讓我想起爸爸在中國時和我分享的一個故事。他的某個英語教授同事先行來到美國，但跟他不同，這位同事後來回到中國講述她的經驗。她告訴爸爸，自己先前從未發覺過，我們的臉孔有多麼扁平，以及白人的臉又是多麼立體跟起伏有致，還擁有我們十分羨慕的突起眉毛、臉頰、鼻子，而這一切，在她聽見有個白人同事說她是「大餅臉」時，便深深烙印在她的靈魂之中。當時爸爸和我都笑了起來，覺得這還真是我們這輩子聽過最荒唐的事了。但是，那個同事本人卻並不覺得這有多好笑，她告訴爸爸，還用英文以示強調：「我日夜以淚洗面。」

破天荒第一次，我也感受到了她的哀傷。不過我試著安慰自己，反正《辛普森家庭》裡的每個人都長得很怪嘛，比如說，媽媽美枝的髮型就很不可思議：又高又長，還是藍色的。我開始每天都在同樣的時間到神龕去，幾天後，我就認得出大部分角色了，他們暴凸的雙眼，鋸齒狀的尖頭跟所有一切。

隔週，爸爸帶了台小電視回家，他是在人行道上的垃圾袋旁找到的。這台電視甚至比神龕邊那台更小，塑膠外殼的背面還延伸著一道裂縫，但我超愛這台電視的，讓我認識了PBS兒童台，是一整個世界的新朋友。爸爸得去上班，媽媽也得去找工作，可是現在還是夏天，學校根本還沒開學，所以有好幾天，我都獨自待在我們的房間裡，還得到嚴格的指示，絕對不准離開，除了去上廁所以及去廚房找東西吃之外——而且，我還得把食物拿回來，並在房間裡吃。在這漫長的幾個小時期間，電視和我成了同道中人，跟我一樣，難過又孤單，被它體積更大、裂縫也更少的媽媽給遺棄在路邊。

我們房裡的電視永遠都開著，就連我在讀書或小睡的時候也是。那些免費的頻道，FOX五台、PBS十三台，以及後來出現的UPN九台跟WB十一台，讓我的生活感覺沒那麼空洞。離開中國以前，我從來沒獨處過，所以身邊再次環繞著其他人的聲音還蠻不錯的，就算他們是身在一個小螢幕裡，就算他們講的是一種我還沒學會的語言。尤其是PBS兒童台，從我後來會認出是《閱讀彩虹》（*Reading Rainbow*）及《羅傑斯先生的鄰居》（*Mister Rogers' Neighborhood*）的節目中，為我提供了替代的家人。不久之後，新的節目也加入了我的大家庭，例如《拼圖地》（*The Puzzle Place*）和《許願骨》（*Wishbone*）。雖然我的父母不在，羅傑斯先生卻在，告訴我世界上只有這麼一個我，而且他就跟我一樣喜歡我自己，即便我當時的英文能力還聽不懂這些。

我最愛的節目絕對是《拼圖地》。只要電視在播，我總是相當享受，就算是重播我看過的集數也無妨。我很喜歡所有玩偶看來好像全都是朋友，就算他們那麼不一樣；每個種族都各有一隻玩偶代表，而這樣的安排讓我覺得再適合不過了。縱使玩偶的臉暗示著他們的種族，但他們看來全都頗為類似，充滿人性又開心。

在所有玩偶中，我最喜歡的是茉莉。她也是中國人，三不五時，她都會分享來自我們文化的事物，而且我也能夠穿透英文的濃霧辨識出來。在那些時光片段間，幾乎就像是我又回到家了。

不過現實生活中，我們很偶爾會看見的中國人卻跟茉莉一點也不像。我第一次在街上看見另一個中國人時超興奮的，高興到甚至要張嘴大叫「你好」，唯一阻止我的，就是媽媽曾警告過我不要隨便和陌生人講話。

不要跟任何人講話，她說，**我們不能信任別人**。

誰都不行嗎？**那警察呢**，**媽媽**？

誰都不行。**尤其是警察**，**假如你看到有人穿制服**，**就掉頭往反方向走**。

為什麼啊，**媽媽**？

因為很危險。我們在這裡是不合法的，別信任任何人就對了。

我不懂這話是什麼意思，但每一次我們經過其他中國人，我也都能分得出來他們也不信任我們。他們臉上有種表情，我以前在中國從沒看過。我盯著他們時，他們的目光並不會對上我的，他們也不會露出微笑，精疲力盡的陰影籠罩了他們的臉。美國對他們做了某些事，導致他們永遠改變了。我第一次看見相同的表情，是在機場時爸爸的臉上，而這也成了我在美國認識的爸爸臉上永遠掛著的表情，害我也開始懷疑，我看起來是不是也像這樣。每天晚上在共用的浴室裡，我都會盯著我自己在鏡中的倒影，戳起我的臉頰，並拉著我的眼皮，我每一次都很困惑，我看起來沒有差別啊，但為什麼一切感覺起來，卻又這麼、這麼不同呢？

媽媽和爸爸也被陰影籠罩了。他們有時候依然相當關心我跟寵我，但更常是心不在焉，彷彿身在別處，一邊嘆氣一邊對彼此說一些在我聽來毫無意義的艱深字眼。他們用的很多字，我以前從來都沒聽過，也從沒聽過這些字像這樣子全都糾結在一塊，從疲憊的舌頭滾滾湧出。

我有問題想問的時候，都必須至少重覆問兩次，媽媽和爸爸才會注意到。「媽媽，這是什麼？」我會問及我們身旁所有無窮無盡的新事物，可是媽媽和爸爸到了現在仍彷彿行屍走肉。他們似乎總是在四下張望，搜索掃視著周遭的環境，像是在尋找些什麼。但願我能幫他們找到正在找的東西，不管那究竟是什麼，如此一來他們才能再次將注意力放回我身上；就連我們邊唱邊跳〈小母猴〉時，而這件事我們現在也已經很少做了，爸爸的眼裡竟也都會有種縹緲恍惚的神情，告訴著我他其實人並不在這裡。〈小母猴〉曾是他一天中的精采時刻，現在則成了個負擔。

至於陌生人，我開始害怕起他們帶來的羞愧。我不再是個普通的小孩，而我所做的一切都是錯的，即便我不懂到底是為什麼。我很快學會這麼做不可以——就算用中文也不行——不能在地鐵上問爸爸為什麼黑人會有那樣的頭髮，因為這會害他笑出來，對方則會不大開心。我也學會只要我們的室友在廚房裡，那就不要進去，因為他們會拉拉眼角，並對我做鬼臉。我還學會吃東西時不要發出太多聲音，因為即便我們應該要這麼做，好讓媽媽知道我們很享受她做的食物，但在美國這麼做的話卻只會讓其他人嘲笑我們。

最重要的是，我學會我們現在是「chinks」*了，雖然我不被准許使用這個字。幾乎天天，某個人在街上走過我們身邊時，都會這麼對我們說。我第一次聽見這個字時，是個騎著腳踏車經過的大男孩從車上傾身，並對準我的耳朵大聲喊道；之後好一陣子，那隻耳朵聽見的一切都變得像是從很遙遠的地方傳來。媽媽當時嚇了一跳，還尖叫出聲，但我會知道這回事，完全是因為我是用另一隻耳朵聽到的。

那天，我們回家問爸爸那個字是什麼意思，但他拒絕告訴我們。接著我說，那八成是美國叫中國人的字吧，我們就是叫作這個：「我們現在是chinks啦，爸爸！」這讓爸爸從他遙遠的夢境中醒轉，而他開口前直視著我的雙眼深處：「這是個非常糟糕的字，乾乾，你永遠都不可以用。」然後，就跟剛才一樣突如其來，他又別開目光、心思再度飄走了。

我想要奪回他的注意力，非常想要。所以我考慮再講一次那個字，因為這招似乎有用。但我反倒只是坐在那裡，擔心我可能又會再做錯事，並且邊聽著我受傷那隻耳朵中的嗡嗡聲，邊咬著我的嘴唇內側。

我很快學會大家都很危險。但我也學到有某些特定的表情，像是生氣和冷淡，我可以掛在臉上，好讓大家離我稍微遠一點。每次我離開家裡，就會開始戴上一張這類表情的面具。

面具不一定無時無刻都有用。某天，媽媽和我走在我們的社區中，經過一間破舊的老屋；屋子和人行道之間有一道柵欄，上頭的鎖鏈扣環坑坑巴巴，到處也都鏽跡斑斑。大門只有一道鉸鏈與柵欄相連，其他都鬆脫了。媽媽和我幾乎已經完全離開柵欄邊了，這時，我們看見有個白色的東西從屋裡炸出來。大門和柵欄根本就沒有什麼抵擋功用，而那個東西起初朝我們衝來時，也只不過是一團模糊。隨著其猛撲上來，我也只看見一個大開的下巴、長滿牙齒，並在空氣中猛咬。

我躲開並護著我的臉。承受衝擊的是我的手臂，但當我抬頭看時，卻找不到一絲血跡。我手臂上的皮膚竟神奇地毫髮無傷、全身而退，雖然我的右邊袖子已經碎成片狀。到了那時，狗主人才從屋裡出現。他跟他的狗一樣白，而那隻狗現在正狂咬著我袖子的破布。我們可以看得出來，

---

* 譯注：即「中國佬」。該詞原意為「瞇瞇眼」，是英文中帶有種族歧視的用語，過去常用於貶義地指涉中國人乃至任何擁有亞洲面孔的人。

那個男的有看到發生了什麼事，但他一句話也沒有表示，臉上還掛著洋洋得意的輕蔑笑容。而媽媽也跟他一樣默不作聲，還抓著我的另一隻手臂把我拖過街區，我的雙腳磕磕絆絆跟上腳步，破爛的右邊袖子則是在身後追逐著我們的風中翻飛。

5 絲

Silk

美國的夏日很長，比以前在中國的還長很多。我應該要在九月開始念小二，但就在那之前，我先開始上了另一種形式的學，而比起我從黑板上學到的一切，這間學校的課程在我心中留存了更久更久。

某天出門工作前，爸爸告訴媽媽她可以試試看到中國城的東百老匯大街找工作，而且那邊的老闆也更能理解她帶著我一起去，因為他們全是中國人。媽媽和我漫步走下那條街時，我替自己計時，想看看我能在那誘人、美味、讓我肚子咕嚕咕嚕叫的香氣中憋氣多久。

在某個開滿我們負擔不起的餐廳的街區，走到半途時，有個臉長得像是塊肉派的矮胖婦女攔下我們。「欸，欸，」她說，「拿著！」她把一張紙塞到媽媽手上，然後便蹣跚離去。

我那時已經學會夠多中文字，可以讀懂童書，但還是認不出寫在那張紙上的每個字：**沒什麼什麼證**，上面寫著，**沒問題**。

「媽媽，這上面說什麼啊？」

媽媽沒有回答，反倒是領著我們倆走下這條街和下一條，並找路來到一屋子的髒亂中。迎接我們的是剝落的牆壁和一大群中國人，但沒有半個人像是我們在中國遇到過的人。

「我需要一份工作。」媽媽來自北方，講話直接，開門見山。

「你會做些什麼？」有個胖子回答。他的臉型讓我想起熱騰騰的肉包，害我垂涎三尺。

「我是河北的大學的數學和電腦教授。」

「沒用。」他搖搖頭，沒有用。

「有洗過盤子嗎？」

「媽媽做什麼都很會。」吞下口水後我插嘴。

沒人聽見。這就是我的新生活——美國有很多噪音，我的音量不再夠大。

「我很會縫紉。」

「嗯，拿著。」然後又有另一張紙被塞進她手上。

媽媽和我跋涉過八月黏稠的暑熱，來到地威臣街上一棟類似倉庫的建築。就在媽媽跟我說是間小學的紅磚建築物對面，我們爬了三層樓梯，得到的獎勵是個體育館大小的空間，紅色和黑色的布料覆蓋著兩扇窗戶——也就是唯一的自然光源——讓我想起王家宅院門檻上的書法字條。

在這個空間中，沒有日夜，只有工作。空氣充滿米飯和鹹鹹汗水的味道，頭上方的風扇發出颼颼聲，變黑的生鏽扇葉和成群蒼蠅玩著鬼抓人。

從門口便能看見一排又一排的縫紉機，每一台旁邊都有個駝背的人看守著崗位，駝背守衛盡可能不動，彷彿任何動作都會讓手腕的血液枯竭。大多數人都是女性，不過也有零星幾個男人，此外，到處也都有個和我年紀差不多的女孩。這些人彎曲的背部，讓我想起剛蒸好的不同口味饅頭：這裡有個穿白衣的，是原味，穿紫衣的，則可能是芋頭吧。

「你，坐這。」我好不容易認出這句廣東話，是個女人說的。她的皮膚讓我想起因內餡太多而緊緊繃起的餃子皮。

她把我安排在木板桌邊緣的一張凳子前。

「你，坐那。」她命令媽媽，引導她到我左邊的一台縫紉機。

在我們面前，有兩台巨大的帆布推車，上頭矗立著如山的衣服，而在桌上的一個籃子裡，則是一丘小小的白色標籤。

媽媽抓了一把衣服——這些是襯衫，我近看後發現——然後放在她的左手邊。接著，我便看著媽媽駝起背，拿起一塊標籤並擺在襯衫脖子處的接縫上。她用力踩下機器下方的踏板，縫紉機於是嗡嗡甦醒過來，吐出黑色的絲線。

有一次，還在中國時，我和姥姥坐在她的臥房裡，她盤坐著，在電視前編織。跟我在離開中國後習慣的一樣，姥姥也只會聽電視而已；她從來不會抬頭看，因為太過陶醉在手中木針和紅壓克力紗線的模糊光影中。那天，電視上正播著一部紀錄片，一隻胖嘟嘟的蠶用亮晶晶的小黑眼瞪著我看，毛茸茸的臉一邊吐著白絲。

蠶是種光榮的生物，電視告知我們，**我們已經繁育了數千年**。
媽媽的機器沒有毛茸茸的臉或亮晶晶的小眼，吐絲的動作卻一模一樣。

媽媽成功把標籤車到一件衣服上之後，就會把東西扔到我們後方的一台空推車裡。我有自己的山和自己的空推車，也有我自己的工作：把接縫處垂掛的鬆脫線頭都剪掉。我有一把專屬的剪刀，剪刀柄是黑色的，還有長長的金屬刀刃。我的右手和手腕幾乎撐不住剪刀的重量，每剪個兩件，就得把剪刀放下，並甩甩手；我曾用左手嘗試過一次，卻發現剪刀實在太重，用左手根本就沒辦法剪。

在中國，我有一把亮橘色的塑膠剪刀，刀子是鈍的，末端也圓圓的，設計的目的是假裝用來剪已經剪好的東西。我曾許願想要真正的剪刀，就像爸爸常拿來把他的紙剪成一條一條的那把，而他接著甚至還會再將紙條撕成更小的碎片。所以等我到了美國，並在血汗工廠獲得我自己專屬的剪刀時，我其實還蠻高興的。

離開中國前，爸爸曾警告過我永遠不要拿著剪刀跑來跑去，而這當然促使我從他書桌上拿走那把剪刀，並在我們的公寓周圍繞圈跑。但我才剛跑了三圈，就絆到我的火車組摔倒，害得剪刀在我的左掌心劃出一道又長又痛的傷口。

「你看看。」爸爸責備我，但他的聲音彷彿隔著一層紗布，一點也不生氣。

爸爸離開中國後，再也沒人告訴我別拿著剪刀亂跑，所以我也停止這麼做了，因為已經一點也不有趣了。

爸爸離開一週年那天，我拿著他因棄置不用而生鏽的剪刀，喀嚓、喀擦、喀擦剪著我們的皮沙發。刀痕有兩道翅膀，中間凹下，就像某部電視節目教我的一樣，不過那個電視節目也教我只能剪紙就是了。媽媽走進客廳時，她對我大吼，不是因為我拿著剪刀跑來跑去，而是因為使用剪刀。

「乾乾，這是在幹嘛？」

我以為這很明顯，但有時候你還是得和大人解釋事情。他們太老了，看不清重要的事物。

「這是燕子啊，媽媽，電視教我的。」她對我眨眨眼，這個舉動告訴我應該要有耐心，並解釋得更詳細一點，有時候大人反應會有點慢。

「牠們會飛去美國看爸爸，確保他不孤單。」

媽媽走出客廳，但我聽見她在廚房啜泣。

——

我每天在血汗工廠都會玩躲貓貓。遊戲的目的是要盡快找到最多的鬆脫線頭，而當我強迫自己少眨點眼時，這會變得比較容易。在某些衣服上，並不會有我想要的、那麼多的鬆脫線頭，發生這種情況時，我就會用力把線頭扯鬆，這樣我才能修剪掉。

我永遠都會繳出比預期還更棒的成果。

蠶為我們的國家帶來滿滿的驕傲，我們必須好好維護蠶帶來的榮耀。

時間緩慢過去。媽媽車著標籤，我則是找到（或創造出）並修剪掉鬆脫的線頭。我們得把所有完成的樣品放進空推車裡，這很重要，每一件媽媽可以賺三美分，我則賺一美分，所以每一件都很重要。

空間裡唯一的聲響來自縫紉機、風扇、蒼蠅，三不五時，也會有個駝背的人咳嗽。除了挪動一件件衣服之外，無人移動，我甚至都不記得有去上過廁所——那裡真的有廁所嗎？肯定是有的吧，對吧？我也不記得有去喝水。

在第六個小時左右，警報器振動的聲音會傳遍整個空間。彷彿大夢初醒，我們全都會因米飯的香味挺直身子、不再駝背，要一直到我整個站直，才會感覺到棲息在我脖子底部並沿著背部往下流淌的痛楚。也要一直等到我伸展脊椎，才會發覺我駝背駝得有多嚴重。

我們全都站起身，並走向空間後方，在電鍋面前排好隊。

我的嘴唇濕潤起來。

我吞下口水。

某些工人會自己帶菜來，那些菜放在容器裡曾經溫暖、卻已冷掉許久，他們會帶著菜一起排隊，準備好拿到剛煮好的米飯。

我伸長脖子研究我的駝背同伴們帶了些什麼菜來。

炒馬鈴薯，邊緣呈咖啡色，跟醬油剛好很搭。

番茄炒蛋。

豆腐配四季豆。

我的肚子裡冒出了沸騰鍋子的轟隆聲。

為了要採收蠶絲並保持完美狀態，我們得在蠶蛾出生之前就先把繭給煮沸。

媽媽和我沒有我們自己的容器。我們來到電鍋前面時，香氣四溢的蒸氣在我臉上跳舞並搔著我的鼻孔，這時那個餃子臉女人再度出現，在兩個紙盤中各舀了一勺飯。我用右手拿著我那盤，但盤子搖搖晃晃的，努力綳緊以撐住米飯的重量，差點就要翻倒到地上了。我趕緊讓左手加入右手的行列。

「沒有筷子，媽媽。」

「沒關係的，這會是個很好玩的遊戲，你用左手一次可以抓起幾粒飯啊？」

所以我們沒有筷子也沒有關係，這就是整個遊戲的重點。我們一回到崗位上，就展開了這場遊戲，媽媽把她的盤子擺在縫紉機下方，針用單眼瞪著，迫不及待想掃光米飯。

「準備好了嗎？開始！」

一聽到指令，我就用左手猛扒盤子，速度快到像是通往我嘴巴的電梯，我也把右手收在背後，規則就是規則。

媽媽的動作很慢。她一次只抓起幾粒飯，而且一粒粒細嚼慢嚥，彷彿在尋找每顆飯粒中的祕密訊息一般。

我的手雖然比較小，卻輕鬆獲勝。我給她看我的空盤子，同時還有幾顆飯粒黏在我的臉頰上和嘴角邊。

「哇，你還真快！」

我在策略上沒有要故意對媽媽放水，要是還有另一場比賽怎麼辦呢？

我的左手因為濺粉而黏黏的。我把手抹在我衣服上那個僵硬的黃色笑臉上，並把一粒飯粒黏到笑臉鮮紅色的舌頭上——每個人都需要吃東西的嘛。

警報聲還沒響，這代表我還有些時間可以四處逛逛。

我慢慢經過一排又一排的縫紉機，想知道從最前面看的話，整個空間會是什麼樣子，而我走得越遠，就越少看到紙盤。在最前排，每個人都還在吃，他們在裝著煎炒食物的容器上方停留著，但食物出於某些原因，看來不太一樣。我花了幾秒鐘才搞清楚為什麼：這些人有燉肉！甚至還有鹹魚，跟雞腿。

再繼續往前走，我發現一顆圓圓的雞蛋，在天花板垂下的光裸燈泡下驕傲地閃閃發亮。那顆雞蛋的主人，是個大約我這個年紀的女孩，她一點也不尊重蛋，竟然用筷子在容器裡戳來戳去，甚至都沒吃呢。

我討厭她。

我偷偷摸摸溜回我們在後排的位置，媽媽還在嚼一粒粒飯粒，她永遠都不可能在我們的遊戲中打敗我的。

「媽媽，我們可以去坐前排嗎？」

「不行。」

「為什麼不行？」

「那裡是給縫鈕扣的人坐的。」

我從她的盤子上拿起一粒飯粒，並開始嚼。

「那我可以縫鈕扣嗎？」

「可以，但還不到時候。」

我把我的空盤捲成一根管子。

「鈕扣人賺幾美分啊？」

「十。」

我開始用那根管子痛打木板桌和我們成堆的衣物。

媽媽的飯還有半勺好端端待在她的盤子上，她把盤子推給我，交換我湊合成的棍棒。

我假裝又開始比賽了，用左手抓起剩下的一整坨飯，然後往我嘴裡塞。

接著警報響了，將我們送回恍惚狀態。

每個位置坐著的駝背人，都有他們自己的故事。媽媽隨著時間經過聽過不少，但我要一直到多年之後才會聽說，且也是透過二手轉述。她最愛的故事，是來自一名彷彿在她的位置上永遠生了根的女人，停都不停埋頭苦幹，從她十二小時輪班的一開始，努力做到下班的最後一刻。我不記得她有任何一次起身吃飯、喝水、上廁所。一如既往好心的媽媽曾提議幫她拿一盤，與此同時她則繼續把大量的布料推送進飢渴機器的大口中。媽媽回來後，那個女人抬頭朝她點了點，表示感謝，但幾乎是在一瞬間，她又低頭望回她的機器，再度回到她專心致志的勞動中。

要一直等到類似的互動持續了一個月或差不多時間之後，女人才為自己的專心向她道歉：當時，媽媽把盤子留在女人的手肘邊，同時揣想著她什麼時候才會停下動作，以便把飯扒進嘴裡。她解釋，她得在特定的時間內賺到特定數目的錢才行。之前出了場意外。她在一年多前來到美國，並心懷希望，認為她兒子也很快就會過來了，就在她一付完自己的費用給蛇頭，還付了他的部分之後。但是她抵達才幾個月就接到壞消息。她兒子待在她鄉下的老家，跟她父母還有兄弟一起，而她的兄弟很愛摩托車——某天下午，兄弟把摩托車停在家裡的車庫，卻漫不經心、忘記完全熄火，瓦斯漏得到處都是，還著火了，她年少兒子的身體超過一半面積遭到燒燙傷。

他需要動手術，但我們負擔不起。我想像她靜靜流著淚敘述這一切，媽媽和她都流著淚。

反正，就是還負擔不起。只要我付清蛇頭那邊的款項，剩下的就可以給他了。我試過用這筆錢回去，接著還試著把錢寄回家，但每次都被蛇頭發現，還說他要殺了我們。

要是我死了，對我兒子有什麼好處啊？甚至比我現在更沒用。什麼樣的母親會拋下她的兒

子，遠在大半個世界之外，還讓他被火焚身呢？

我看見媽媽搖著頭，並拍著那女人的背，在黑暗的空間中注入了一股憐憫的浪潮。**這不是你的錯**，她一定會這麼說，同時心痛如絞，想著要是被火焚身的是我，而不是那個可憐的小男孩，那會怎麼樣。

我現在的人生還有什麼意義，除了用這些醜陋的衣服賺美金之外？我也能想像那個女人哽咽不成聲，然後便轉身繼續工作。

我是為了他來這裡的。媽媽記得那個女人在啜泣間不斷重覆。**我來這裡，也只是為了他**。

媽媽天生不適合在血汗工廠工作。

她是世界上最漂亮的人。在中國，她跟姥姥常常會說她的眼睛是如何太小、嘴唇太薄、胸部和臀部又是怎麼樣太胖了，但我聽不懂這些到底是什麼意思。對我來說，她就是太陽，是寒冷冬夜的一杯熱牛奶，是一切溫暖的事物。

媽媽比中國大部分女人還高，而且，我後來發現，也比美國大多數女人都高。她的髮型是波浪捲，誕生自中間有著泡棉滾筒的綠色和粉紅色塑膠髮捲。我們打包美國的行李時，她把髮捲沿著行李箱的內緣塞。髮型會慢慢塌掉，但是，由於預期要在血汗工廠度過一整天，每天晚上她還是會戴滿整頭的髮捲上床睡覺。

媽媽很愛說，一個女人不需要長得漂亮，還是可以很美，但要是女人少了尊嚴，就不可能會美，而我要花上數十年，才能弄懂這話的意思。

在中國，媽媽會戴巨大的眼鏡，邊框跟她每天坐在前面的大型電腦一樣形狀，那台機器有張空洞的黑面孔，上面有個舞動的白色長條，在左上角出現又消失。有那麼多次，我看著媽媽一邊輸入「CC:\DOS」一邊唸出聲來，發音是「西西多斯」。機器會唱和她，跟卡通中的郊狼永遠都抓不到的鳥兒一樣嗶嗶叫。

我們搬到美國的前一年，那年我六歲，代表她那時肯定是三十一歲，媽媽出版了兩本數學和電腦科學教科書。那時候爸爸已經離開了，所以她把書拿給我看。「你看，乾乾，」她用我對我最愛的寵物石頭所使用的相同驕傲語氣說道，邊指著書封底部，「那是我的名字！」

我讀到她的名字——沒錯，確實是——並用手指翻閱過書本，裡面大都寫著我以前從未見過的符號和中文字。

「哇，媽媽。」我露出我最大也最吃驚的微笑，盡了我的責任，接著便走開去和我的忍者龜玩了。

有時我們在家鄉石家莊附近散步時，都會遇見叫媽媽「老師」的人。但直到我離開中國前，我都不理解女人有可能成為母親以外的角色。對我來說，媽媽就只有母親這個角色，而且這也是她生來的天職。

有一次，某個大人問我長大之後想當什麼，我露出笑容並表示：「我想當媽媽。」

媽媽誤以為我想當隨便一個母親，所以責備了我。

「乾乾，真丟臉！你應該夢想成為比母親還偉大的人才對啊。」

但對我來說，除了當媽媽之外，沒有更崇高、更偉大的事了。

——

媽媽擅長一切。她煮的飯世界最好吃。在中國，我在水槽邊有個小凳子可以站上去，有時幫忙她洗碗，有時則只是看著她。她削蘋果宛如在變魔術，削下來的皮都不會斷掉，是條長長的螺旋。我會玩那團皮，讓皮在空中跳舞，直到我注定把皮弄斷成兩半，接著就放進垃圾桶中安息了。

媽媽會把一切都變成遊戲。番茄會說話，小黃瓜會大笑，使得洗菜不再是項雜務，而是個快樂的任務，是在幫菜洗澡。

媽媽不知道，但她是我無論身在何處，想像力都會天馬行空的原因，也是我在萬事萬物身上，都會看見愛的原因。

有一次，媽媽帶了兩隻螃蟹回家，並把牠們留在客廳地上，還給了我一雙筷子，讓我可以跟牠們玩。那是我童年最美好的一小時，螃蟹跟著我到這到那，四處揮舞著牠們的螯，我邊開開心心趕著牠們。

後來，我把牠們放進水槽，這樣牠們才能喝點水。牠們在水裡吐泡泡時，媽媽也在一個鍋子裡裝滿水。

「你怎麼不出去沙坑玩一下呢？讓螃蟹們小睡一下。」

她不需要跟我講第二次，我蹦蹦跳跳跑出門去。

但我回到晚餐桌上時，卻看見我那兩個硬殼的玩伴，現在已經是紅色、而不是藍色，竟然在盤子上。

「牠們還在睡覺嗎，媽媽？」

「沒有，乾乾。來吧，開動吧。」她把我的粉紅色小筷子遞給我。

於是我們開動，而我這餐是用眼淚調味。

媽媽尤其擅長設計跟縫紉。我們在中國時不用自己做衣服，但她還是很有天分，而且她也永遠都坐不住。媽媽總是在工作，就連她沒在教書或寫作時也是，每個星期，她都會想出新的設計，總是件裙子，也總是有蕾絲。她每個週末大多數時間都俯身在我們的縫紉機前，邊哼著歌，邊交替踩著踏板或用粉筆替大量布料打版。

每週日，她把新的作品套在我身上時，我總會抗議，而且她也總是會在我的頭髮綁上相配的緞帶來完成造型。「很癢欸！」

「可是看看你有多漂亮啊。不要再亂拉了，拜託，也不要再扭來扭去了。」

她有時候會幫我們兩個做成套的衣服。我最愛的是紅色底配上白色圓點的裙子，而且是絲做的。我們兩人裙子的上半身都很貼身，下半身則是寬大的A字裙。我們一起走在街上時，我都覺得自己跟米妮一樣美。

那件圓點裙跟媽媽的其他設計不一樣，真的非常舒適，我穿著甚至都還能繼續做自己，常常跑到沙坑和我最好的朋友玩；他是個跟我一樣臭的男孩，但他並不需要穿癢死人的蓬蓬襪，髒兮兮的腳踝周圍也不會有蕾絲裝飾。

我不記得那件裙子後來怎麼了，媽媽設計的其他衣服也是，我們在北京機場登機後，我就再也沒看過半件了。

繭煮沸的時候蠶還在裡面，熱會殺死蠶，但水會讓繭很容易散開。

在血汗工廠的第十二個小時，我們終於獲得釋放，緩緩離開。我不記得那天究竟賺了多少錢，也不記得特定的哪一天我到底賺了多少，但我確實記得一如既往詢問，請他們用零錢付薪水給我，而非紙鈔。

這樣的話，感覺就像賺了更多錢。

媽媽通常也會同意，但只能換一塊美金的零錢。

我的零錢放在一個紙牌盒大小的盒子裡，我會一直叮叮噹噹搖晃，這就是我的鈴鼓，可以一路搖到東百老匯大街的地鐵站。

我們走下地鐵站的階梯時，痛楚在我脖子後方燃燒、伸展開來並往下沿著我的脊椎蠕動，一公分接著一公分。

我們採收蠶絲，並吃掉蠶。

有一次，在美國進入我們腦海中並成為一部分之前，我吃過一隻炸蠶。是媽媽在街上跟一個黝黑多毛、有台油膩膩推車的男人買的，她每天騎腳踏車去幼稚園接我之後，都會經過那個人。我最喜歡那些車程了，我在我的座椅上，指著我們行經的各種標示，問她每個中文字在說什麼、怎麼發音、又是什麼意思。而她總會從白布口罩下孜孜不倦回答（在汙染中騎車，絕對要戴著口罩），且即便我連續好幾天都問她相同的字，依然如此。

我看見那台閃閃發亮又油膩的推車，在昏昏欲睡的太陽下對我打著招呼時，呼吸不禁急促了起來。裝飾著推車的，是各種棕黃色的生物，以及插在竹籤上的不同身體部位：蠍子、蛙腿、蠶、蟋蟀。我戳戳媽媽的背，哀求她停下來，她總是會假裝考慮個幾秒，但最後都會同意。調味過的整隻鵪鶉，絕對是我最愛的第一名。我感覺自己像個大人，因為那個小販會對著我微笑，說謝謝，然後把那根貫穿叉到死鳥身體中段的竹籤交給我——不是給媽媽，而是給我。媽媽會再次啟程，剩下的車程我就記不太清了。我總是會從鳥喙開始。首先，我會用鳥喙戳戳媽媽的背，然後再塞進嘴巴裡，大嚼特嚼，一路吃到眼球、大腦、並沿著脊椎往下。

可是有一天，鵪鶉賣光了。

小販於是給了我一隻鵪代替——不用錢，他說，給他最喜歡的小客人。我盯著鵪的隆起處，因為沒有鳥喙頗為失望。我甚至都分辨不出來眼球在哪，這可是最好吃的部分呢。我從一頭開始咬，但搞不清楚我是在吃臉還是在吃屁股，這感覺似乎不像是個曾經活生生的東西。話雖如此，還是很好吃，跟螃蟹一樣。

6 母語人士

我有過很多「上學第一天」，而我從來都沒喜歡過。我在中國時第一天上學的前夕，媽媽告訴我隔天早上就要開始上學的當下，我馬上融化成一潭悲傷的水坑。這讓媽媽和爸爸大爆笑——小孩哭泣時，大人都很愛這麼做。

「你哭什麼？」

大人總是一直要求我為自己的情緒辯護。

學校很可怕，我勉勉強強回答。我根本不知道那是什麼，而且我想待在家裡，我可以在家和娃娃還有火車組玩。

你會喜歡的，他們保證。

但他們越是堅持，我就越是抗拒，害得隔天早上，我的臉因為流淚而浮腫。我拒絕換衣服，直到最後媽媽不得不衝出門去教她的課。

爸爸留了下來。他坐在我對面，瞪著我，想要我屈服。

這招才沒用呢，我心想。我可是他的小孩，而要是真的有人比他還更固執，那就是我了。我之後學會了一句中文諺語，「青出於藍勝於藍」，因為媽媽和爸爸在這些時刻會一直對我重覆說這句話。這簡直是命中注定，他們似乎認為，我有朝一日絕對會超越他們，無論是好是壞。

在瞪著我臭臉上掛著半是真誠的悲慘，說不出有幾分鐘之後，爸爸終於軟化。

「好、好。」

他走到廚房，並拿著冰棒回來，那是我最愛的口味，一方面是因為它嘗起來的滋味，一方面也是因為它會讓我的舌頭變成藍色。「我知道這是什麼感覺，我也從來都不想去上學啊。」

「真的嗎？」我問，雙眼依舊濡濕，卻睜得大大的。

他安靜又哀傷地點了點頭，我看著他神遊了一會兒，就像我們晚上和影子鳥兒玩耍時，他有時候會出現的模樣。接著，他提議：「不如我們再把學校延後一天，今天去動物園怎麼樣？」

我盡可能精力充沛地點頭同意，還一邊拿著正快速融化的冰棒。

於是我披上外套，背上新背包——怎麼不一起帶著呢，爸爸說，畢竟包包和我的圓點裙子很搭——接著蹦跳下樓，並耀武揚威般爬進爸爸腳踏車後頭的座椅中。我還真是聰明，我們經過市中心時我心想，我成功騙到爸爸，還一整天都不用去上學。我可以永遠這麼做，然後我們就每天都會去動物園了。

然而，我們轉過最後一個轉角時，迎接我們的卻不是草皮、猴子、糞肥的氣味，反而是紅色大門的景象，有上百個跟我一樣的小孩，綁著馬尾、背著背包到處跑來跑去。最糟糕的還有，他們甚至似乎都沒有因為被拐騙到這裡來而心情鬱悶。等到爸爸下車、踢下腳踏車的側柱時，我又開始哭了。不可置信的我，看著他牽著我的手，帶我走到校門口，並把我的手交給一個戴著大大方形眼鏡的女人。在背叛中，我盯著他在我兩邊臉頰各印上一吻，然後跟我說媽媽幾個小時後就會來接我，我應該要乖乖聽老師的話，應該要好好享受。我又盯著他踢起腳踏車的側柱、爬上去，之後就騎走了。而在那一刻，我發誓我絕不會忘記這次樂極生悲的背叛，我永遠都不會再相信爸爸了。

但我確實再次相信他了。事實上，隔天早上，當我哀求那天不要再去學校時——我可不能再回去那裡，不可以是今天，不可以這麼快——爸爸看似又再度軟化，然後我一樣開開心心爬上腳踏車，為了這次真的要去動物園了而興奮不已。我徹底遺忘了昨天早上的雄心壯志，直到我們轉過轉角，然後我又再次看見紅色的校門。

再隔天早上，我又哭了，但我沒有要求要待在家。而且我也永遠不再相信爸爸了——這次和以往不同：不是在他告訴我，我們要去什麼好玩的地方時；也不是在他告訴我他一個月內就會從美國回來，接著又過了一個月，然後又再一個月時；而且也絕對不是在他告訴我，一切都會沒事時。

美國的上學第一天，同樣也充滿虛假的承諾，而且是以最糟糕的方式，因為這是種全新的形式。好幾個星期以來，當我們經過社區那間用鐵絲網柵欄圍著的學校時，媽媽和爸爸都跟我說，這會是我九月開始去上的學校，而每一次，爸爸也都會提醒我，在九月的那天，我應該要告訴大家我是在美國出生的，還有我一直都住在這裡。每一次他這麼說，我都在想這有什麼好重要的，而且最好是會有人相信我。

我們也只看過棕皮膚的小孩，魚貫進入那棟布滿塗鴉的建築物。我在想爸爸為什麼要我去讀那，考慮到他針對我們的新生活，為我訂下的種種規則，那些我毫不質疑就牢牢記住的規則：其他所有種族，都不是我們的朋友。白人有最多錢，但是其他人也很危險。對他們所有人來說，我們都很脆弱，是很容易下手的目標，不會還手。

記住這點就對了，乾乾：我們只有和自己的同類在一起時，才會安全。

到了九月，爸爸真正帶我去學校的那天，我的臉龐再次染上難過，而他這時才似乎第一次發覺，我們和大家有多麼截然不同、我們有多麼不受歡迎、我們適應融入得又有多差。

窺見我未來的生活，看見我會是隻橫死在遊樂場上的小動物、任人宰割的爸爸，突然停下來，不再接近學校，然後轉向我，並問我說我想不想改天再開始上學。因為過去的經驗，相當確定他只會把我帶到另一間更可怕學校的我，不管怎樣還是點了點頭，接著氣喘吁吁跟著他走離學校、走過街區、走進地鐵站、搭上列車，並在過了很多、很多站之後，走出地鐵站，然後又走了好幾個街區。我一直沒辦法恢復到正常的呼吸，直到我看見他竟然帶我來到血汗工廠的大門前。

我跑上樓，迫切想在爸爸改變心意之前找到媽媽，開始工作。那天後來的時間，我都在想為什麼爸爸這次願意說實話，還有我會不會餘生都待在這個黑暗的空間中，大力把線頭給扯出來，然後再剪掉。

隔天早上，我以為爸爸又會再帶我去血汗工廠，但就在我們接近骯髒的地鐵站入口（那裡的階梯上充滿丟棄的瓶子，裡面裝著黃色和棕色的液體）時，爸爸竟然過了街，我趕緊追在他身後。他在那停了一秒，接著跪下到我的高度，並說出那句我早已了然於心的話：「告訴他們你在這裡生的，你一直住在美國。」告訴他們我在這裡出生，還有我一直都住在美國，我邊點頭邊覆述這個句子給他聽。

爸爸接著爬上紅色建築物的幾小階，我已經欣賞這棟建築物好幾個星期了，包括乾淨的立面還有一扇扇窗戶，不僅有很多扇，還很寬闊，且貼著美麗的色彩和有趣的圖畫。這就是那種建築，當你盯著的時候，會知道裡面生氣蓬勃，之所以美麗的原因，恰恰就是血汗工廠之所以醜陋的原因。

爸爸帶我走進大廳，來到走廊，走廊和窗戶上多采多姿的貼紙相稱，貓、狗、嬰兒、彩虹，是我自從進入美國的灰暗世界後，就再也沒見過的真實及超現實童年圖案。在那趟路程中，我新世界的顏色變鮮豔了好幾階，我經過一幅又一幅圖案，同時因激動而心悸，也混雜著恐懼與害怕。

找到他似乎在尋找的大人房間後，爸爸領著我們走進，並帶我到一名又高又瘦的男子面前。他的臉龐雖帥氣，卻非常方，臉上的線條如此銳利又有稜有角，讓我想起了機器人。只是，他好像不會講中文，反而選擇用我開始認出是英文的尖銳粗魯語言，跟我說起話來。我做了我能做的，露出微笑，並茫然地瞪回去，爸爸則用同樣的語言和那個男人交談。

爸爸接著在我身邊跪了下來，叫我要好好表現，要乖，並記住他一而再、再而三告訴我的事。他說這天結束時，媽媽會在外頭等我，就在階梯上，然後就走了，把我留下來和那個高大的機器人一起。他引導我走上樓，並走下另一道走廊，走廊雖充滿更多色彩，對我卻已失去效果。

機器人男帶我來到一間巨大且明亮的教室，這是自我登機之後，到過最明亮的空間，裡面充滿四人四人一組的小朋友，他們的書桌都併在一起，成了一個個長方形。在每個長方形中，一側的兩個孩子會面對著另一側的兩個孩子，而每張書桌上都有個白色的小牌子面對教室前方，上面寫著字。這些牌子全都立正站好，對著一名穿著長裙的女子，她正在黑板上寫字。她是個中國人，臉上掛著大大的笑容，讓我想起某個阿姨，也就是媽媽在家鄉那邊的某個朋友。

我和機器人男進入教室時，所有目光都轉向我們。我察覺尷尬造成的發熱接管了我的臉和脖子，於是連想都沒想，便訴諸爸爸灌輸在我身上的咒語：「我在這裡生的，我一直住在美國。」但是每一次我低聲告訴自己，我屬於這裡、我在這裡出生時，我都越來越不相信這回事。

出現一陣停頓，久到令人不適，大家都動也不動。除了阿姨之外，沒人對我微笑，我因為終於有東西可以讓我從咒語跟在我胃裡激起的尖銳劇痛中分心而鬆了口氣，於是也對她報以微笑。這時機器人男和她說了幾句我無法理解的話，然後轉向我並露出一個快速又有效率的笑容，便喀噠喀噠離開教室了。

阿姨告訴我她名叫唐老師，講起普通話的語氣彷彿被蜜蜂螫到一樣，沒半個字聽起來是對勁的，而是充滿著某種小心翼翼的刻意，我好不容易湊合出她到底想說什麼。是一直到後來我才發覺，這肯定是因為她認為我不太聰明。

在唐老師的幾句低語，並把我同學重新分組後——其中一名穿著粉紅色裙子的女孩，很不開心要和她綁著馬尾的朋友分開——唐老師讓我坐在最接近黑板的那個四人小組中。我轉身仔細觀察那個綁馬尾的女孩，她現在坐我旁邊。

「我叫珍妮。」她皺著眉頭說。她的普通話說得比唐老師還好，但有某種我從來沒聽過的腔調結塊在其中。

「我叫王乾。」

「王乾，」唐老師用普通話和我保證，「珍妮會幫你翻譯一切，因為大家只會說英文或廣東話，不過要是你有問題，舉手就好了，好嗎？」

我點了點頭。

「你可以在這張牌子上寫下你的名字讓大家看看嗎？」

我寫下那兩個我花了好幾個月練習至完美的中文字。我名字裡的第二個字特別難，我永遠都沒辦法好好寫對，總會稍微吐起舌頭來。我寫完後，抬頭看見唐老師在微笑，並意識到我自己的表情，於是趕緊收回舌頭。

「不是，寫英文。你會寫英文嗎？」

「我不懂英文。」

「那拼音呢？」

這我知道，我用一隻不穩的手，寫下更不穩的字母，拼出我的名字：WANG QIAN。

「你可以用……用更小的字體寫嗎，小一點？」

為什麼啊，我心想，她幹嘛想要字更小一點？我剛才盡量寫大，這樣她從前面才看得清楚啊。我聳了聳肩，在牌子的另一面複製了我剛寫過的字，這次盡量寫小：WANG QIAN。

唐老師眉頭深鎖：「不是像這樣……是小……小寫……你知道差別在哪嗎？」

我搞不懂她到底要說什麼，並覺得一定是因為蜜蜂螫了她的舌頭，她講話才這麼好笑。唐老師察覺我茫然的表情，於是放棄。

「沒關係的，乾，你會學會的。」

從來沒有人叫我「乾」，前面卻沒加上「王」，或是在後面再加上一個「乾」的，但那天剩下的時間中，唐老師和珍妮卻都這麼叫我，也只這麼叫我。就這樣，我重生成一個和她的姓氏分開的女孩，是個和在中國的過往分離的孤兒。

我在濃霧中度過那個早上。感覺就像是我又回到了飛機上，耳朵的門都關了起來，珍妮和我沒說什麼話，只有在唐老師告誡她的時候，才時不時隨便翻譯個幾個字給我聽。彷彿經過了好幾週的時間後，唐老師告訴我們午餐時間到了，所有孩子都站起身來。我不知道還能做什麼，於是便跟著珍妮；她跑向那個穿粉紅色裙子的女孩，和她手勾手，她們倆轉過身盯著我，然後又轉回去說悄悄話並噗哧笑了起來。

你們根本不需要壓低聲音，我心想，**反正我又不會說英文**。

我跟著笑開懷的雙人組走下階梯，經過兩道走廊後，珍妮鬆開她的手臂，並再度轉向我。

也許，我心想，她現在準備好要當朋友了吧。

「乾，」她以自以為嚴肅的語氣宣布，「我是唐老師的最愛，這就是為什麼她選我幫你，但我只會在上課時間幫你而已，而且，是在我想幫的時候，懂了沒？」

我回瞪她大大的棕眼，她瞇起眼睛，變成怒視。

「午餐時間，你就得靠自己啦。而且你也想都別想跟唐老師抱怨我，因為沒人懂你跟你的魯蛇語言，只有我懂而已。」

我們倆誰都沒動，我繼續瞪著她，困在僵局之中。

「現在要吃午餐了，快滾啦。」

撂下這句話後，她就回到竊笑的朋友身旁了。

我得去上廁所才行——事實上，我好幾個小時前就得上了。我之所以等待，是因為我不想問珍妮並惹火她，但我又不知道廁所在哪，所以我和小孩組成的浪潮一起排隊，湧入一個巨大的空間，裡面有一張張長凳和桌子，跟在血汗工廠裡一樣，只不過這裡更亮，也更好聞。巨大空間的另一頭是兩扇門，我離開大空間，朝門接近，這時有個男孩從其中一扇門走出來，而裡頭傳出水聲和馬桶沖水的聲音，所以門一在他背後彈上，我就推門進入。

我如此迫切想要解放，害我沒有察覺有哪邊怪怪的，直到我走到隔間的門前，接著我得用力眨眼才能發現，事實上，很多東西都很不對勁。我花了太久才發覺裡面只有男孩，到了那時他們已經開始大笑和指指點點了。我的雙頰發熱漲紅，從雙開門衝出男廁，卻只是又撞上兩個男孩，一會兒後，他們也伸手指著我，一邊大笑起來。他們推開廁所的雙開門時，臉上依然因爆笑而皺成一團，手指也仍然指著我。

我把雙手放在滾燙發紅的臉龐兩側，躲避著同學們的目光，很多人已經看到我了，而且也還在笑。我走進相鄰的那扇門，並在某個女孩給了我一個哀傷的微笑之後，跑進其中一個隔間，並碰一聲把門關上。解放完之後，我繼續坐著，沒有沖水，我坐在那想著在中國時，我的班上是怎麼樣只有一間廁所，男孩女孩輪流使用的。我也坐在那想著爸爸和媽媽告訴過我的：普通話並不是魯蛇的語言，而是代表受過教育的語言，且任何講不好的人，八成都是個農夫。我坐在那，因我單純生活方方面面所面臨的改變困惑不已，全程還聽著我肚子的咕咕聲，同時擁有黑色數字的白底大時鐘滴滴答答走著，分分秒秒流逝，直到我猜很快就是時候回去上課了。接著我慢慢起身，沖水，離開我唯一的庇護所。

那天剩下的時間，以跟早上相同的方式度過。有幾次，我鼓起勇氣問珍妮現在到底是發生什麼事，但她表現得好像我不存在一樣。某一刻，唐老師過來看看我是不是理解一切，而珍妮在我能反應過來之前便開始說話，用英文解釋著某件事，代替我回答，這使得唐老師再次眉頭深鎖盯著我看。我一言不發，不想分化我最接近朋友的人，但我胃底的某個東西一抽，我只好把臉靠在前臂上，一隻手堆在另一隻手上，而這讓我非常心滿意足，就這麼持續到那天結束。

那天結束時，我和午餐時間一樣，跟著同學的人潮。我察覺唐老師死死盯著我，但還是告訴自己無視胃痛、頭痛、全身的痛。一切都會變得更好的，我心想，只要我在外頭的階梯見到媽媽，並在血汗工廠裡吃點飯，安撫一下我空空如也的肚子就好。

——

在中國，我很快就適應了學校。第二天之後，爸爸就不再需要假裝帶我去動物園了。第二週之後，我也不會再哭著醒來，反倒是相當興奮，還常常趕著媽媽和爸爸快點出門，這樣我才能更快跟朋友們見面。

我也很容易就交到朋友。我簡直是早熟地愛慕虛榮，時常穿戴著媽媽為我設計及縫紉的全新裙子、上衣、緞帶，除此之外，我還很愛指使人——在那個年紀，我只需要這樣就可以變成帶頭的。在下課時間，在我們的家長來接我們之前，我會帶領著一大群吵吵鬧鬧的朋友，也就是我班上全數的女孩，除了一兩個以外，我們全都穿著顏色鮮豔又不搭軋的裙子，玩著我挑選的遊戲。通常那會是個我喜歡的經典遊戲，像是丟手絹或大風吹，但偶爾，我甚至擁有權力，可以從無到有編造出一個全新的遊戲。不過這些遊戲很少行得通就是了，因為我從來沒有周詳思考好規則過，可是我的朋友們反正還是會玩，他們永遠都不會違逆我。

我們其中一個備用的老遊戲，就是老鷹抓小雞。除了其中一個人之外，所有人都要排成一排，雙手搭在前一個女孩的肩膀上。母雞（也就是排頭的那個人，通常是我）的責任，就是要保護她的小雞，即她身後隊伍裡的人。剩下那個女孩的任務是，她會當老鷹、禿鷹，或某種飢餓的掠食者，然後要「抓」小雞，只要碰到小雞身體的任一處就行了。接著，「被抓」的小雞就會成為老鷹，然後開始新一輪的遊戲，而母雞則是永遠都會處在保護小雞的位置。

要不了多久，這個遊戲就滲進了我的友誼之中，我在大小事上都成了母雞，我的朋友們會問我一切：唐媛明天來上學要穿什麼？小紅應該叫她媽媽煮什麼當晚餐？菲菲應該要在學校大便，還是等到家人接她回家？所以情況變成我到處發號施令，我的權威也越發自我膨脹。

有一天，就在我們放完農曆年假回到學校後，媽媽來校門口接我，一臉興奮。

「乾乾！」她驚呼，「你讓我出名啦！」

我在她臉頰上濕濕輕啄了一下回應，「我做了什麼啊？」

媽媽向我解釋，她剛遇到小紅的媽媽，她很興奮終於能夠遇上傳說中王乾的媽媽。

「她真的很興奮！甚至還說：『噢，所以**您**就是王乾的媽媽啊！真開心遇見您。』」

「接著她說紅紅放假時根本什麼都做不了，成天哀嘆著『噢我應該去問問王乾該做什麼才對，她一定會知道的』！還有『要是我今天就開學，那我就能去問王乾了』。」

「她甚至還感謝我，因為我讓她女兒這麼興奮，等不及要回學校了呢！你敢相信嗎？」

這是真的，那天早上，小紅看見我時格外興奮，但是其他很多人也是啊。她一整天上課和下課時間都不斷用各種問題糾纏我，問題多到老師還要她閉嘴坐在角落十分鐘，這害我實在很難專心上課。我也第一次發覺，身為一個萬事通大姊頭，其實也是有缺點的。

話雖如此，我還是蠻開心的，因為替我甜美可愛的媽媽帶來了驕傲，所以我什麼也沒說，並在她繼續吹噓時保持微笑。

「你是怎麼做到的呀，乾乾？」

「噢，我不知道耶，沒什麼，我只是回答他們的問題而已啊。」

媽媽對我露出燦爛笑容，而在接下來的幾個星期間，她都不斷告訴家人、朋友、陌生人這個傳說中的王乾的故事。

我在美國上學的第二天早上，爸爸在學校大廳放下我，我從那邊上樓並找到教室，然後一臉順從坐在珍妮身旁，感覺到我糾結的胃，預期無法理解的漫長一天即將到來。這時，唐老師示意要我到她在教室前頭的辦公桌。

「乾，」她的語氣這麼溫暖，讓我知道後頭一定緊接著壞消息，「你跟我來。」

我得跟著她走。

我的思緒如萬馬奔騰。我被發現了。早知道我應該多說幾次爸爸教我的那句話的！現在太遲了嗎？

「來，拿著。」這似乎是個不可逆的轉變，因為唐老師拿起我的背包。又一個不可逆的轉變。難道唐老師不知道我的背包因為一路從中國飛到布魯克林，又從布魯克林來到這裡，已經精疲力盡了嗎？但是當然了，她怎麼可能會知道呢？我在這裡生的，我一直住在美國。

和全班快速又嚴肅地下了句命令後，唐老師牽起我的手，帶我走到走廊盡頭，來到一間擁有一扇扇巨大窗戶的房間，其中一扇開向走道，但另一扇把房間內部分成兩半。我看見一個小孩在真實大小的堡壘中玩耍，另一個和我年紀差不多的則是坐在一張小書桌前，拿著根藍色蠟筆在塗色，還著得兔子輪廓的內外全都是。當時還有其他孩子在房裡轉來轉去，但他們已經逐漸消失在我的回憶深處了。

唐老師用她腫著舌頭的普通話向我解釋，這裡是給那些不會說英文的學生的教室。同時，這個房間也是給——我勉強聽清——那些擁有「特殊需求」的孩童的。我完全沒頭緒「特殊需求」到底是什麼，但我還是問說這間教室裡還有誰不會說英文，她卻告訴我我是唯一一個。

這間教室裡有這麼多學生，但只有一個老師，且比我在學校裡看到的所有老師都還年輕很多。唐老師在離開前快速向她介紹我，可是我和那個老師的互動實在微乎其微，使得我甚至都記不得她的名字。新老師的雙眼友善又溫柔，但卻紅通通的，下方還有眼袋。她帶我到房間另一頭的一張迷你桌子，對面是那個在塗色的男生，並遞給我一本繪本，上面每頁都有幾個中文字。

我用普通話向她解釋，我好幾年前就讀過這本書了，且我的程度已經遠遠超過讀中文繪本，但就算她懂普通話，她也選擇不回答。她大多數時間都在陪那個塗色的男孩，他那時已經塗完藍色的兔子，並開始在畫書桌。

那天剩下的時間，我都在孤寂中度過。沒人找我說話，只留下那本繪本跟我作伴。不過午餐時間就沒那麼痛苦了，教室走廊對面就有間廁所，那一整個小時我都平平和和、安安靜靜躲在裡頭。老師似乎根本就沒有注意到我，而我在想我要不要乾脆就去血汗工廠好了。

最後，我決定回到教室，畢竟，我在中國都住了七年，已經有一部分的順從深深烙印在我心中。不過叛逆使然，我在回去的路上還是拿了幾本英文繪本，那個下午就改成和這些繪本一起度過。其中一本的主角是隻大紅狗，在那個下午，我漸漸理解到他名叫克里夫，因為書封上就是這個字，且他出現的每一頁上也都有。我覺得很幸運，幸好爸爸在離開中國前，有教我很多英文字和發音，因而那天剩下的時間，我都帶著更愉快的心情度過，因為有克里夫、他快樂的主人——是個我後來不禁羡慕起來、一頭金髮的白人小女孩——以及他們的朋友陪伴著我。

——

因為相信我第一天時已經學會怎麼自己過街到血汗工廠，第二天媽媽並沒有到學校階梯上來接我。我來到她身旁的凳子上時，閉口不提我學校生活的轉變，在我們整段輪班期間，以及走回家的路上都沒有。一如我所料，媽媽在下班後總是相當安靜，不過雖然沉默，卻試著隱藏她在吸鼻子的聲音，我也很識相假裝沒注意到。我不知道為什麼有必要假裝，只知道她想要我這麼做，而我就跟以前一樣無比渴望讓媽媽開心。

要一直到我已經上床蓋好被子，眼睛和耳朵也都因為睡意悶悶的，爸爸才輪完自助洗衣店的班回到家。爸爸的工作很辛苦，但不像那些他告訴過我們，他在我們抵達之前做過的工作那麼辛苦；當時，他的工時很長，是在一個他說是專門給發瘋，且應該要被關起來的人住的地方工作。他是唯一在那工作的中國人。他跟我們說，其他同事都會辱罵他，並且拉幫結黨，所以他總是必須負責處理最糟糕的工作，像是洗馬桶還有幫病人洗澡，還要在他們逃出浴室時到走廊上追他們，而他們在地板上滑倒時，光裸的屁股蛋和雙腿都還滴著水。爸爸解釋，在我們的新世界中，其他人都只把我們當成亞洲人看，像是韓國人、日本人、菲律賓人、泰國人之類的，並把我們一視同仁視為最弱小的種族，渺小又脆弱。他跟我說，在中國，大家會把他當成一個成人，但在美國，他卻不再是個成人。或許在有錢人之間的情況不是這個樣子吧，他說他不可能有辦法知道，也許有朝一日我能找出答案，但是在窮人之間，事情就是這麼運作的。在我變成有錢人之前，我們全都得要小心，他說。我們全都得要非常小心才行。

媽媽和爸爸的床，距離我的床不超過一隻手臂遠，通常爸爸回來時，我都會從回家和姥姥跟姥爺待在一塊的溫暖夢境中，因為低語、悶哼、呻吟，而半醒過來。

爸爸很愛吹噓他從長褲口袋裡撿到多少錢，夾雜著對他發現的得意洋洋，同時警告我永遠不要像老外，也就是白人那樣粗心大意。我假設那些半夜的悄悄話，就是在講這個，但我無法解釋其他聲響。我只是直覺上知道，我不應該聽見那些聲音的，所以隨著那些夜晚一個接著一個過去，我也培養出一個習慣，會把我的臉埋在被子底下。我也會用雙手遮住耳朵，並發出安靜的嘟噥聲，直到呻吟褪成輕柔的呼吸聲和鼾聲。很難確定那些呻吟聲究竟什麼時候會結束，我也很害怕鬆開耳朵，所以我盡量待在被子下發出嘟噥聲，且持續越久越好。有時候，我就這麼又睡回去，並在晨光中像隻甲蟲一樣，蜷縮著身子醒來。

—

隔天上學途中，我終於跟爸爸說了改變的事，而他說唐老師肯定很堅持要把我送去另一班吧，還有為什麼我沒有宣稱自己是個美國人呢？就像他告訴我的那樣？

「要是你說了你是在這裡生的，乾乾，他們就不會這樣子對待我們了。」

多年後，爸爸告訴我在我第二天上學時，那個機器人男，也就是副校長，曾因爸爸用來讓我入學的假地址和他對質。沒錯，這是在曼哈頓，機器人男說，但這並不是住址，而是間倉庫，而且還是間廢棄的。爸爸不敢反擊，因為害怕遭到進一步質問。我在腦海中描繪著他跪著道歉的景象，他解釋我不能去上我們家附近的學校，因為那邊沒人會說中文，而且我是個很乖、很好帶的小孩，絕對不會造成任何麻煩的。總之，無論他那天做了什麼或說了什麼，他們都決定放他一馬，並讓我留下來。

要一直到後來，在心懷恐懼生活了許多年之後，我才理解這其中的風險其實比我們當時認為的還要低很多。但在那焦慮的真空，也就是未正式獲取身分登記的人生中，恐懼是氣態的：擴散開來填滿了我們的整個世界，直到我們吸入的，全都是害怕。

——

接下來幾週間，隨著樹葉變色，空氣也越發寒冷，我度過每天學校生活的方式也大都跟我上學第二天一樣：和戴帽子的貓、好餓的毛毛蟲、貝倫斯坦熊、艾米莉亞・貝迪利亞、謝爾・希爾弗斯坦（Shel Silverstein）等童書相伴。我越過教室的書架，如同塗色的男孩越過蠟筆盒一樣——他每天都會挑個不同的顏色，我則是每天都會學到幾個新字。我不停閱讀，直到我的孤單緩解，而我也覺得我所有顏色鮮豔的2D人物朋友們，有好好陪伴著我。我不停閱讀，直到興奮取代了無望，我覺得相當驚奇，我竟然在教自己閱讀英文——進展當然很緩慢沒錯，不過是在身旁沒有成人的情況下耶。我等不及要跟在書架和桌子上等待著我的嶄新世界相遇了，每本書都有個位置，也有個角色，就連那些要給塗色男孩看的書，在我這趟學習基礎英文的旅程中，也都是最有用的指南之一，因為我可以按下巨大的按鈕，然後就有人會大聲唸出那些字給我聽。我就是這樣子，在我們新國家五花八門的色彩、形狀、動物中，摸索出一條道路的。

到了十月，我也培養出一個習慣，一直在哀求爸爸，讓我回去唐老師的班上，同時炫耀著我自學的英文。我肯定是多多少少蠻有說服力的，或至少很煩人，因為某天我們來到紅磚建築物時，爸爸和我一起進去學校，並叫我在一樓的辦公室外頭等待。

他出來時，我正坐在地板上，靠著牆壁，雙膝因不耐煩而疲憊。他看起來也跟剛進去時一樣疲倦，但在他的雙眼中，有股陌生的勝利光芒閃現。

「好啦，乾乾，你可以回去唐老師的班上了。但他們會一視同仁，跟對待其他學生一樣對待你。」

「太好了！」

「你確定嗎？你之後得跟其他人一樣接受測驗，並且想辦法跟上進度。你做得到嗎？」

我並不百分之百確定我做得到，但就像熊姊姊在她第一天放學時感受到的，我有種感覺，覺得我可以且走且看，找到辦法的，那樣對她來說就夠了，所以對我來說也夠了。

「做得到，爸爸。」我甚至不想浪費時間湊過去擁抱他，隨後便跑上階梯，朝唐老師的教室而去。

在我回到唐老師班上的第一個星期間，有一次拼字測驗。靠著拼出教室周圍所掛標示上的單字，比如A是蘋果、D是小狗，我寫了些不知所云的話、算是有點光明正大地偷抄我藏在口袋裡

的一張手寫單字清單（唐老師抓到我兩次，但她什麼也沒說），最後得到了驕傲的三十三分，滿分則是一百分。於是我便這麼展開了我的學習之路，並在十五年後從大學拿到英文學位畢業。

到了萬聖節，唐老師給我們一人一顆迷你南瓜，和一把刀刃非常小又非常鈍的刀子時，我大致上已經能夠湊合著上完一堂課，同時也不會惹珍妮不爽了。事實上，唐老師叫我們往內挖空南瓜的肚子，然後再刻出三個三角形，上方的兩個朝下當作眼睛，中間的一個朝上當作嘴巴時，我馬上就能聽懂並著手開始進行。而到了十一月，我甚至都能分辨出珍妮何時偷了我的答案去回答——我有時會舉手想要回答，卻接著漏把答案低聲告訴了她。能夠獨力搞清楚眼前的狀況，我實在是有夠驕傲的，使得我甚至都懶得打她小報告。我心知肚明，很快我就不會再需要她了。不久之後，我就會讓媽媽和爸爸以我為榮，而且這會像是我彷彿自始至終都屬於這裡，就像我是在這裡出生的，最終，我將會成為英文母語人士。

7 餃子

Dumplings

美國簡直就是講述飢餓的活教材。我們廚房裡的蟑螂比食物還多。我出於必要快速學會，有辦法逃過室友架上的小偷小盜，快手偷點東西，但因為這些東西小到不會有人注意到，也只能在精神上餵飽我而已。

我也學會要懷恨在心。為了報復他們的嘲笑和鬼臉，我培養出一個習慣，只要我人在浴室，就會把其他家庭的牙刷拿去泡在馬桶水裡，但隨著時間經過，這麼做似乎不夠。所以有一天，正在考慮著另一起小偷小盜時，我也一邊研究起冰箱的內容物，並注意到一盒香草冰淇淋，紙盒粗製濫造：比起一個真的蓋子，這盒冰淇淋只是被用四層薄膜蓋住而已。我把每層薄膜撕開，找到裡面的冰淇淋，沒人碰過、潔白、只有棕色的斑點和薄膜的凹痕。我知道偷挖走一口的風險太大了，所以反倒是用舌頭整個舔了上去，完全平貼，舔過整個表面，並因此心滿意足。我只嘗到幾小口甜甜的奶味而已，這讓我想要更多，但我知道我躲不過，要是被室友——就是那個每次我看到他，都會對我瞇起眼睛，裝出齜牙咧嘴表情的人——發現，那他下一次就會當著媽媽的面更大聲地叫我「chink」。

這逼得我走投無路，只剩下一個選項。在食品儲藏室裡，他家的架子上，我找到四包藍白相間的鹽，就在兩隻明目張膽、大剌剌跟我四目相接後才悠哉溜走的蟑螂旁邊。我一次打開四包，從頂端撕開，並把開口顛倒過來朝著冰淇淋，接著用流暢的動作灑滿整個表面——如果有人在看我，肯定會以為我先前曾這麼幹過，覺得我是個專業的冰淇淋灑鹽手。

我把薄膜貼回去，並把冰淇淋放回冰箱，標示朝內，就跟我找到時一樣。我關上冰箱門，後退一步。這時，我突然晴天霹靂想起一件事，於是又往前靠，再次把紙盒從冰箱裡拿出來。這一次，我上下顛倒著擺，上頭的薄膜貼著中島，然後我從同一個架子上又拿了兩包藍白相間的鹽，之後打開紙盒的底部，小心翼翼撕開一層一層彼此凍結在一起的薄膜，並在冰淇淋底部也灑滿了鹽，最後再把薄膜原封不動歸位，也把紙盒調整成我在它冰凍的家中發現它時的樣子。

———

我們不太在廚房裡吃飯，但我無論如何還是在那裡度過許多時光。深夜時，在所有房客都吃完他們那天的最後一餐，並回到各自一房公寓的許久之後，我又溜了回去。我喜歡縮在電燈開關下方，聽著整間廚房像是木頭製的牆面上所發出的噠、噠、噠聲。默不作聲隨機數了個數字之後，有時是十，有時是二，我會維持蹲姿，不過伸手往上盡可能迅速打開電燈開關，接著盯著牆面隨著上面爬滿的蟑螂撤退回牠們的巢穴而褪色，從深棕色變成黃褐色。當牆面一回復到完整的黃褐色，我又會把電燈給關掉，邊等邊聽，一聲嗟嗟聲浮現，接著又一聲，再一聲，全新的合聲漸次增強。然後，就像老鷹抓小雞，另一輪新的遊戲又會展開。

——

白天時，時間彷彿在飢餓的煎熬中流逝。我們下了那架飛機才沒幾天，我就發覺在這個美麗國度，我可能會遠比我在中國度過的那段短暫幸運人生還要餓上許多。現在，我們走過麵包店和商店時，不會停下來，不會把鼻子湊上窗玻璃，也不會在外徘徊後，因著我們值得好好吃飽才決定要進去。幾乎就像是媽媽再也沒看見我的飢餓了。

在美國，飢餓是個如影隨形的可靠朋友，僅次於孤獨，是我的第二好友。只有在我睡著時，飢餓才會跟著睡著，有時甚至連我睡了也不會。在中國時，我需要做的就只有說我餓了，然後媽媽就會找吃的給我，但在美國，我很快學會，我絕不能說出飢餓的存在。這只會讓媽媽受傷，她的表情映照出了我胃中的陣陣抽痛，而少數幾次我鼓起勇氣開口要吃的時，媽媽做了件她以前從沒做過的事：她竟告訴我飢餓是件好事，覺得煩躁不安、心煩意亂也沒關係，還有我應該試試看能不能撐到冷汗出現，因為這就代表我真的長大了，也真的變強壯了。假如這是真的，那麼在美國的第一年，我肯定是長得異常強壯，因為每當我走過雜貨店或餐廳，以及每次我看見某個跟我年紀差不多的人，在吮著融化的冰淇淋甜筒時，我總是會發現自己冒起冷汗。

——

此外，我也及時在媽媽不知道的情況下，發現了幫忙她的方法。隨著我的英文越來越好，我發覺有些事情媽媽不知道怎麼做，但我卻會做，而隨著時間經過，她也跟著發現這點。我不再問她問題，反倒是她開始問我更多問題。

「乾乾。」她會用一種輕輕的、命令的語氣說話，這時我就知道有個「大問題」要來了。

接著她會開始發問，比如她應該跟爸爸要更多現金去買雜貨嗎？不，我會回答，因為我們今晚可不想應付他的脾氣。我們每個星期有二十塊美金，而這樣應該就要夠用了。

那我們該回中國嗎？一如往常，我總是回答應該。中國是我們的家，而美國聞起來像尿。

隨著這些問題出現，而她邊聽著我的答案，不一定總是在她的行為舉止中，但至少每次在那一刻，我都會發覺成年人的生活，其實比我先前理解的還更加艱難。

有天晚上，上完一整天的學，又剪了一整天線頭，使這天變得更充實之後，在我們從血汗工廠走回家的途中，我轉向媽媽，並告訴她不用再幫我準備早餐了。

「為什麼？」

因為跟午餐一樣，學校也免費提供早餐。

「啊！為什麼不早說？可以省不少。」我幹嘛不早點告訴她？我們本來可以省很多錢。其實，因為我們的通勤距離非常遠，而且在血汗工廠輪完晚班之後，我永遠都睡不飽。我先前之所以沒提起過，是因為我從來都沒來得及那麼早到學校，並吃到我永遠都只聞其聲的傳說中的免費早餐。

雖然我沒有說出實際狀況啦。我反倒是跟媽媽道歉，因為自己太貪心了，並告訴她，她不再需要在家裡為我準備這兩餐了。

從那時起，她就稍微容光煥發了一點，而每當她打回家給姥姥，告訴她那個我們並沒有住在裡面的美麗家園，那些我們做夢才能想到，多到滿出來、熱氣騰騰的一碗碗食物時，她也會跟她說美國有多麼美好又慷慨。在這裡，他們會免費餵小孩，還一天兩次呢！

——

相較於姥姥及媽媽腦中的景象，我的現實則是更為黯淡。在滴答邁向中午那漫長的好幾個小時中，我待在教室中的時間，都花在一一回憶我在中國吃過的各種美食菜單上：外皮飽含油脂的酥脆烤鴨、洋蔥胡椒炒豆腐、滴著醬油的燉牛肉。在早晨的時間中，我的飢餓吞噬著自身、越長越大，並為一切事物上都蒙上了陰影——牠的心臟隨著教室時鐘的滴答聲跳動，血盆大口也吞下了整間教室。

中午十二點二十分，黑板上的粉筆灰成了糖粉，我的二號鉛筆是麵包棒，我老師的捲髮則是芋頭包。而午餐時間降臨的那一剎那，我體內所有的能量都會流到雙腿，帶著我走向學校的禮堂兼自助食堂，我會在那裡排隊，身體僵硬、筆直背對著牆壁，並在其他貧窮、沒吃飽、沒洗澡的小孩間，堅守著我在隊伍中的位置。還要再過幾分鐘，有錢小孩才會帶著他們五顏六色、裝滿家中自製食物的午餐袋，慢慢慵懶湧入，而即便是我們這些窮小孩先到的，卻是最後才輪到我們吃飯。那些更有錢、更乾淨、沒那麼餓的孩子們打開他們裝著好吃肉類、三明治、起司條的容器，吃完他們一半的好料並扔掉剩下的時，我們站在一旁，肚子咕咕叫，一邊流著口水，靠在牆壁上。我們是有錢人的擎天之神，負責在他們吃飯時撐住食堂的天花板。

而我們這些窮小孩們，也從來不會直視彼此的眼睛。有人插隊時，我們會交換幾個字，沒人想晚一步拿到灰髮困在髮網下、負責供應午餐的婦女們甩到我們拋棄式餐具上的咖啡色凝結汙泥。但除此之外，承認彼此的存在，便會過度聚焦在一件事實上——那就是，我們每個人其實全都跟站在身旁的飢餓臭小孩一樣，頭顱都又癢又卡著頭皮屑，乾燥的喉嚨還更癢呢。

通常，等到隊伍開始移動時，大多數有錢小孩都已經吃完，並出去遊樂場玩耍了。我們午餐的起始，是他們午餐的結束。到了那時，我通常已經昏昏沉沉、頭暈目眩，無精打采且步履艱難地越過隊伍，直到撲通一聲坐在其中一張食堂餐桌長凳上，然後一次把整盤午餐給掃光。只需要幾分鐘，我的胃就能從空空如也的疼痛，反彈到吃太撐的疼痛，實在是太迅速了。至於要從這嶄新的暫時飽足中感受到任何滿足，就還得要花上更久的時間，可是到了那時，我已經快速灌下那盒免費的牛奶，迫切想用某種東西裝滿我的胃，任何東西都好。

在外頭的遊樂場上，我也很少有力氣可以奔跑或玩耍的。我的胃和腸子會把整個下午都花在內戰上，彼此糾纏搏鬥，同時早上形成的一團團空氣，也和一坨坨食物和牛奶跳著一支痛苦之舞。大多數下午，我都會一手小心翼翼護在肚子前，以防肚子背叛我，發出充滿氣體、汩汩流動的聲音，讓我被沒餓得那麼悽慘的同學們聽見。我訓練我的意志，控制好肚子的聲響，邊想著放學後在血汗工廠等著我的米飯。

——

平常上整天課就已經很糟了，上半天課的日子則更淒慘。最常見的情況是，我會忘了今天是上半天課，結果整個早上都沉溺在歡樂的錯覺中，想著我很快就可以吃午餐了。頓悟總是如同晴天霹靂。我的同學蹦跳前往大廳時，我的鞋子裡卻彷彿灌滿了鉛，雖然我還是會和大家一起歡呼慶祝，但只是為了要遮掩我肚子的咕咕聲而已。在這些上課時間縮短的日子中，感覺好像其他所有人永遠都擁有有趣的計畫，還有豐盛的午餐，即便我很篤定有些人跟我一樣，還是會因為學校提早放學而暗自恐懼。不過大多數時候，我的同學們都會一直講著他們超讚的計畫，使得等我到達大門時，常常都感覺鬆了口氣。從那裡，他們會跳下街道，往張開雙臂迎接他們的家以及熱騰騰的食物而去，留下我獨自走向地威臣街和包厘街轉角的孔子雕像。

某些日子中，孔子會更加偉大。有時候，孔子的肩膀上會有一大坨一大坨的鴿糞，有時甚至還會有隻鴿子驕傲地停在他頭上呢。這雕像讓我的人生安慰了許多，因為就連對孔子來說，今天也是糟糕透頂、彷彿屎一樣的一天，那我又憑什麼抱怨呢？

孔子雕像前常常會散落著麵包屑，這對中國城的鳥兒來說，是場盛宴。在上半天課的日子裡，看見麵包屑灑滿一地、還因為塵土而弄得灰撲撲的景象，更是格外令人痛苦，這時我的嘴巴裡會積滿口水，肚子也會特別激烈兇猛地嚙咬著自己。

上半天課的日子裡，我會試圖漫不經心走過雕像，意志堅決要避開麵包屑。大多數這類下午中，我都受到殘酷的折磨拉扯，一邊是在那潮濕黑暗的血汗工廠中等待著我的免費米飯，一邊是充斥在外頭的飢餓和自由。我通常只能撐一個小時，然後就會屈服於工廠食物的強大吸引力。

到血汗工廠報到前，我都會走同一條慣用的路線。我會轉上加薩林街，再走上東百老匯大街，刻意經過一間間商店。我很愛逛我最喜歡的商店，那是間文具店，我會這裡碰碰一支Hello Kitty的筆，那邊碰碰一張大眼蛙的貼紙，夢想著我可以買一樣回家的那天。不過當我的手腳也在抱怨的時候，我會比較容易忽略我的肚子，所以我繼續走上東百老匯街，希望能夠碰巧遇上免費的試吃，或是剛扔掉的食物。

中國城的麵包店很少能幫上忙，因為他們沒有那種我有幾次走運在白人的店裡找到的免費麵包碗，相較之下，唐人街的麵包店只會嘲弄我的感官，讓我流更多口水而已。市場的魚腥味可說是劑方便的解藥，而等到我走到曼哈頓大橋的天橋時，我都因為那令人作嘔的味道心懷感激；我最幸運的一次，是有次經過某間餐廳，這時有個雜工正好朝人行道邊緣潑灑著一桶又一桶棕灰色的髒水，盯著那條泥濘的河流，可以幫助我趕走在胃裡翻騰、滿是怒意的飢餓。

話雖如此，有時候這招仍會適得其反：有時那汙泥和髒水只會讓我想起黑芝麻和巧克力牛奶。偶爾甚至連魚腥味，那些白人觀光客聞到時總是毫無例外會皺起他們巨大鼻子的味道，也都會哄騙我回到某個更溫暖、也更安全的地方，位在中國，在那裡我還曾經有可能吃得太多、吃得太飽。

我通常會繼續推進，走到派街街口，此時我會站在香港超市前。在幸運的日子，那裡會有免費的試吃，而我總會一口一口細細品嘗那每一口試吃品，但有時候，試吃只是讓飢餓更加憤怒猖狂。我唯一能做的，便是跑向血汗工廠電鍋的開口，屈服於從我的毛孔中滲出的冷汗。

在某個上半天課的日子，香港超市那邊沒有試吃，而我繼續沿著東百老匯大街往下走，很快便來到F線地鐵站附近的蘇域柏公園，在那裡，有個奇蹟迎接著我：一台卡車旁，有人正在發容器給一排年老跟沒那麼老的中國人。我的鼻子早在我的眼睛發現之前，便知道容器裡面裝著的是什麼了——炒飯的氣味如此鮮明，我都得用顫抖的手指捏捏自己，確定我不是在做夢了呢。

我想都沒想就加入排隊的行列。要一直到了在等待時，等到我手腳的顫抖完全發作起來，我才開始思考。隨著隊伍往前移動，我前面的人從二十幾個變成十五個、再變成十個，我也開始瞇眼看向卡車的窗戶，試圖辨識出究竟是誰在發放食物。

他們穿著制服，我看見了。

他們會要看身分證件嗎？

我不這麼覺得，但我也不能百分之百確定。

我該冒險嗎？

要是他們真的問了的話，我該拿什麼給他們看？

我需要確定才行，所以我又用力瞇起眼睛，直到我的雙眼變成一道窄縫，讓我也成了我們種族諷刺漫畫裡的人物。我擠出我全身剩下的最後一絲力氣用力瞇眼，但我依然無法足夠肯定。

我永遠都無法徹底確定的。

話雖如此，我仍舊待在隊伍中，身體和大腦在一個活生生的僵局中僵持不下。

接著，我前面剩下七個人，而我依然無法確定我不會被抓到。

你看到警察時，永遠都要往反方向走，乾乾。無論我走到哪裡，爸爸的聲音都指引著我。**要是有人跟你要文件，就說你不知道，說在你爸爸那邊，說你是生在這裡的，而且你也一直都住在美國**。

這裡可不是中國，我不再能用我的膚色和我缺了牙的笑容蒙混過去。我已經不再平凡——我永遠都不該忘記這點。

六個人。

我全身也加入雙手的行列開始顫抖，但這和飢餓一點關係也沒有。

五。

我不能被抓到，我心想，我不能被抓到啊。我滿腦子都是這個想法，這樣非法，會被驅逐出境。我不知道，文件在爸爸那，我在這裡生的，我一直都住在美國，我不能被抓到。

四個人。

要是我被抓了，那媽媽和爸爸要怎麼找到我？不，我不可以被抓到。

三個人。

我已經非常接近了，近到我都能看見穿制服的人頭上戴著的白帽，他們的衣服和皮膚也都是相符的顏色，臉上掛著又大又寬的燦爛笑容，手上也只拿著容器而已。我望進其中一名女子的雙眼，她也微笑回望，那笑容把我從頭到腳給緊緊抱住。

我可以信任她，這不是個陷阱。不，我不能。對，這一定是陷阱。

到了這時，我已經因為和自己爭辯而頭暈目眩，也因為和每一股衝動對抗而精疲力竭。

我不知道僵局究竟是在什麼時候打破的，我甚至都沒有察覺到，但就是發生了。我的身體放棄，而如同我這輩子以來的情況，我的心智最終戰勝，在我的雙腿能夠抗議之前，我便拔腿全速狂奔，衝下街道，往血汗工廠的安全而去。

有那麼一會兒，一切都很愉快。我不再飢餓，不再聞到食物，也聽不見肚子發出的咕咕聲。我的身心靈一無所知，只知道要跑。等到我發覺發生了什麼事，我已經往錯誤的方向跑了好幾個街區，來到格蘭街上，但我並沒有停下來，眼淚模糊了我本就不清不楚的視線，可是我不敢停下。

我持續往前，直到嘴裡嘗到的全都是鹹味。我持續往前，直到唯一感覺到的顫抖，是來自疼痛的雙腳，重重跟著我的心臟噗噗狂跳的節奏，用力踩在水泥地上。然而，我還是繼續向前，我會永遠這麼前進下去。**繼續走吧，乾乾，繼續走，直到飢餓消失無蹤**。

在那趟奔跑中，只有一樣東西一路相伴在我身旁，而那不是飢餓，是恐懼。我嘗到的全是恐懼，我體內也全是恐懼，我整個人就是恐懼組成的。

並非一切都很糟糕。艱難是盞朦朧黯淡的燈，而其陰影庇護了我們，我們在美國，就只懂得這樣的生活，所以這就只是某件我們接受、也視為理所當然的事，就像流經我們鼻子的氣流，以及頭頂上照耀著的陽光。然後還有那些我們不再視為理所當然的事物，那些我們再也無法視為理所當然的東西，而這單純只是因為這如今是怎麼和我們的日常生活產生衝突的。

偶爾，我們可以好好吃上一頓真的很棒的飯。無論只是因為我的飢餓已經累積到了一定的限度，才覺得好吃，或是因為客觀上、本質上來說是這樣，都沒關係，我永遠無從得知。但是直到今天，留存在我感官之中的，是那一頓頓豐盛又美味的饗宴，媽媽不知怎地想辦法用我們每週的二十塊美金變了出來，她盡可能善用了每一丁點食物。我不知道是因為她的烹飪魔法、我的飢餓、時間帶來的美好距離感，或者最有可能的，是出於三者的結合，不過我現在有時候還是會發現自己渴望著她做的醃漬西瓜綿，以及醋釀紅蘿蔔乾的滋味。

而在甚至更罕見的情況下，真的就只有那麼幾次而已，媽媽會從店裡買一盒Entenmann's的糕點回來。我最愛裡面的小小糖霜甜甜圈了，總會超快就一把塞進嘴裡，害我咳嗽了起來，並使空氣中颳起一場糖粉暴風雪。

接著還有週日。週日是唯一在美國和中國都還多多少少保持不變的日子，因為，在這兩個地方，週日都是餃子日。每個週日，媽媽和我都會在我們公用的廚房裡，把剩下的食材湊合起來，將好久之前的剩菜裡的肉類、菜心、大蒜拌在一起。偶爾，我們其中一名室友也會探頭進來：

「又在包週日餃子啊？」

我們從不上鉤。雖然我們以前在中國時總是很歡迎客人，也會送出多餘的食物，我們現在卻沒有食物可以浪費了。

如果是爸爸也在家的週日，他會負責做餃子皮，從中筋麵粉精力滿滿地擀起。他使起我們從十元商店買的擀麵棍，比媽媽還有力不少，那根擀麵棍總是感覺離徹底解體成一大堆木屑，只有幾秒之遙。我們夢想著有天可以去買香港超市陳列的現成餃子皮，可是媽媽說那太貴了，而且反正她也很確定現成的皮吃起來絕對不會這麼好吃的。

包餃子是個耗時四小時的活動，在媽媽沒去血汗工廠、每週待在家裡的唯一一天舉辦。有些日子，視她那週有多累而定，我們會坐在冥想般的沉默中，呼吸由擀麵棍的敲打聲、筷子碰撞裝著餃子內餡的生鏽金屬碗所發出的喀噠聲間或打斷。

其他日子，要是那週的疲累沒有將她臉上的神采全部榨乾，媽媽會提醒我以前在姥姥家的週日，有多麼快樂。

「還記得嗎，乾乾？大舅舅會負責做餃子皮，而我們會開始比賽，看我們能不能在他新做好的皮上桌之前，就包好上一批的最後一顆餃子！」

聽到這話，我也彷彿聽見比賽進行時發出的笑鬧聲。

「還記得嗎，乾乾，你有次跟姥爺比賽，看誰能吃最多餃子，而你一次吃了二十顆，飽到甚至連動都動不了？」

有那麼一剎那，我不再感到飢餓。我很飽，甚至可說很撐，胃滿到已經塞不下任何東西，我也飽到差點打起嗝來，而有那麼一會兒，我也相信我肚子發出的咕咕聲，其實是消化的聲音。

「我們還會一起坐在廚房餐桌，用餃子沾那種甜甜酸酸的醋，還記得那種醋嗎？然後那餐就會吃上好幾個小時，記不記得啊，乾乾？」

我不記得當時到底吃了多久，但我嘗得到醋的甜味，黑黑的醋沾滿我的嘴角。我也記得韭菜和豬肉的滋味，在我的齒間磨碎混合，並滑下我的喉嚨。

但最重要的，我感覺得到姥姥家餐桌的溫暖，全家人的愛包覆擁抱著我，橫越國界，也跨越時間永存。

8 壽司

多虧那個房間內的就業介紹所，媽媽有很多工作：有時一次全來，有時則是迅速地一個接一個。媽媽現在也哭得更凶了，她經常哭，視不同工作而定，有些日子她哭得比較多。

「我不幹了。」她有天勝利般耀武揚威宣布，在PS 124小學的階梯上嚇了放學的我一跳。她這時應該要去東百老滙大街的一間廣式餐廳輪班，負責整理桌子才對。

「我吐口水在盤子裡，那又怎樣？」我們走下地威臣街時，她氣呼呼說著。「他們可以拿另一個客人的剩菜上給新客人，我卻不能在某個王八的食物裡吐口水，他們有問過我為什麼這麼做嗎？他們根本就連個屁都不在乎我。」

到了那時，媽媽已經習慣毫無保留告訴我一切了，而就像在中國的遊樂場時，我也很容易自然而然代入母雞的角色——事實上，我也很樂意當母雞，如同她也叫我她的「小醫生」，簡直就是她二十四小時隨叫隨到的心理諮商師。

「沒事的，媽媽，」我安慰她，「你還可以去做其他工作啊。」

「不過你覺得怎麼樣呢，乾乾，我應該再去另一間餐廳試試嗎？」

她繼續說下去，沒有給我回答的機會，而我要說什麼也不重要，因為我知道她有太多太多必須先一吐為快的話要說了。

「大家都說餐廳的差事是最棒的工作，等你升上服務生，可以拿到那些小費啊！尤其是那些老外，他們出手這麼闊綽。但我不知道我有沒有辦法撐那麼久，乾乾，你應該看看他們是怎麼對待我的才對。」

「我以前是個教授，我出過書耶，現在這一切都一文不值了。」

我用直覺得知她還有更多話要說，而要是我繼續聽下去，她就能夠一吐為快，然後我就能哄她平靜下來。

「普通話是中國知識分子的語言，是北京人的語言，但是在這裡可不是這樣。這邊所有的廣東人都假設要是你講的是普通話，那你就是來自福州的農夫。」

聽到這話，我回想起珍妮說普通話是我的「魯蛇語言」時，我在五臟六腑內感受到的刺痛，但我還是一言不發。

「我欸，竟然是個農夫！真的還假的啊。我們的世界真的天翻地覆了，是吧，乾乾？」

我點頭表示同意，投射出我希望媽媽也擁有的知足。我領著我們倆朝街道另一側走去，往血汗工廠的大門口——那週稍早，她一氣之下也辭掉了那邊的工作。

但她拒絕跟上。「我告訴他們我寧願去死一死，也不要再踏進那個鬼地方一步了，而且我是認真的。我們去就業介紹所看看他們今天又要端些什麼屎給我們吃吧。」

媽媽天生就愛把事情搞得很戲劇化。

結果，那天提供的工作，是在一間壽司加工廠。這堪稱是媽媽在那幾年晦暗的時光中，做過最爛工作排行榜上最有力的競爭者之一，但我們那時還不知道。那天，我們眼裡就只看得見美元符號後面的數字，並因相對來說——永遠都是相對來說，優渥的薪資，以及我們可以過上更棒生活的夢想而讚嘆起來。況且，媽媽說，是能有多糟啊？

我也不知道能有多糟，直到幾天後才真相大白。隔天早上，媽媽前往那個胖子在一張紙條上草草抄下的地址。那是在荷蘭隧道附近的某個地方，她告訴我，是在曼哈頓一個還沒什麼開發的區域。那裡實在太遠，我放學後沒辦法自己走去，所以媽媽跟我說，放學後我最好還是去找爸爸，然後跟他一起回家。

放學後竟然不去工作，而是只專心在我的作業上，對我來說幾乎堪稱放縱，甚至可說是懶惰。但因為我就是又自私又懶，所以我同意了。

———

同一時間，爸爸也辭掉了他在自助洗衣店的工作。他有個來自廣州的朋友老白，已經開始替一個白人移民律師擔任口譯和職員，在東百老匯大街有間辦公室。那個老外只有中國人客戶，而他們大多數人半句英文都不會講，話雖如此，他也不覺得會受到什麼良心譴責。只要任何客戶走進那扇門，他都會接，也不管對方是否宣稱自己是合法的移民。這獨特的職業倫理讓他賺到了多到不知道怎麼花的錢，而他正想要再聘一名職員。薪水很好，老白承諾，而且律師根本人就從來都不在那，職員才是經營整間辦公室並實際進行法律工作的人。

「這算是哪門子律師啊？他媽的。」爸爸最愛的髒話直譯就是「他老媽」，「美國真的差不多是跟中國一樣在他媽胡搞瞎搞啊。」爸爸又吐了一口菸，我們邊和老白一起走在東百老匯大街上。

「誰在乎啊？他是沒讓多少人變成合法公民啦，但他賺一大堆錢耶。」老白笑了起來，「我們也可以順便揩點油水囉。」老白比那個老外律師還誇張，擁有某種道德彈性，專屬於那些意志堅決、不計一切代價，一定要存活下去的人。爸爸告訴我，多年前，老白在中國曾加入共產黨，還誓死追隨呢，即便他對黨或政府根本半點信心也沒有，而且也完全不想留在國內。爸爸則是拒絕效法，雖然壓力日益沉重，因為他每個朋友都入黨了。我問他為什麼時，爸爸的臉色一沉，並回答他永遠不會忘記童年時期的苦難。他寧願開開心心在美國吃苦，也不要享受中國豐碩的果實。*

某個早上，爸爸在那間狹窄的棕色建築中，加入老白的行列，他爬上煙霧瀰漫的樓梯，來到

* 譯注：此處經作者審訂，與英文版文意稍有不同。

一間辦公室。這是那種，要用廁所的話，你得先拿到鑰匙的辦公室，鑰匙上還用一個迴紋針別著一根長長的木棍，而且要是你上廁所上得太久，還會有人砰砰敲著嘎嘎作響的門。（我會知道這件事，是因為我放學後就是在那間廁所裡狂擠硬擠，卻大不出來，直到走廊盡頭某間辦公室的一名女士狂敲著門，邊用普通話大叫，而且一定是故意要讓我聽到的：「那個小孩又在拉屎了啦！」）夏天時，辦公室的冷氣來源只有一台生鏽的電風扇，而冬天的暖氣來源則是來自香菸的菸霧，以及從太多張嘴巴裡噴出來的熱氣。四張辦公桌散落在辦公室內，一些面對這邊，另一些面對另一邊，三張是給職員，還有一張呢，搭配著一把永遠沒人坐的皮革椅，則是給那個缺席的律師用的。

這間辦公室的第三名職員是個比較年輕的女人，她有一張圓到不可思議，且無時無刻都化著妝的臉。她的皮膚也雪白無暇，跟狗狗克里夫的主人一樣蒼白，也跟那些我已經學會羨慕的白人小孩一樣。大家都叫她朱小姐，這和中文裡的「豬小姐」（爸爸都這麼叫她），以及「珠小姐」（我原先覺得她是珠小姐，直到我得知爸爸很不屑她的硬脾氣）同音。不過直至今日，我對朱小姐的記憶，卻來自她最獨特的種種特質：她的一雙大眼，跟她的臉一樣圓；她對炒魚糕的熱愛，這她每天都會在自己的桌子上吃，讓整間辦公室充滿了好吃的油味；她酒紅色的口紅，她吃完飯後總是會補；以及她一副牙尖嘴利的樣子，我對這點欣賞崇拜的程度遠超我當時所想，也成了我未來的榜樣。

朱小姐是我那些年間遇過最迷人的女人，而且她也是唯一能夠在那間辦公室裡自立自強、獨據一方的女人，可以對抗老白、爸爸、跟那一大群找到她辦公桌的移民男子——他們形成了一列隊伍，有時甚至還超出辦公室，排到走廊去。

我放學後和爸爸一起去辦公室時，獲准可以坐在辦公室外頭的階梯上，就在走廊盡頭。有時，朱小姐的客戶會和我一起在那裡等，他們是群散發菸味、古怪、有趣的人，所以就算姑且不論暫時不需要工作這件事，我還是很高興可以去辦公室，並且也迫切期待提早寫完我的作業，以好好享受觀察旁人。

某天，我坐在階梯上，卻發現自己因為移民告訴彼此，以及告訴朱小姐、老白、爸爸的各種故事而分心。有名男子已經來這裡快六年了，卻從未見過他的兒子一面，等到他終於還清積欠他蛇頭的款項時，他兒子都已經五歲了，而他能做的，就只有每個月寄錢和玩具回家，並希望這些東西能順利抵達，為他沒有媽媽的孩子帶來些許慰藉。他老婆因癌症過世，而且上一個律師騙光了他所有的錢後，就把湊合成的法律事務所給關了，他們能不能做點什麼呢？

另一名男子則是有名年邁的老母留在中國，無人照顧。他曾付錢給來自更鄉下地方的某個孤兒，擔任她的保母，但那名保母竟然搶了他老媽，並跟鄰居的兒子跑了。他媽媽的遺願就是再見上他一面，他該怎麼回去找她呢？他們能不能做點什麼呢？

我都可以在爸爸和朱小姐開口之前，就回答他們的問題了，因為答案總是千篇一律：「噢，不，我真是非常遺憾，這真是太糟糕了。我們可以試試看，但是會很困難也很貴。」

那些客戶，幾乎總是男人，會帶給我糖果、糕點，以及他們在餐廳輪完班後打包的剩菜。我肯定是讓他們想起了最近幾年間只能從照片上看到的女兒，而他們也為我帶來了安慰，不只是對我的肚子，也是對我因為爺爺、舅舅、姥爺所感受到的心痛。

所以我在美國並非完全沒有家人。他們就這麼在那些短暫零星的片刻間，出現在我面前，而隨著時間經過，我也做了一本小小的辦公室剪貼簿，我在裡面用我這個收養大家庭的一幅幅素描，以及他們帶給我的各種紀念品——一張糖果包裝紙黏在某一頁，一個油膩的糕點袋子，屑屑什麼的都還留在裡面，貼在另一頁——來緊抓住這些珍貴的時時刻刻。

就連那名律師，我唯一一次遇見他，也讓我想起家人。他是個白人，一點也不像中國人，但他擁有白皙的皮膚，還透出一些些粉色，就跟姥爺一樣——姥爺代表政府出國時，總是被人誤認成老外，人家還會用英文跟他打招呼呢。律師也跟姥爺一樣很高，還留著一頭日漸稀疏的銀髮，相似之處就這樣、到此結束，但是對一個離家千里、身旁沒有半張摯愛外公照片的孩子來說，他也完全有可能就是姥爺本人。

某天下午，身著一套全灰西裝、外頭罩著件棕色風衣，並提著個磨損黑色皮革公事包的律師，大步從走廊的一頭朝我而來。他在辦公室門口附近慢了下來，接著過門而不入，來到階梯上。「哎呀，你一定就是千囉，」他的舌頭跌跌撞撞唸出我的名字，就跟所有的白人舌頭一樣，「你看起來就像是迷你版的文森！」

我認出爸爸的英文名字，這是媽媽和我抵達之前，他在史坦頓島上住在一起的義大利房東幫他取的名字。但我討厭這樣的對比，我看起來根本一點也不像小男孩。

「事實上，我本來就希望今天可以碰見你呢！」他繼續說，一臉茫然，就跟其他大人平常一個樣，然後把手伸進他的風衣口袋。

「在這裡！給你的。」他的手掌長滿皺紋，不過跟他的臉一樣白，上頭紫色和粉色的血管縱橫交錯。他的手心上，放著一個木製的長方形藥盒，四角圓潤滑順，是他風衣的顏色。

「打開看看。」

我聽命，從鉸鏈處把盒頂往上掀，在盒內迎接著我的，是隻木雕瓢蟲，塗成紅色，背上有五個黑點——奇數的斑點數目代表好運，偶數則是霉運，有次我的膝蓋還待在我們社區沙坑的塵土裡時，媽媽曾這樣告訴過我。還是其實是顛倒過來啊？我從來都搞不清楚，而且，畢竟，這都已經是上輩子的事了，那時我還在中國，我還會玩耍，媽媽也還有時間陪我。

瓢蟲有會動的塑膠雙眼，一根細細的木棍從肚子上凸出來，讓瓢蟲看起來彷佛站在半空中，而四隻牙籤般的腳，也同樣塗成黑色，並有點彎曲，同時是用鉸鏈連接在軀幹上的，不是完全固定。我搖搖盒子，瓢蟲腳便跳起舞來，讓我笑了出來。

「謝謝您！」我及時望向律師，剛好捕捉到他朝辦公室門口走去時，臉上露出的笑容，然後他便消失在辦公室裡了。我不想錯過瓢蟲之舞，目光又回到塑膠大眼上，那雙眼現在成了鬥雞眼的模樣。

爸爸後來告訴我，律師其實是個有錢人，他曾就讀哈佛法學院，但他很喜歡結婚又離婚，還有些懶小孩要養。爸爸說，這在老外身上是很常見的情況，每一次律師一結婚，並生了個懶小孩，他就沒剩什麼錢給自己了，所以爸爸提醒我說，我應該要很感激這個禮物。

爸爸的告誡完全沒必要，我非常珍惜那隻瓢蟲，這可是我在美國獲得的第一個禮物呢。

——

媽媽從那個胖子那裡拿到新紙條後的第一個週六，早早就把我叫醒。睡眼惺忪的我，跟著她來到地鐵站，在列車上打瞌睡，然後夢遊般出站，走下好幾個街區，又上下了一或兩座天橋，接著才醒來，並發現我們身在一個荒涼的街區。街道是用鵝卵石鋪的，四周的建築物也全都是了無生氣的灰色和棕色。附近肯定有水源，因為空氣裡的味道，讓我想起我唯一一次去海邊，然後有隻螃蟹抓住了我的大拇指。不過，這只是那種氣味的某個版本而已。現在在我鼻子裡的味道，和我以前聞過的比起來，更濃厚、更腐臭、更黏稠了。其中毫無一絲輕盈，而是很沉重，彷彿曾在我拇指上的那隻螃蟹一直都待在那，還死掉了。

結果，這裡其實離爸爸提供給學校的那個地址，沒有離太遠。但就連對我來說，情況也都顯而易見，我看得出這裡已經很久、很久沒有人住了。

媽媽帶著我走上一棟棕色建築前的破爛階梯，黑褐色的液體從其中一扇開著的側門湧出，一路蔓延到路上。她打開另一扇門時，我在能看見任何東西之前，就已經聞得出來裡面是什麼了：這是大海的味道，混合著我不知怎地知道的，屬於死亡的氣味。我的鼻子聞見上千隻魷魚躺在那奄奄一息，還有上百隻鰻魚在汙水管中垂死掙扎。

我往內窺探時，看見裡頭的人們跟血汗工廠裡的人一樣。所有人都披著淡藍色的塑膠布，他們並沒有注意到我們進去，而是誓死堅決繼續專注在手邊的工作上。他們弓著背、站在一條長長的鋼製管槽旁，管槽彷彿迷宮，一路蜿蜒穿越整個空間。

媽媽示意要我進去，我先把鼻子捏緊，才踏進一間休息室，裡面有很多鉤子，一件件塑膠連身衣垂掛而下，每一件看起來都像一個放棄求生的藍人，中空的立體吊死鬼一個挨著一個。要一直等到大門隨著一陣熏天臭氣呼嘯關上，我才發覺，即便外頭已經是初冬，這裡的室內甚至更冷。媽媽從鉤子上救下一名吊著的藍人，並把他交給我。

「把這穿上，快一點，這會讓你暖和起來。」

衣服的手臂、腿部、上上下下全都太長了，但我還是聽命。兜帽掉了下來並直接蓋住我的鼻梁，我只好把它往上撥，一次、兩次、三次，帽子才乖乖遵命。我把袖子捲起來，而所有動作都會發出沙沙聲，彷彿我是鋁箔紙做成的。媽媽的藍人現在也附身在她身上了，我們是雙胞胎，只不過一個矮小又乾癟，另一個則高大又成熟。

她現在正在穿靴子，橡膠做成的靴子，其味道甚至比這個空間還臭，兩個鞋底都有相同的汙泥痕跡。她遞給我一雙大到可以裝下我三隻腳的靴子，但我還是彎腰穿上了。我伸手要套上靴子時，袖子又掉了下來，然後我的兜帽也是，我什麼都看不見，什麼都摸不到，哪裡都去不了。我開始劇烈爆笑，因為我簡直成了一個巨大的藍色塑膠袋，在惡臭的海風中搖盪。我再度把兜帽推上去，然後，在帽子再次掉下來之前，我竟然瞥見媽媽也忍不住笑了出來。

我們費力走進主空間，我的速度比媽媽還要慢非常多，跟著她走到水槽旁的位置上。我們人在加工廠的角落，管槽正是在此改變方向。

我站著，軀幹緊靠在管槽的鐵壁上，我剛剛好夠高，可以俯瞰見管槽邊緣林立的一塊塊板子，還有流水從固定在上方的水龍頭潑濺而下。再遠一點的地方，有一條放著魚的輸送帶，魚都還是一整隻、銀閃閃的、且靜止不動。水流過管槽，經過並貫穿冰塊間的縫隙，冰塊全都擠在一起，一塊疊著一塊。在媽媽的左手邊，有個小籃子懸掛在流水上，固定在管槽的邊緣。

寒冷取代了我對那個空間的諸多回憶。我已不再能分辨那些景象是來自我的親身經驗，或是自此之後已由其他電影和紀錄片套上濾鏡的場景所淡化，但在我心中，我看見媽媽從冰冷的水中一把抄起一條死魚，放在砧板上，將肚子剖開，然後切掉魚頭，露出其中橘色的魚肉。寥寥幾下手起刀落，她就清除了血淋淋的內臟並扔進籃子裡。接著，她會把魚放在輸送帶上，輸送帶會將魚運送到下一站，在那裡去掉魚鰭，然後再到下一站，而在那邊肯定就會遭到切片，如此這般如此這般，繞過整個空間，直到魚變成一團平坦的、我要一直到很多很多年以後才會第一次吃到的橘色碎片。我看著披著藍色布的男男女女用他們瘦骨嶙峋的手腕一刀刀切著魚，去除粗大的白骨，接著再用鉗子去掉比較小的白骨。有些骨頭實在非常細小，小到我幾乎看不見，即便我躡手躡腳潛進每一站，看著男男女女手裡拿著鉗子，因為寒冷而發紫。

魚完成繞場一周的旅程後，會落到一名穿著灰色塑膠連身衣的矮胖女人手上，她會把魚放在一個桶子裡，然後三不五時，就會將那個桶子拿到一道鋼門後頭。

這點我確實記得，彷彿我又身歷其境回到了那裡一樣：在媽媽工作的管槽底部有個小小的裂縫，水會從那裡一滴滴滴到地上、我們的靴子上，偶爾還有我們的襪子上，因為水滴滑下了我們藍色塑膠衣著的表面。一整天過後，冰水會積在地板上，以及我們的靴子裡，讓我們跟鮭魚一樣冷得凍僵。

顫抖和麻木也會一小時一小時擴散。我盯著媽媽手起刀落，同時我們的冷顫則是從指尖擴張到手心，再到手臂，直到我們全身都開始發抖。那邊有塑膠手套，媽媽說，但是這樣子很難握刀。為了保暖，我會在空間裡一直走來走去，同時觀察著每一站的人。這麼多年來，只有一個人一直停佇在我心頭，她是名老婦人，大約是姥姥的年紀。即便隔著藍色的塑膠布，她的和我的，我也能看得出她的皮膚已經全部發紫，她的嘴唇也變成了相應的顏色，又凸又腫，而她的臉頰上也濕濕的。起初，我以為她是在流汗，但不是，當然不可能，水氣的來源並不是她的毛孔，而是她的雙眼，汙濁又灰暗。她太老了，根本不該這麼冷才對，也老到不該出現在這裡。

我回到媽媽身邊時，她的目光一瞬間轉向我，接著又回到先前的焦點，而我就站在一個凳子上——我們在中國的廚房裡也有一個一樣的——負責抓魚讓她切。我們一直工作，直到外頭的世界，太陽西沉，而在更遠處的上城，壽司餐廳開店又打烊，服務生把椅子和高腳凳疊到桌子上，鎖上門，並拉下鐵捲門。在整座城市甦醒、著裝、外出、又爬回床上的那一整段時間，我們都待在這個空間中，保持凍僵的狀態：我們的魚凍僵、我們的靴子凍僵、我們也在各自的工作崗位上凍僵。而全程，我的思緒總是離幾排之外的那個姥姥、一陣冷風、附近那桶準備要拿去扔掉的死魚不遠。

在媽媽和我從藍色塑膠布中現出真身，把凍僵的雙腳從橡膠外殼拔出的許久之後，壽司加工廠的一切仍在我們身上揮之不去。我們在走到地鐵站的路上繼續顫抖，一邊勇敢面對著外頭的寒冷，其中混雜著加工廠內的寒冷，那種如淹水般漫過我們血管的寒冷。魚腥味也會留在我們的皮膚上跟頭髮裡，直到下一次洗澡。而我們還是會持續顫抖，直到把自己深深裹進被子中許久以後，才會停止，我們發紫的雙臂帶著上面的雞皮疙瘩及深藍色的血管，交叉縮在胸口前。

那晚，我邊想著我的好運，邊飄入夢鄉。後天，是我們的休假日，我們的幸運日，我會去上學，不需要再回到加工廠，要整整一個星期後才會回去。我的皮膚會有時間趕走雞皮疙瘩，並重回滑順的粉紅色，但媽媽的皮膚則再也回不去了。

9 燈火

Lights

我們在美國度過的第一個冬天，交替籠罩在黑暗中，偶有燈火為我們帶來勇氣。在我們察覺之前，所有樹木就都變得光禿禿，沙沙作響的橘色外衣脫落到地上，接著由霜的光澤覆蓋。姥姥也開始寄給我們扎人的刺癢毛衣，是她坐在電視前的位置上織的。她的包裹聞起來就像樟腦丸，我開始把這種氣味和姥姥家聯想在一起，而我也很喜歡把毛衣湊近鼻子，感受刺人的捲曲，家的味道隨之爬上我的氣管，並進入我的肺部。有時姥姥的包裹抵達時已經先被人打開過，遭到拆開，再用膠帶黏回去，有些中文字被塗黑的一封封信件也皺巴巴的。包裹外頭蓋滿了橡皮印章的標記，代表已經通過審查委員會的允許，獲准離開中國，飛到這裡來。

我們房裡的暖氣並不常開，因而我們吐氣時都能看見自己的氣息。我們回到家後，我會在準備好要睡覺之前就先早早爬上床。我們醒著時，則是會把兩張床的被子都堆到其中一張床上好保暖。在被子下，我會穿著一層層毛衣，一件疊著一件，腳上也穿上了我所有的襪子。暖氣真的打開時，會有種洩密般的金屬臭味，接著暖氣口還會發出嘶嘶聲，一聽到那聲音——這種聲音要一直到深夜才會出現——我就會快速衝到暖氣口旁，並伸出雙手，舞動著手指，兩隻腳輪流踮著蹦蹦跳跳。我只要一感覺到熱氣在指尖間擴散，並往上來到手臂，就會跑下樓到廚房去叫媽媽來；她是如此不顧一切想要從壽司加工廠的凍僵中解脫，所以會花好幾個小時坐在爐子邊，不斷加熱再加熱自來水。

「媽媽，媽媽，來呀！」

她可以從我雙頰上的紅潤以及我眼中燃起的火光，分辨出溫暖終於找上我們寒冷的小房間了，接著我們便會跳上階梯，就像兩隻松鼠無憂無慮彼此追逐。一進房後，我就會把媽媽還在顫抖的發紫雙手拉到暖氣口邊，並露出燦爛笑容。

正是在這些時刻，媽媽的眼中會充滿一種不可思議的眼神，苦樂參半，愛和絕望同時交織，而只有等到我透過成人的濾鏡回首這個場景時，我才在媽媽疲憊的臉龐上，看見她在這些時刻，一定有感覺到的那種甜蜜的痛苦。一邊因為她擁有的微小事物心懷感激，一邊因為需要這樣的事物而心碎，同時困惑著我們的人生，究竟都變成了個什麼樣子。

——

某個寒冷冬夜睡到一半，我們因為房門外砰的一聲巨響、一陣嘎吱聲、好幾聲咚咚聲而驚醒。這不是我們已經習慣的蟑螂腳輕輕經過的噠噠聲，不是，而是由一個更為巨大、也更具威嚴的物體發出來的，就在外頭的走廊上。

「噓，我去看看。」爸爸從床上跳起來，人已經在窗邊，接著來到門旁。在滲進來的一條條光線中，我可以看見他換上了那種表情，想要看起來很勇敢，但實際上卻是害怕到不行；他在北京和我一起去搭摩天輪時，我就見過這種表情，他不敢往下、往周圍、或朝我看，但他臉上戴了張勇敢的面具。

我從我的床上坐起來，同時媽媽也躡手躡腳來到門邊，就在爸爸身後。他咿咿呀呀打開門，並把頭探出去，從縫隙湧入的光線，告訴我他已鼓起勇氣，打開了走廊的燈，而這伴隨著一陣嘎吱聲。

「啊！王生！」

是我們矮小年邁包租婆疲憊的聲音。我跳起來，在門邊加入我的父母，從他們的身體間把頭往外探。包租婆是個八十多歲的婦人，正站在一把六階梯子的頂端，梯子靠在分隔我們房間和走廊的牆壁上。而那雙長滿皺紋、青筋浮凸的手，則位在最高處的暖氣控制面板上，就在牆壁和天花板的交界。

「你在做什麼？你需要幫忙嗎？」爸爸往前走了幾步，壓低聲音，邊觀察著我們許多室友的動靜。

「樓上開大窗呀，嬰兒好辛苦呀！」

她夾雜普通話、廣東話、英文三聲道干擾的話，我現在發覺當初其實一定是因為假牙的妨礙，讓她說的話聽起來總是有點難以理解，而在深夜更是難上加難了。

「喔。」偽裝出來的勇氣從爸爸臉上褪去，由假意理解取代。

「沒事了，沒事了。」她爬下梯子，一步比一步還沒力，穿著襪子的腳在蓬蓬拖鞋裡滑溜溜的，蓬蓬拖鞋踩在木頭梯級上也滑溜溜的。爸爸跑過去穩住梯子，讓梯子靠在牆上，包租婆一踩到地面，就開始沿著牆壁拖著梯子，朝浴室走去——在浴室旁邊，我第一次看見那扇永遠都鎖著的櫥櫃門被打開了。意志堅決的包租婆揮手要爸爸讓開，花了有點太長的好幾秒，才把梯子給收回櫥櫃裡。

「沒事了，沒事了。」她繼續重覆著她的咒語，邊走下樓，她的重量壓得階梯發出嘎吱聲。

爸爸也一揮手把我們趕回房間，並關上門。門鎖一喀噠鎖上，他就爆笑出聲。

我也開始笑了起來，看見爸爸比我印象中在美國看到他的任何時候都還要開心的模樣，讓我頗為興奮。他又回來了：過去的爸爸，那個比較年輕，從未離開過中國的男子，比現在還要無拘無束好幾倍，因為他還未經歷日復一日的霸凌欺壓，也還不曾在精神病院的走廊上追逐一絲不掛的病人。

媽媽盯著我們兩個看，一頭霧水，然後問：「你笑什麼？」你們在笑什麼？接著才意會到笑點何在。

「她說，她竟然說她得把暖氣關掉，因為，因為太熱了！」爸爸笑得幾乎連話都講不好，「她說樓上的嬰兒人生真的過得很辛苦，因為實在太熱了，樓上的父母甚至還得打開窗戶呢！」

樓上的家庭是整棟房子裡最有錢的，雖然這也不表示他們真的有賺很多，但對我來說，他們還是閃閃發亮。他們也是波多黎各人，跟我們大多數的室友一樣，但是在房子裡的所有人之中，他們是目前為止膚色最淺的，所以對我而言，他們也完全可以是又白又有錢：他們租下了整個頂樓，有兩間臥房、一間客廳，還有他們**完全供自己使用的浴室**。我在走廊或廚房經過那家人的媽媽時，總是會忍不住盯著她的手腕和脖子看，邊想著是不是因為擁有私人的浴室，才讓她的皮膚和我的相比，能夠看起來白上這麼多，也好上這麼多。

「你們敢想像嗎！你們敢想像嗎，」一邊講這話，邊戲劇魂上身的爸爸，把一隻手放在嘴巴下，然後往空中吹氣，他熱呼呼的氣息在我眼前凝結成迷霧，「竟然說這樣子太熱耶！」

我不知道是因為那晚的寒冷，因為氣溫已經開始大幅下降，或是我們對快樂的渴望，但是我們三個回到被子的溫暖中，並持續爆笑，直到肚子都痛了起來，眼睛也流起眼淚。我冷到沒辦法伸手出來把臉上的水氣抹掉，所以臉還在風乾的時候，我就睡著了。

隔天早上，我醒來時發現眼周的皮膚因為蒸發的眼淚而繃緊，並聽見樓上膚色蒼白的父親在走廊裡拖著腳步徘徊，就在暖氣控制面板附近，還一邊碎念著：「愚蠢的共產老婊子，你他媽的外面華氏二十度欸，竟然還把暖氣給關掉。」

那個冬天的其餘日子，我們都在我們的兩件被子下瑟縮著，邊聽著夜晚的砰砰聲跟嘎吱聲，而聲音每次出現時，我們都會一起露出小小的微笑。

耶誕節很快成為我在美國最愛的時光。感恩節時，我只能在我們的迷你電視上觀看老外是怎麼慶祝的，吃著比中國嬰兒還肥的死火雞，內餡還塞滿麵包屑跟蔬菜，我們可沒妄想自己負擔的起這些東西。

然而，耶誕節時，我就有辦法參與了。十二月初某天，我走進教室，發現唐老師穿著件紅洋裝，她的桌上則立著一棵又小又尖的綠色塑膠樹。

「今天，」她宣布，「是耶誕節開始的日子！」

她按下教室手提喇叭上的一顆按鈕，歡樂的音樂隨之炸出。她接著在教室內輪流傳遞著兩個盒子，我看著我的同學們在盒子裡翻找，邊越傳越近，不過我卻看不見每個孩子從裡面掏出來的是什麼東西。其中一個盒子傳到我這時，我發覺裡面裝滿了各種小糖果，上面還全都綁著一個小東西：亮晶晶的彩球、跳舞的芭蕾女伶、穿著紅衣並留著鬍子的肥胖白人。我花了非常久的時間精挑細選，久到我終於決定要選一隻正在和毛線球玩的毛毛貓後，珍妮就一把將盒子從我手上搶走了。

接著，我們起身，一桌接著一桌，把我們的小東西掛到樹上。樹的松針粗製濫造，方向一點也不對稱，邊緣還凸出一塊塊半透明的綠色塑膠，而樹枝也是如此鬆垮地連在樹幹上，使得我們在掛東西時，有幾根還掉了下來。我特別小心翼翼擺放我的裝飾品，讓我的碰觸維持輕柔，這樣才能避免干擾到那隻貓、整棵樹，以及我這輩子第一次的耶誕節體驗。

隨著小樹承擔越來越重的負擔，唐老師也和我們談起這個節日。她告訴我們，在耶誕節時，各地的美國人都會透過送禮來向人們表達他們的愛，就像耶誕老人做的那樣，此外還有透過服務的舉動——這代表，我們也應該要學習這麼做，方法則是在班上舉辦一個祕密耶誕老人活動，且由於背後的概念並不真的是和禮物有關，而是關乎愛，唐老師也說我們不該花超過十塊美金準備。聽到這話，我既興奮又緊張，不敢相信我會得到一個有可能價值整整十美元的禮物；但同時，我也在想我是要怎麼樣才能負擔得起替別人買一個這樣的禮物。

另一個盒子開始傳遞時——這一次是要抽名字，不是要選裝飾品——我碰巧抽到了珍妮佛·譚，我們班上最有錢的女孩。她住在學校附屬的宿舍，這使得她在我眼裡簡直就是王室，才沒幾天前，她告訴她的朋友，漂亮的茱莉亞·黃，她要去佛州的迪士尼世界過耶誕節時，我不禁翻了翻白眼。珍妮佛注意到我在聽的時候，對我露出了一個友善的微笑，這促使我轉向珍妮並表示：「迪士尼世界，還真幼稚耶。」然而，比起看向我，珍妮反而是轉向珍妮佛然後說：「我真嫉妒，你還真是幸運！」

美國可不存在忠心。

隔週，我把爸爸和媽媽允許我從血汗工廠的輪班留下來的那盒零錢，全部倒進我的學校背包裡。接著，放學後，我帶著背包裡叮叮噹噹的硬幣，走下東百老匯大街，並進入那間文具店。到了那時，我已經很熟悉這間店了，我很常造訪，雖然從來都不是個顧客。我走向陳列著我垂涎了好幾個星期的自動筆的走道，並挑了那支我如此渴慕的自動筆：是支粉紅色的筆，頂部有個圓圓的白色橡皮擦，而且整支筆上都充滿 Hello Kitty。結果，只需要不到三塊美金就能帶回家，而我也細細品味著能夠和這支筆共度整整十二個小時，就在交換禮物之前。櫃檯那邊一臉和善的男子，將那支筆放進一個小小的棕色紙袋，我露出微笑，將硬幣留在櫃檯上，然後跑出文具店，跑上街道，再衝上爸爸辦公室那棟建築的階梯。我一路都沒停下，直到抵達能夠坐著的小小臺階。我在那裡屏住呼吸，一邊掏出自動筆，並津津有味地喀噠喀噠按壓著，讓灰色的鉛筆芯從小小的粉紅色嘴巴中冒出頭來。我也小心翼翼用最輕微的力量，將筆尖壓上棕色的紙袋，寫出我的名字，這支筆的筆芯感覺起來比我從爸爸的辦公室拿來、削得尖尖的黃色鉛筆筆芯，還更堅硬、也更耐用。有了這樣的筆芯，我從觀察我的同學們得知，我就不再需要停下手邊正在做的事，只為把鉛筆插進削鉛筆機並用刀鋒削利。不，這種筆芯很可靠，沒那麼多需求。

我沉浸在寫出我的姓氏中，之後才把這個寶物放回原先所屬的紙袋，並擺在我的背包深處，藏起來以免受到誘惑。但是天啊，那天下午和晚上誘惑依然多次重新浮現，實在非常強大，導致我隔天早上還必須先停在學校外面，並用我其中一支黃色鉛筆頂部的粉紅色橡皮擦摩擦那個棕色的紙袋，因為上面現在已經寫滿各種記號。

這場交換禮物相當羞辱人。我最終發現，其他所有人，都把他們的禮物包在五顏六色的包裝紙和禮物袋裡，紅色、綠色、金色，而即便我根本就不可能得知每個人究竟花了多少錢，那些禮物仍然比我迷你的棕色紙袋還要大上許多，何況那上面還滿是橡皮擦痕，裡面包著那支更可憐兮兮的自動筆。我的同學們打開他們的禮物時，我的表情融化成滿臉尷尬——路易斯有他的水槍，茱莉亞有她漂亮的髮夾，上面還貼滿水鑽，甚至連我，都得到了我這輩子第一隻美國的泰迪熊。最後，終於輪到珍妮佛了：她在沉默的全班同學面前，打開那個皺巴巴又髒兮兮的紙袋，並拿出那支自動筆。

我負擔不起卡片或禮物標籤，所以就只是簡單在紙袋上寫著：「耶誕快樂，珍妮佛！愛你的，乾。」直到那時，我都一直以為在美國不管簽什麼都要簽「愛你的」，但是從珍妮佛念完紙條後，在教室裡如漣漪般擴散開來的笑聲判斷，我大錯特錯。我的臉漲得紅通通的，很符合我出於愚蠢送出去的幼稚粉紅色自動鉛筆，而有禮親切的珍妮佛用來隱藏她的失望所出口的每一個字，都只是讓情況變得更糟而已。

恥辱淹沒了我，還跟在我身體裡回家，直到那晚我上床睡覺，雙臂環抱著我新獲得的、連標籤都還沒剪掉的泰迪熊。這是我的，徹頭徹尾屬於我，就像那天的羞恥。

第五大道是我耶誕節時最喜歡的事物。某個週日，媽媽把我包進姥姥寄來的其中兩件最厚的毛衣，並在最外層加上我唯一一件大衣，最後再用她自己扎人刺癢的圍巾裹住我的脖子和嘴巴。

「我不能呼吸了，媽媽。」我朝著圍巾抱怨，並感覺到我溫暖潮濕的氣息彈回下巴、嘴唇、四周。

「我們可負擔不起你生病！好了，來吧。」

媽媽帶我到我們固定搭車的地鐵站，但我們從那裡轉了一次又一次車，每班車還都是由我先前從未在列車上見過的各種字母、數字、顏色所標示。

我們從地底下走出來時，我頗為震驚，因為看見太陽竟然已經下山。不過我也花了好幾秒，才注意到環繞我們四周的燈光。我們走了好幾個街區，周圍人山人海，人群十分稠密，感覺彷彿回到了北京；接著，媽媽帶我來到我這輩子見過最大也最明亮的樹木底部。這棵樹周圍環繞著一棟棟建築物，在我抬頭仰望它在夜空中的模樣時，可說完美地位處正中央。而跟教室裡那棵一樣，這棵樹上也掛著許多裝飾品、彩球、各式各樣的人物，其中某些是從內部點亮，就像萬聖節的裝飾品，還有些擁有亮粉，其他則是不會發光，只散發著自身鮮豔的色彩。我往前走近其中一樣裝飾品，是顆閃亮又巨大的金球，我都能在上面看見我自己的臉龐了——在倒影中，我的雙眼向我回以一股閃爍的火花，而我在那晚其餘的時間中，體內都帶著這股火花。

媽媽還有更多東西要給我看，所以她帶我走到寬闊的街道上，上面有標示告訴我們，我們人在第五大道上。這是我在美國見過最乾淨、也最精緻的街道，店面都巨大又高聳，門口有身穿西裝的男人，有些是白人，有些是黑人，但沒有半個是中國人。我們在一群路人中間停下，欣賞著某間店的店門口：有一串串的燈泡裝飾著門面，這裡一個閃爍，那裡一道閃光，燈泡宣布著一場好戲正要上演，我屏息等待，緊握著媽媽的手。我從眼角餘光，也瞥見她在音樂響起並溢滿街道時露出微笑，一開始慢慢的，接著突然之間，更多光線出現，一顆燈泡孕育出下一顆，再一顆，然後便擴散過整棟建築物，每顆燈泡都隨著音樂的節拍舞動。雖然我們從未聽過這首曲子，媽媽和我也很快跟著搖擺的人群開始擺動，隨著節拍輕輕搖晃，快樂在我們心中蕩漾。全世界都在跳舞，我們也是。我們又交換了另一個微笑，而我訝異於為什麼，在所有的故事中，都提到美國遍地黃金，美國危機四伏，但卻沒有半個中國人提過美國的燈火，提過這裡的燈火有多麼令人愉快，甚至能讓我們駐足在街道中央，在我們的人生和我們的擔憂中停下腳步，在過著陌生生活的陌生人群間佇立，單純只為了在我們心中，注滿音樂和希望。

一路追溯回去，我現在知道，我就是在那一刻，第一次迷上「美國」這個概念。那是我第一次看見這個國家，以及第一次真的看見紐約市的絢麗和魅力，雖然在當時，這兩者對我而言是一體的。那晚的燈火以及人群間共享的歡樂，向我展示了這座城市的本質，以及它能夠帶來的事物：那是和我們之前認識的美國相比，徹底截然不同的另一種面貌。最終，「美麗國度」之名總算合理了起來。

在人群中，一雙雙眼睛映照著我們身旁一棟棟建築物上的點點燈火，我們邊繼續往前走，同時看著店面櫥窗中點亮的各色人物和動物舞動，一邊歡笑。媽媽和我走上某條街，通往左側的一座噴泉，右側則是棟立面上緣掛著許多旗幟的建築。我們還經過一個種滿樹和綠色植物的區域，我都不知道美國還存在著這樣的蓊鬱翠綠。樹區邊緣林立著的，則是一匹匹馬，白色、黑色、斑點相間，全都戴著紅色的頭飾，與背上的鞍具以及牠們所拉馬車座位的豪奢內襯成套。我目不轉睛盯著馬兒，直到媽媽把我拉進一棟巨大的建築，這裡又有另一名身穿西裝的嚴肅男子站在門邊。

這間商店寬敞又明亮，在店中央迎接我們的，是一名又胖又老的耶誕老人，坐在他的王座上，還有個白人小男孩坐在他大腿上，男孩的頭髮翹了一撮起來，眼中混雜著刺激和恐懼。一列人龍從耶誕老人身旁不遠處開始排起，環繞整間店，其中擠滿開心的孩童和精疲力盡的成人。

我把媽媽從隊伍中拉走，因為太過害羞而不敢接近那名高大的白人。她的手勾在我手裡，我走過一排又一排走道，另一隻手往外伸出，碰觸各種柔軟及蓬鬆的事物，壓了壓塑膠製的和嘎嘎作響發出噪音的東西，然後敲敲這個又抓抓那個。這是我自從在北京搭上那架飛機以來，第一次見到這麼多的玩具。我是個迷途的旅人，在跌跌撞撞終於來到沙漠的邊緣時，總算能夠正視自己好幾個月以來的乾渴。

五彩繽紛的走道讓路給一座階梯時，我毫不猶豫就爬了上去，媽媽緊跟在我身後。上樓後，映入眼簾的事物讓我瞬間忘了呼吸，而我的呼吸早已因興奮變得很淺。在我眼前，是架巨大的鋼琴，占滿了空間中的一整個區域；幾周前，我才剛在電視上看過這架鋼琴，那時有個白人的手指在琴鍵上舞動，創作著他自己的音樂。那幅景象促使我站起身來，並貼近我們的迷你電視，近到我在我們冰冷房間中的炙熱呼吸，都讓螢幕起了霧。

但此時此刻，我和那架巨大鋼琴之間並沒有霧。琴就在那裡，我可以彈奏，讓我的手指在上方舞動，而且一切都免費。我幾乎不敢相信。我靠近時，已經有幾個小孩在猛壓琴鍵，大多數都是白人，我往後退縮，擔心打擾到他們。我望向媽媽，她站在平臺邊。

「你去呀。」她鼓勵著我上前。

我往前走，每一步都比前一步還更篤定一些，而等到我的手放在琴鍵上時，我的路線已決：我的手指從一個白琴鍵跳到另一個黑琴鍵，然後又跳回來，演奏的藝術隨著轟鳴的音調回到我身上。這是專屬於我自己的一首曲子，而當我閉上雙眼，我便回到了某段時光中，當時我從來沒想過要質疑自己是否屬於眼前所處之地。我看見自己回到了那個院落，對著圍成半圓形的入迷觀眾唱唱跳跳，沒有絲毫擔憂或恐懼，害怕我會唱走音、跳錯舞步、或表現得格格不入。那個小小的舞臺曾屬於我，而眼前的這個舞臺，現在也屬於我。

那晚稍後，我們離開那間店時，我並沒有問媽媽我可不可以買樣玩具。我已經重新拾回一小片先前的生活，並找回一小部分先前的自己了。媽媽和我手牽著手走著，穿越燈火，回到陰影中時，我心中仍雀躍不已。

10 且林士果

Chatham Square

我很早就發現且林士果廣場了。我重回唐老師班上幾週後，她就帶我和我的同學們離開學校，轉彎進入地威臣街，然後走上東百老匯大街，之後領著我們進入一棟白色建築的紅色大門，離爸爸的辦公室只有幾步之遙。

結果，那棟建築，是公立圖書館的分館之一，分館名就叫作且林士果。進去裡面之後，唐老師帶我們爬上樓梯，然後告訴我們在地板上坐好。我們面前是名坐在椅子上的女士，她一頭狂野的捲髮，金邊眼鏡的鏡腳還垂掛著長長的鏈子，是用各種五顏六色的珠珠做的。我們全都坐好後，她拿出《好餓的毛毛蟲》，這本書我待在特殊需求教室時，讀了一遍一遍又一遍。隨著這名女士一路走過我那隻多毛朋友的旅程，講到他張開他美麗的蝴蝶翅膀，我發覺這是我第一次聽到這些文字被唸出來。我當然很熟悉這些文字，一開始跌跌撞撞讀過，後來則飛速掠過，但是這一切，全都是發生在我伴著孤獨的沉默所度過的那段日子中。我發覺，聽著這些文字從一個成人的口中說出，且是專為我們而說，這之中存在著某種安慰。

那名女士讀完這本書，再來又讀完另一本之後，唐老師領著我們魚貫走下樓梯；從樓梯上，我看見位於一樓一角的童書區，其中放滿色彩繽紛的一本本書本，還貼滿各種鮮豔的海報，鼓勵我們閱讀。室內各處也都散落著笨重的電腦使用區，有個沒洗澡的男子坐在其中一台電腦面前，另一台電腦前則坐著一名戴眼鏡的姥姥。唐老師指示我們走出紅色大門並回到學校時，我很難過，但我知道，這只是個開始。

幾小時後我又回去。我放學後沒有去爸爸的辦公室，而是直接經過他所在的那棟建築，並走進那扇紅色大門。我直接前往童書區，這個我一整天朝思暮想的地方——這裡是全圖書館最明亮的部分，而我幾乎不可置信，我竟然可以免費讀這裡面所有的書。這邊和那邊，都有幾本繪本打開來展示陳列，老朋友歡迎著我：艾米莉亞·貝迪利亞、貝倫斯坦熊、克里夫。自離開中國以來第一次，我回家了。

每天放學後，我在這個小角落度過無數時光，一頭栽進一本又一本書中，每一次都流連忘返，忘記自己身在何處，也忘掉我得擔心的事。在一套套書封間，我只是另一個尋常的美國小孩。尤其是在讀到我最愛的兩個系列，《保姆俱樂部》（*The Baby-Sitters Club*）[*]和《甜蜜谷雙胞胎》（*Sweet*

＊譯注：美國長青系列小說，故事設定在虛構的石溪鎮（Stoneybrook），下文的Kristy Thomas即為主角之一。

Valley Twins）*時，情況更是如此。在石溪鎮和甜蜜谷，我都是個普通的女孩，身旁環繞著總是鼓勵著我的家人和穩定可靠的朋友圈。我在克莉絲蒂・湯瑪斯和伊莉莎白・威克菲爾德身上看見自己，而且在她們身上，我的困擾也只不過是被禁足或考試考不好而已，沒什麼大不了的。

我實在是把圖書館當自己家，使得我自動自發、決定要管理這裡的秩序。我不喜歡所有繪本的書脊都是朝外沿著書架的邊緣直直擺放，這樣真是太危險了，封面竟然凸了出來，而非安穩面向內側。我也不喜歡書本竟然不是按照高度排放，看來實在又亂又邋遢，高的書挨著矮的書，某些書的頂部比旁邊的其他書還更鶴立雞群。所以我培養出一個日常習慣，會重新整理書架，把更大本的精裝版《月亮，晚安》（*Goodnight Moon*），擺在比較小本的貝倫斯坦熊平裝書前面。

春天裡的某一天，我花了快一小時在重新整理書架，又小又髒的手指靈活工作著，舌頭從乾燥的雙唇吐出來，目光也興奮舞動——這時，有名如鳥一般的圖書館員接近我，她的頭上頂著個鳥巢般的包頭。

「可以麻煩你不要再這麼做了嗎？」

「什麼？」

「請不要再到處移動書了。」

「可是我是在幫你整理耶。」滿腔憤慨是我唯一的回應。

「書脊離邊緣越遠，就越難看清楚書名。不能把書一路推到書架深處。」

「但是這樣看起來比較順眼。」

「拜託停止。」

她走開來，但她肯定知道我很鬼鬼祟祟。三不五時，她都會回頭盯著我看，所以我撤退到我的石溪鎮角落中，為我甚至連幫這個家帶來秩序都沒辦法而滿心哀傷。

——

從那時起，我就無藥可救了，我以看書維生。我還能在哪裡找到如此穩定供應的朋友、慰藉、一個個世界，而且還可以免費取用呢？同時還很輕便，我不管去哪，都能陪著我：在地鐵上、下課時間、爸爸辦公室外的階梯上。和我的老師同學們不同，書本很可靠。

但即便圖書館是我的家，書店卻危機四伏。我很少允許自己進去，我很害怕書店會向我展示在我能夠免費取用的世界之外，還有更多更多世界，並讓我渴望更多，而我卻負擔不起。我甚至很討厭學校的賣書活動，唐老師會強迫我們在學校圖書館裡待三十分鐘，把我們關在書架間，但上面免費的書卻遭到閃閃發亮的新書取代，一本還可能要價高達十塊美金。而就算到了那時，我依然拒絕考慮那些我就是負擔不起的東西，反倒是把注意力放在那張擺著免費書籤的桌子上；書

* 譯注：美國長青YA系列小說，故事即設定在同名的甜蜜谷，主角為Elizabeth Wakefield及Jessica Wakefield這對雙胞胎。

籤上有時候會印著《保姆俱樂部》裡的角色，雖然大多數時候，上面都只是印著書店的地址和照片而已。然而，我仍然強迫自己不要將視線從免費的那桌移開，邊祈禱著沒有半個同學會注意到，那個在祕密耶誕老人交換禮物活動上買了全班最便宜禮物的女孩，也是那個賣書活動時只會拿免費贈品的女孩。

11 頭髮

Hair

我們在美國的第一個完整夏天，媽媽和爸爸決定我們已經聽到「chink」這個字太多次了，然後我們全家就搬出了那間搖搖欲墜的房子。

搬出去一週前，我才做了件非常糟糕的事。我把我在門外發現的一隻流浪貓帶進來，並把她放在一樓那間閒置的臥房裡；臥房搬空前，是個爸爸叫作「船民」[*]的人住在那裡面。爸爸向我解釋，這表示他是搭船過來以逃離艱難生活的，而我對此困惑了好幾年，他當初幹嘛不直接搭飛機就好。為了支付房租，船民負責照顧老包租婆的丈夫以代替金錢，但某天晚上，有台救護車停在門口，警笛照亮了整條街，接著好幾個穿著一模一樣制服的人，用一張附輪子的床把那個老人給帶走了。

* 譯注：此處應是指越戰後搭船逃離越南的難民。

在那之後，船民就走了，而他的臥房有好幾個星期都空著。那間房間就在前門旁邊，我在進出房子的途中，總是會試著扭扭看門把。大多數時間，門都是鎖上的，但有一天，我發現門打了開來，便走了進去。房裡只有一張裸露的床墊被放在金屬床框上，再度關上門之前，我跑上樓到我們的房間拿了些膠帶下來，然後黏在鎖頭回到原位、喀噠固定的地方。我有次曾在電視上看到有人這麼做，也很高興發現這招管用。

我在大門前遇見貓的那天，不像其他人一樣是在後院哦，我決定她就是我的貓了。貓一身黑，有對跟月亮一樣明亮的黃眼。媽媽說貓代表厄運，而黑貓更是倒楣，我於是想起我在中國時可憐的螃蟹朋友——不行，我不能冒著媽媽發現我的小月光的風險。所以我做了我唯一能做的事：我把她放在棄置的臥房，並且差不多每個小時都回去看看，理由是告訴媽媽和爸爸我得去浴室、廚房、後院。每去看一趟，我都會從我們鄰居的廚房食品中偷點東西，一小碟牛奶、一小塊臘腸，然後再溜進房間。我會坐在裸露的床墊上，床墊的彈簧鬆垮又大聲，直到月光從床下出來。接著我會把我帶來的禮物給她，然後，她在吃的時候，我會拍拍她的頭、搔搔她的背，她一吃完就會馬上回到床底下，甚至連條尾巴都不會露出來給人摸。接近那晚尾聲時，她還完全拒絕出來，我則發現自己側身躺在地板上，凝視著兩顆月亮，又亮又圓，就在床後頭的角落裡。

我沒機會和月光說晚安，因為在我跑最後一趟時，我跟媽媽說我要到走廊那去刷牙，但媽媽也跟著我走出房間，說她也可以順便和我一起刷牙。我那晚稍早已經「去浴室」好幾次了，所以我也一籌莫展，只能在媽媽身邊勤快地刷著我的牙。她接著送我上床，我斷斷續續睡睡醒醒，過程中充斥著各種月光挨餓、哭泣、顫抖的惡夢。

我因為尖叫聲和拖著腳走來走去的聲音驚醒，接著是氣喘吁吁上樓的腳步聲，再來是我們房門上的砰砰聲。爸爸把自己拖下床，打開門，透過門縫，我看著老包租婆穿著她鬼魅般的睡袍，一頭亂髮從頭上炸開，就像太陽射出的光線。

「怎麼了？」

「下邊！有人！」

我從床上彈起，老包租婆肯定是從空臥房聽見了什麼聲音，然後以為是賊。我花了有點太久的好幾秒鐘，思考到底應不應該跟爸爸講月光的事，但等到我退縮了的時候，也無所謂了，因為爸爸已經關上門跑下樓去。

媽媽在她的床上坐起來，盯著我看。我這一生中，她都有種辦法，能知道我什麼時候在隱瞞事情。我看著媽媽，並嘔出事實。

對於接下來發生的事，我的記憶受到睡意影響。媽媽和我笨手笨腳走下樓梯，彷彿在參加兩人三腳比賽，到了底部，我們遇上好幾扇敞開的門：通往那間房間的門、通往那間房間對面掃帚櫥櫃的門、屋子的前門。我們跟著噪音來源，衝向最後那扇門，跨過門檻時，炎熱的夏季空氣迎接著我們。我在人行道旁找到爸爸，他手上拿著一個畚斗，裡面有好幾坨形狀不一的屎，同時他盯著坐在坑坑巴巴人行道草皮上的一個黑色小身影。在草皮上，月光坐在那裡，用她放大的黃眼回望著我們，嘴裡還咬著團毛茸茸的灰色物體，一根長長的尾巴還剛好垂在她臉頰邊。

我走向她，但這只是讓她狂奔起來。她停下來只是為了回頭再瞥上最後一眼，接著就消失在街角了。就像這樣，又一件我很在意，卻永遠都再也不會見到的事物就此消失無蹤。

回到屋裡的途中，我發現爸爸在觀察我。媽媽已經撤退回我們房間，所以我別開目光，盯著我們的包租婆，但她似乎又睡回去了。

「貓貓，還以為是人呢。」她邊說邊拖著腳步回到屋裡，還笑了起來，同時拍起她青筋滿布的手。

「嗯，」爸爸邊說邊把畚斗裡的東西扔到人行道上的某棵樹旁，「那隻貓能抓到一隻老鼠也算是件好事啦，畢竟牠在那間房裡拉得到處都是。」

他停頓表示強調，接著瞪著我看。

「而那個讓牠進來的人呢，則是要倒大霉了。」

——

我們的新家大了一點、亮了一點、安全了一點。是在一棟兩層樓房的一樓，房子的格局彷彿蓋在鐵軌上，狹長且窄窄的，只有一側有窗。我們的房東是一對友善的夫婦，有兩個跟我年紀差不多的兒子，他們全家住在二樓一整層。根據我們第一次見面後，媽媽彎腰低聲告訴我的，他們負擔得起這裡，是因為他們屬於血汗工廠裡那些負責縫鈕扣的工人，而且他們在美國實在已經待了非常久，久到兩個兒子都是在這裡出生的。這給了我希望，也許等到我有了自己的孩子時，而他們會是真真正正的美國人，我也可以負擔得起住在某間房子的一整層樓。

我們住在一樓前方三間相鄰的小房間，後方的兩間房間內也都住了其他房客，隔著我們彼此房間的，則是共用的迷你浴室和廚房，這裡的廚房不大，沒有中島。要一直到很多年後，我才發覺，這一整層空間本來其實是設計給一家人住的，我們的房間是原先的餐廳、客廳、日光室，雖然第三間房間根本就沒用，因為冬天時太冷，夏天時又太熱。不過我們依然很感激，因為日光室至少還有一扇門，能夠和那兩個可以使用的空間隔開，而在那兩個空間之間，我們則是掛上了一面薄薄的藍色窗簾，是我們從中國打包帶來的。

那第一年夏天，我花很多時間窩在我們的沙發上，因為只有四個電視頻道可以看而絞盡腦汁。媽媽和爸爸認為我和之前一樣花那麼多時間跟他們一起去工作，對我來說不太好，所以他們把我留在家裡，嚴格指示千萬不可以跑出去。他們還三不五時會打電話回來「查勤」，看看我有沒有待在家，不過有一次，我本來以為話筒另一端會是媽媽時，卻和某個陌生人對質了起來。

「媽媽？」

「哈囉！我可以跟你父母講話嗎，麻煩一下？」

「他們不在家，你哪裡找？」

「他們不在家！你幾歲？」

「你哪位？」

「他們不該把你自己一個人留在家的。」

我砰一聲摔上電話。接下來幾個小時，我都坐在沙發上，動彈不得，等著警察撞爛我們的家門闖進來，並因為我自己一個人被丟在家裡而逮捕我，只為了在發現真相之後，就把我驅逐出境。至少他們絕對不可能有辦法找到我父母，他們想怎麼樣折磨我都行，我是不會告訴他們的。他們可以把我綁起來，讓我挨餓，但我依舊不會告訴他們，反正，我是還能有多餓？他們會把我送回中國嗎？他們會允許我見姥姥和姥爺嗎？還是我會被送到某個地方當奴隸，永遠都在工作？

我就這樣一直坐著，直到媽媽回家，邊思考著我的計畫和我的答案，還有假如我被送去鄉下當農工，那我要怎麼勒緊褲帶，節儉度日。

雖然我從未真正實踐那些計畫就是了，即便如此，我還是不再接電話。

到了那時，媽媽也不再問爸爸我們什麼時候要回中國了，而她也變得憂鬱。媽媽和爸爸彼此再也不說那麼多話了，爸爸還常常很晚才回家。

我擔心在工作日時，身邊少了我的陪伴，對我父母來說不太好，但他們說那裡完全不適合小孩子去，所以我只好待在家，沒用又自私。

——

媽媽有很多夢想。她想要做出改變，掙脫非法的中國城就業市場。某天晚上，渾身精疲力盡回到家後，媽媽問我覺不覺得她應該改去做頭髮，或者做指甲。

「你這是什麼意思？」

「你知道的，就當成工作啊。」

這問題很簡單。我覺得塗指甲的人都很怪，但每個人都得剪頭髮才行，「選頭髮！」

這個答案讓媽媽走上了一條新的道路。她花了一週，才找到一間美髮沙龍正在徵無償的學徒，然後隔週，她就帶著一顆恐怖的假人頭回家，這要花掉我們兩個星期的伙食預算，我還好幾天都怕到睡不著。媽媽把那顆假人頭擺在我們臥房的窗邊，半夜時，月光穿過那顆被砍下來的頭，灑進我們的房間，在牆上投下巨大又恐怖的陰影。

假人頭有一頭長長的金髮，髮質跟馬毛一樣粗糙，至少根據媽媽的說法是這這樣啦，我從來沒有近距離看過馬毛。頭髮的顏色非常金，金到我想像著是從我在地鐵上看到的白人頭上來的，他們的頭髮感覺起來就是這個樣子，我猜想，而且馬毛顯然也是這樣。那我的頭髮感覺起來，也應該要是這樣子的嗎？

假人頭的頭髮一開始長到她不存在的膝蓋處，但隨著一天天過去，媽媽又劈又剪，開出一條曲折的路，直到假人頭一點頭髮也不剩，只剩一顆彷彿狗啃過的、參差不齊的平頭。

媽媽從她的學徒生涯中，學到的最重要教訓如下：

「乾乾，曾經有個受訓中的理髮師，有一個很糟的習慣。」

「什麼習慣？」

「他花了好幾個月，用一把昂貴的新刀練習刮鬍子。因為他在訓練的前幾個月裡常常割傷客人，所以他開始用西瓜練習。」

「西瓜？」

「對，西瓜。」

「好吃。」

「而無論何時，只要他的師父在訓練期間叫他過去，他都會直接把刀子插在西瓜皮上，然後走去他師父那邊。等到每天練習結束時，西瓜皮就會全部都被削掉。」

「那他還可以吃裡面的肉嗎？」每次講到這裡的時候，我總是會流點口水。

「但這無所謂，因為他從來都不會弄丟那把昂貴的刀子，而且每天晚上，他都可以帶一顆很好切的西瓜，回家給他快樂的老婆。」

「所以他**真的**可以吃耶！好讚。」

「不是這樣。」

「為什麼不是？」

「因為習慣會形塑你的性格，雖然緩慢，卻無可避免，而且注定會發生。等到他終於準備好出師時，等到他終於不會再犯錯時，他迎來了自己的第一個顧客，結果你猜怎麼著？」

「完蛋了。」

「沒錯，電話響了，然後他想都沒想，就把刀子直接插進他客人的腦袋裡。」

講到這裡，她總是會大爆笑，然後才繼續說：「這就是為什麼，乾乾，就算我們只是在練習，也永遠都應該要當成實戰看待才行。」

這個故事縈繞在我心頭。我想假如這是真的，那媽媽的練習，對她的客人來說，也不是什麼好兆頭，但是至少，她從沒把刀子插進假人頭過，只是剪得像狗啃的、又參差不齊而已。媽媽會試著平衡兩邊，但是有一邊最後一定會比另一邊還短。受挫的她，後來終於把粗糙的頭髮全都剃掉，留下一個頭髮被修剪得亂糟糟的小精靈。

——

夏末時，我終於可以去看看媽媽的殺戮戰場，也就是那間美髮沙龍。我們踏出地鐵站時，我以為我們人在中國城，因為到處都是中國人。這是我第一次得知，其實有很多跟我們一樣的人住在布魯克林。媽媽告訴我這一區叫作八大道，第八大道，不過這個社區我後來會用更常用的名字記得，也就是日落公園。

有關這次拜訪，我記得兩件事。

第一件事是粥。我在夏天時比較沒那麼餓，因為媽媽已經完全沒理由相信我會在學校吃飽，所以她每天一大清早出門工作前，總會確保有幫我準備好食物。我每天早上醒來，都會在我們的小桌子上看見滿滿一桌吃的。而日落公園就像那張桌子，只不過延伸了好幾條街遠，餐廳一間接著一間，每一間都在賣很便宜的食物。我在我們接近某個櫥窗時，慢下腳步，上面有個標示廣告著六十美分的粥。媽媽把我推進去。

「真的嗎？」

她甚至都還沒時間點頭，我就閃電般衝進門內。我說「請來碗粥，謝謝」，然後一個戴著髮網的廣東女人，就用一根跟她頭一樣大的勺子舀起白色的米湯，裡面還點綴著豬肉跟皮蛋，並放進一個半透明的容器裡。她蓋上容器時，媽媽在她手上放了兩個二十五美分硬幣和一個十美分硬幣，我先前完全都不知道，在這一整段時間以來，我們竟然只要用這麼點錢，就能買到天堂。

我以前從沒吃過中國南部的廣東粥，只吃過北部的白粥，因此一口就能同時嘗到米、豬肉、皮蛋的滋味，實在是堪稱人間美味。

「媽媽，你要嗎？」我說得太激動，話在滿嘴的肉、米、皮蛋之間糊成一團。

她搖搖頭。我認得這種表情，她心意已決要去上班，同時也頗為焦慮。所以我盡量加快速度，同時一湯匙一湯匙將粥送進口中，還有些灑到了我的T恤上。

我們停在一個全由玻璃構成的店面前，窗戶上有代表理髮店的螺旋條紋，旁邊則寫著「十元快剪」，玻璃的其中一角裂了，邊緣也積滿灰塵。媽媽推門進入，一陣陣洗髮精、染劑、吹風機廢氣的味道迎接著我們。

整個空間大約十七坪左右。在一側，有一排旋轉椅位在一面鏡牆前，椅子的仿皮塑膠都磨損剝落了；另一側，則是有一張張小桌，四周圍繞著一把把椅子，那面牆上沒有鏡子，而是一小罐一小罐五顏六色的指甲油。

我發現我們並不是第一個進到店裡的，因為從後頭的簾子後，走出一個看起來就像是巫婆的女人——也許我只用這種方式記得她，是因為媽媽曾跟我分享過一堆有關她老闆刻薄行為的故事，不過在我心中，她就是拿著把掃帚，而且她的頭髮也亂捲成一團，口紅還遠遠畫出嘴唇的範圍。隨著她走上前來，我也退縮回媽媽身後。

「好可愛！」她語氣假掰地稱讚，我則盡全力讓自己看起來不害怕。在我躲在媽媽的裙子後好幾分鐘，抗拒著她的好說歹說之後，巫婆終於放棄並走開，我又再花了一會兒，才不再躲在媽媽身後，而到了那時，其他員工也正魚貫進入。

這便導向了我對於這趟拜訪所記得的第二件事：剪頭髮其實並不如我想像的那般光鮮亮麗。前往指甲桌的顧客大多都是女人，而她們要不是迫切想跟員工聊天，就是徹底無視他們。但是閒晃進來、朝髮型設計那側走去的人之中，則是有更多男人。他們會用一種古怪的目光，打量著媽媽和其他女人。他們也似乎有點太過享受頭皮按摩了，而且他們的雙手，也太常意外拂過那些很認真在打理他們頭髮的女人。

在後頭的房間休息時——說真的，那裡就是個櫥櫃，有幾張凳子，還有個迷你冰箱，裡面裝滿一堆標示著姓名的食物——我聽見媽媽和其他女人嘰嘰喳喳聊到她們覺得自己有多下賤又廉價，還有她們有多畏懼洗頭跟頭皮按摩。媽媽是裡面資歷最菜的，所以她整天做的就只有洗頭跟按摩，一遍又一遍，在她十個小時的輪班時間裡不斷重覆。這把我帶回了那間壽司加工廠，她當時是怎麼樣必須把自己的手指泡進又濕又噁爛的一大坨東西裡，直到伸出來時顫抖又發紫。

我童年剩下的時光，心裡那份愧疚感都如影隨形，因為我竟然強迫媽媽去做那樣的工作，而且不僅是透過我自身的存在以及我對食物的需求，也包括我簡簡單單就給了她這麼糟糕的建議，要她去理髮店工作。

12 血拼日

Shopping Day

血拼日一週有兩次。我們不一定兩天都會出門，雖然我們努力試過。我們也永遠都不知道會有什麼好貨，並痛恨錯過的想法。春天是最棒的季節，常下雨沒錯，但從來不會太冷或太熱，再加上，雨會留下迷霧，在夜晚的空氣中徘徊不去，露水攀附著人行道邊緣的成堆黑色塑膠袋。春天充滿希望的新鮮光澤，包裹著這一切：塑膠袋、人行道、我們的生活。

血拼日的每一晚，我都會把我們搖搖晃晃的推車推出來，從它位於沙發和學生桌椅組之間的家——這三樣東西，全都是以往血拼日找到的寶物。沙發上的汙漬其實也沒真的那麼糟糕，從遠處看起來就像是刻意的設計：有可能是花朵，或是大小不一的圓點。我們在閃爍的街燈下方第一次看見這座沙發時，就以為是這個樣子，要一直到我們扛著沙發走過六個街區之後，空曠的房間才揭露出設計的真面目。

學生桌椅組則是我的最愛。看起來就像是我在電視上的學校裡看到的，木頭上甚至有零星的刻痕，連著的小桌子背面有著乾掉結塊的口香糖；某個人還在上面刻了個S，是用六條彼此相連的線組成的，我的同學和我都十分著迷於這招。就算這桌子原先是設計給左撇子學生使用的，或是其中一根椅腳少了橡膠套，也無所謂，我把桌椅組硬塞進沙發和牆壁中間，並花了無數小時窩在這個繭中，靠著那根較短椅腳的不穩前後搖晃，玩著舉手遊戲，假裝我是電視上學校裡的其中一名學生。

購物推車擁有生鏽的老人斑。我每次把車子從它打瞌睡的地方推出來時，都會發現更多斑，而且車子每走一兩步也會釋放出脾氣暴躁的嘎吱聲。抗議的聲響在寒冷的天氣中還會越演越烈，當雪、霰、鹽巴攻擊著罹患關節炎的輪子時。有時在冬天的人行道上推著這台車，實在是非常費力，費力到我會閉上眼睛，並假裝我是走在自家的草皮上，就在某個純樸的鄉村地區，正推著其中一台我有時候會在電視上看到的那種紅色割草機。

說到在血拼日究竟要挑選什麼商品，爸爸也很明確：必須要很輕便、必須要很實用，而且我們也必須要準備好隨時都可以拋下。他的告誡就是我的咒語。**永遠都別忘記，乾乾，我們隨時都有可能得離開**。但這並不是悲劇，他告訴我，我們的依依不捨才是悲劇。我很聽爸爸的話，因為就屬他最知道依依不捨可以有多危險。他曾失去過很多東西，一次又一次，但他同時卻也永遠沒有真正失去，因為他依然把那些東西帶在身邊，我在他的眼中看得出來。

爸爸也告訴我另一件事，而我也同樣牢記在心中：只要我們不要冒險宣稱不屬於我們的東西屬於我們，包括那些物品、我們的房間、美國這個美麗國度，那我們就不會有事。

某個血拼日，我和媽媽發現一把塑膠摺疊椅。我坐在上面，並迅速發覺這是那種輕量化的椅子，太有彈性，也太善解人意，會隨著我的一舉一動跟著移動。這把椅子曾是白色，但現在是種灰褐色，椅背上有條裂縫，很長，不過沒有一路裂到底。這符合了爸爸的所有要求：很好搬、我們可以坐，而且上面的裂縫讓我們根本就不可能捨不得。十全十美之處，便在於隨便哪天椅子都有可能就地解體。

我們把折疊椅抬上嘎吱呻吟著的推車，上面已經塞滿一把掃帚、幾個可以回收的罐子（每個可是值五美分呢！）還有另一把折疊椅。我負責推車，滿心興奮想趕快回到家，並讓爸爸看看我們驕傲的獎品。這時，我迎面遇上學校的一個男孩，他和另一個人走在一起，很可能是他的哥哥吧。他們在布魯克林外頭這裡做什麼，我可不知道，我從沒跟他講過半句話，他的雙眼，是我在走廊上和我們教室裡會迴避的許多雙眼睛之一。認出他的震驚接管了我的臉龐，我一下子一口氣喘不過來，他並沒有慢下腳步，而有那麼一剎那，我多麼希望他沒有認出我，但是等他走近時，他的表情扭曲成一個洋洋得意的藐視微笑。

我花了十年，臉龐才不再灼熱。我不敢看向媽媽，我們在沉默中艱辛跋涉，走過那個街區。到了轉角，我們遇見那對住在我們隔壁幾戶的老夫婦，是我們這一區僅有的其他亞洲人。一如往常，他們乾癟的臉龐掛著燦爛的笑容，邊推著比他們年輕許多的推車漫步走過，推車的胸口還蓋著Foodtown超市的記號呢。他們的推車跟我們的一樣咿呀呻吟，誇耀著上面堆積如山的罐子，每一個都喀噠、喀噠、喀噠地撞擊著彼此，健壯的車輪彈跳著經過人行道地帶。

「看吧，」媽媽說，「又不是只有我們會撿罐子。」

我們做的事情跟那對乾癟的老夫妻一模一樣，這是事實沒錯。但這讓我更難過了，他們開開心心撿著罐子，我們卻是丟臉不已。對他們來說是光源的東西，對我們而言似乎只不過是黑暗的深淵。

——

真正的購物則是一場考驗意志力的活動。除了必須撥出來買食物的錢之外，我們完全沒有半點預算，而這也真的表示我們得盡量少花錢，理想上最好是一毛錢都不要花。無論何時，我的衣櫥裡都只有四件T恤（又鬆又長，根本就可以一衣兩穿地也當成睡衣穿，而且會隨著我長大而漸漸合身）、三到五件姥姥織的扎人又洗僵的毛衣、兩或三條在廉價零售店Conway買的牛仔褲。冬天時，我們會把所有衣物摺好、堆成一堆沿著窗邊擺放，這樣的話，衣服在沒有為我們的身體保暖時，也能保護我們免於冷風吹拂。

每年九月，我也會獲得一雙新鞋。在每年一度的造訪中，我都會在Payless ShoeSource逛上好幾個小時，思索著我的各種選項，並確保我的選擇會是我在接下來三百六十五天中，每天都會很愛的。

但這份愛從來沒能持續那麼久。

最初的四個月左右，我會很珍惜我的鞋子。我會躡手躡腳繞過水窪，並在學校的廁所停下來，用沾水的紙巾細心擦拭。接下來的那個季節間，我則會多多少少表現得像個普通小孩，對這雙鞋不作他想。但是到了最後幾個月，當我成長中的雙腳膨脹頂著布料，鞋子的接縫處還會發黑和裂開時，我又會因我男孩般的自由欣喜若狂，會在人行道上亂踢垃圾、跳進泥堆裡、在雨中奔跑、表現得像隻野貓。

一整年中我最愛的血拼日，會在夏天時降臨，這是最糟糕的血拼季節。布魯克林的夏天可說是那個我從未擁有過的虎媽，在人行道的每道裂縫、每個黑色塑膠袋、每股刺鼻惡臭中都無所不在，無論我走到哪都如影隨形。她永遠都在我面前，叫我要翻找得快一點，還要忽視我的不適，同時還全程從我每一個毛孔中，擠出又稠又鹹的汗水。

事情發生在一個慣常的夏季血拼日，我邊辛勤勞動，我的虎媽邊逼近我面前，汗水掃過我的額頭，並流下我的背。我的父母和我分頭，以把我們搜索這個區域所需的時間盡量降到最低；我認為我已經年紀夠大到可以自己行動了，他們則已經厭倦對抗我的堅持，因而讓步。我慢慢走到距離我們住的那條街更遠的地方，因為從經驗中得知，走得越遠，我的收穫就會越棒——我很久以前就已經學會，一切都受到社區分隔，包括垃圾也是。在我們住的地方，垃圾就是垃圾，聞起來很糟、看起來很糟，而且一文不值，但是越往外搜索，那垃圾就會變成黃金。

我本來可能完全不會知道，垃圾可以有多美妙，直到二十多年後，我在上東城遛我的兩隻狗時，才理解這點，而我現在也依然把這類行程，當成是血拼日。我對我的鄰居扔掉的東西，實在是震驚不已：一台功能完全正常的心肺交叉訓練機、一張狀況嶄新的手工書桌、一組兒童籃球組，還有附一顆氣充得飽飽的籃球呢。隨著我其中一隻狗抬起腿在一座堅固的書架上釋放出一條黃色的小溪，我也提醒自己這些物品沒有一個是符合規則的：很難搬運、用途都不太重要，而且最重要的是，對每一樣我絕對都會依依不捨的。

而八歲時的我，在沿途走下徹斯特大道時，完全無法理解布魯克林的任何富饒之處，也是可想而知。一滴滴汗珠流淌下我的脖子，弄髒我還要再繼續穿三天的那件衣服——至少，我安慰著自己，今晚的味道還不算太臭；那天晚上，我的虎媽稍微鬆手了一點，甚至三不五時會用一陣輕柔的微風獎勵我。我搜索著一堆堆垃圾袋，邊猜測著寶物究竟會藏在哪。有個落單的 Rite Aid 藥局白色袋子讓我停下腳步，這是坐落在黑色海中的一粒白色珍珠，真正的垃圾很少會丟在這樣一個袋子裡，而就算真的是，那也通常會是浴室的垃圾——這種是最糟的，會有用過的衛生紙、血淋淋的護墊，以及乾掉結塊的橡膠玩意兒，我要一直到許多年之後，才會知道那是用過的保險套。打開這類袋子時，我心裡總是會有點顫慄，是對樂透彩券的那種興奮。

這個袋子截然不同，透過半透明的塑膠，我可以看見塑膠盒的糖果色。

有可能嗎？

不可能的。

我屏住氣息，用不可置信的雙手解開袋子。

還真的是。

袋子裡是六組口袋波莉，是我在下課時間，看著我的同學們玩的同一種玩具。有時他們會讓我借來玩，但只能玩幾分鐘，而且只能拿著而已。玩具的廣告也已深深烙印在我的記憶中，在電視上出現時，我會保持雙眼大張，絕不眨眼，飢渴地想盡量吸收越多片段越好，包括淡色系的外盒、她們的家園、娃娃。我也記下她們的樣子和顏色，如此一來，當我深夜閉上雙眼時，她們就會在我眼前跳舞，並帶著我進入夢鄉。

而她們現在就在那裡。六個都在，每個娃娃的樣子都不同，顏色也不一樣，我全都可以拿在手上，還可以把玩！可以留著！並保留無限分鐘。這裡有個紫色的五邊形盒子，裡面還有間餐廳。那裡，在一本有扣環的書裡，是美人魚的水下世界。下一個，是個圓形的，一座芭蕾舞女伶的劇場，有個漂亮的白人女孩在舞臺中央旋轉，讓所有人欣賞。接著是個八角形黃色的，是間美容院暨理髮沙龍，有一群女孩排排坐，全都是白人，等著做出精雕細琢的髮型——但是還沒結束，還有更多：一整間房子，而且每個住客都有各自的臥室！一台露營車，打開來就會露出裡面的私人廚房！

每一組都是一道通往截然不同世界的傳送門，在那個世界，血拼日並不存在，又或者，每一天都是血拼日。那邊是這樣子運作的嗎？而我需要擔心的一切，就是我今天要穿哪件洋裝，還有我要怎麼設計我的頭髮。

我懷疑自己是不是在做夢。當然了，這實在美好到不可能是真的，六組口袋波莉耶？**六組口袋波莉**？假如這是在做夢，那我很樂意稍微再睡久一點。我撈起那六組口袋波莉，那六組完好無缺的口袋波莉，放回 Rite Aid 藥局的袋子裡，然後走回家，而我那趟血拼探險的其餘部分，全部被我遺忘在記憶深處了。

13 麥當勞

McDonald's

媽媽是在美髮沙龍認識詹姆斯・倫巴迪的，這個名字對我來說，依然等同麥當勞的同義詞。詹姆斯・倫巴迪是個老男人。媽媽常常告誡我要小心看起來「猥瑣的」男人，但我聽不懂她這話是什麼意思，認真不懂，直到我認識詹姆斯。

詹姆斯是媽媽在美髮沙龍的常客，但他並沒有固定指定的美髮設計師，他喜歡嘗鮮，試試看最新的、那天「最吸引人」的員工。他只會在離峰時段來，所以他隨便想選哪個在那裡工作的女員工，就選哪個。

我無法宣稱我對詹姆斯的印象有任何一絲客觀，因為光是想到他，我的身體就會緊繃起來。我對他的記憶，永遠無法和恐懼脫鉤，因為詹姆斯讓我第一次認清一件事實：即身為女性，特別是身為亞裔女性，媽媽的身體還有我的，永遠都無法逃離白人男性殖民凝視的風險。

在我對他的記憶中，詹姆斯又肥又禿。他聞起來永遠有種淡淡的洋蔥味，而且似乎成天都把時間花在吃中式食物，還有狩獵日落公園的中國女子上。我甚至記不得他在退休前從事的是什麼工作。深深滲進他骨髓中的，是他的生活方式。他口袋裡永遠至少會有一張用過的餐巾紙，我會知道這點，是因為他有個習慣，三不五時就會把口袋裡的所有東西全掏出來，彷彿在找現金。但是現金從來都沒出現過，反而是越來越多張用過的餐巾紙，沾著過去的餐點留下的黃色、棕色、紅色殘跡。

後來，傑克．尼克遜在《愛在心裡口難開》裡的扮相，總讓我想起詹姆斯．倫巴迪，而且不管多少年過去，洋蔥的臭味也都會撲鼻而來。

詹姆斯出現在美髮沙龍的某一天，媽媽剛好倒楣站在門旁掃地，我想像事情差不多是類似這樣：

詹姆斯看到媽媽，然後問她的老闆——也就是那個巫婆——媽媽能不能來做他的頭髮，巫婆則回答：「別傻了！那是我們資歷最菜的學徒。我們只會提供你最好的服務，詹姆斯先生。」（巫婆其實根本就一點都不在乎詹姆斯得到的服務是最好的還是最爛的，她只在乎他會付資深髮型設計師的全額費用，但他很少會這麼做，因為他非常受到更年輕的新進員工吸引。）

「嗯，就給她個機會嘛，反正我頭上也沒剩幾根毛好剪了。」

巫婆把媽媽拉到一旁，協商著一筆買賣，即便這只是筆小買賣，而媽媽用以下臺詞回答：「不可能，我才不要碰那個老變態呢。」

兩人繼續爭辯，媽媽一如既往屈服於小費還有升職的承諾——升職就代表更高的薪水。

媽媽放下掃把，領著詹姆斯來到洗髮區，並在他稀疏的髮絲間搓起泡泡，然後開始按摩頭皮。

這件事並非全然來自於我童年的想像，因為那天稍晚，媽媽回家見到我，就邊哭邊說她在工作時做的事讓她覺得自己像個妓女。我當時毫無頭緒妓女都在做些什麼，但我從媽媽的表情可以判斷出，肯定是什麼非常糟糕的事情。

我自己則是要在詹姆斯見到媽媽的好幾個星期之後，才會遇上他本人。某個週日，媽媽說詹姆斯會過來，並開車載我們去麥當勞。

爸爸也會去嗎？我問。會，他會去，她向我保證，而出於某種理由，這讓我感覺好多了。

我在美國從來沒去過麥當勞。我還記得在中國的那間，跟那個擁有可怕血盆大口的小丑。不過去餐廳吃飯，任何一間餐廳，已經不再是件我們能做的事了，所以我滿心期待換好衣服。

詹姆斯抵達來接我們時，我看見他開著輛老車，又長又方，爸爸朝我彎身，並低聲說：「那是輛林肯Town Car耶！」

詹姆斯沒有下車，我可以透過車窗，看見他的肚腩舒舒服服塞在方向盤和座椅之間，還有一部分毛茸茸的身軀，從他襯衫裂開的鈕扣間偷窺著我。他招手要我們上車，爸爸坐進前座，媽媽和我則坐進後座。

我注意到的第一件事，便是那股臭味。是種老人的汗味，混雜著洋蔥和麝香，散發出一種強烈的氣味。

我注意到的第二件事，則是車子的天花板。有一層薄薄的布掛在上面，但是又鬆又低，在某些地方甚至還會碰到我們的頭頂，到處還都有訂書針將布訂回原位，但是在沒有訂書針的區域，布就像小小的氣球一樣垂掛而下。除了從機場搭的那台計程車外，而我對那台車的記憶也已經因為之後的精疲力竭模糊不堪，我先前從來都沒在美國搭過車。他們在這裡就是這麼製造車子的嗎？

「真高興終於能跟你見面，文森，還有你也是，千。」詹姆斯試圖轉身，但他的大肚腩和粗脖子讓他只能從汙濁的眼角盯著我看而已。

「克萊恩跟我說了你們倆好多好棒的事呢！」

媽媽和爸爸已經改用美國名字——Crane和Vincent——因為，他們說，老外的舌頭太粗，無法掌握我們細緻優雅的語言。我還是繼續叫作乾——為什麼只因為他們的舌頭太過笨拙，我就應該得更改我的名字呢？

詹姆斯開始跟爸爸聊起中國、我們來這裡多久了、他的英文有多好。這是種儀式性的舞蹈，爸爸遇上每個白人，都得被迫跳上一遍，但在換成是面對另一個中國人時可能會不爽的地方，爸爸對老外卻總是都頗為客氣。我分不出來這是因為他更尊敬他們呢，還是認為他們是比較笨的人，所以需要更多關照與呵護。

我把握這個機會，從天花板上蒐集了幾根訂書針，訂書針在類似泡棉的材質上很容易就脫落了，也準備好用筆直的金屬牙齒咬人了。隨著越來越多訂書針掉下來，天花板也有越來越多部分往我們垂下，大人們並沒有注意到，八成是因為詹姆斯已經開始在亂講話了：

「你知道嗎，『文森』其實是『詹姆斯』的另一種說法，這表示我們的名字其實是一樣的呢，文森。」

我聽了本來會翻起白眼的，但我太專心在把訂書針訂回天花板上了，就在我頭頂正上方的區域那，訂書針訂進去就跟拆下來時一樣輕鬆，而聚集在一起後，就可以把天花板的布料撐得又棒又緊，跟我在中國時搭的車子上一樣。我手上還有最後一根訂書針，但我伸手要訂到天花板上時，它的其中一根牙齒竟然插進了我手裡。

「啊！」哭喊在我能夠忍住之前，便從我嘴裡冒了出來。

媽媽轉過來，並逮到我手上插著訂書針。

「乾乾，別弄。」

我安靜坐了好幾分鐘，直到她別開目光，回到和老人的對話中。接著，就在我們停進一座有個巨大的黃色M俯瞰著下方的停車場時，我把訂書針插進天花板剩下的最後一個區域。手工藝最後的步驟結束後，天花板，至少我頭上那部分啦，就又漂亮又平順了，剩下的部分則是在空氣中鼓起。

我們跟在步履蹣跚的詹姆斯身後走進餐廳。一踏進門，油膩薯條和清潔劑的味道便迎面撲來，詹姆斯在最靠近門的雅座坐下，並一路往裡滑，大肚腩邊推擠著桌子。他打開手上的皮夾，取出兩張二十塊美金的鈔票——在他再度闔上皮夾前，我看見裡面至少還有另外五張二十美金的紙鈔。我一口氣堵在喉嚨上不來。我從來沒在同一個地方看見過那麼多美金，這傢伙簡直超有錢的！

「你們跟千想點什麼就點什麼吧，我要來個四盎司牛肉堡，千可以跟我一起留在這邊等。」媽媽和爸爸點了點頭，便走開了，邊說著有這麼一大筆錢，他們本來可以拿去買些什麼東西。我的目光跟隨著他們，接著轉回來盯著詹姆斯，他的頭上確實是沒幾根頭髮，不過他的耳朵卻有更多頭髮冒出來。我在想，為什麼頭髮會長在那裡呢？於是把右手小指伸進耳朵，想看看我那邊是不是同樣也有頭髮。

「所以跟我說說，小女孩，你對中國有什麼了解啊？」說完這話，他把緊緊交握的雙手放在棕色的桌子上。他的指關節長滿毛，前臂也是。他的頭是唯一少了頭髮的地方。

「我哪知。」我想辦法勉強擠出回答，在他汙濁目光的注視下感到頗為不舒服，並希望我剛才有跟媽媽一起去。

「跟我說說，」他堅持，「你知道貓澤通是誰嗎？」發出最後這幾個音節時，他聽起來就像因為逆流的食物嗆到，跟他每一次嘗試念我的名字時一個樣。

「那誰？」

我的反應似乎就已足夠，因為他不再盯著我看，反而是從他口袋裡掏出一張髒兮兮的餐巾紙；他之後還會在我面前製造出很多張，這是第一張，他先把餐巾紙打開，然後又重新摺好，接著拿起來抹過眉毛。我趁機以四周的景象大飽眼福一番，並讓我的目光徘徊在餐廳另一側的某扇窗戶上。窗戶後的另一個空間，裡面全是網子和溜滑梯，地上則是充滿塑膠球。房裡有個黑人小男孩，一頭跳進球池中，又重新出現，他烏黑的臉龐從粉色、藍色、黃色的塑膠中冒出。

我內心天人交戰，想詢問可不可以進去那個房間，但結論是反正我也不知道該怎麼正確遊玩，再加上，我的服裝八成也不適合。我的牛仔褲破破爛爛，全都是塵土還有來自去年冬天街上鹽巴的印記；我的運動鞋，媽媽和我將近一年前買來的時候曾經是白色的，現在則因日常的磨耗成了咖啡色，上面還有一堆破洞，鬆脫的線頭也從洞口中冒了出來。我把鞋子脫掉時，會害空氣中充滿汗水、雨水、沒洗襪子的臭味。

不，我不能進去那間有球的房間，就算我真的知道該怎麼玩也不行，我會把那地方給臭死。

媽媽和爸爸拿著裝滿食物的塑膠托盤回來時，有球的房間已經離開我的腦海。媽媽幫我點了和爸爸一樣的餐：我終於可以一個人吃一整份大麥克餐了，就像真正的成人一樣。媽媽自己則是買了麥香魚，她說，因為她想說這是最健康的選擇嘛。詹姆斯的四盎司牛肉堡是個巨無霸，而隨著他將漢堡猛塞進嘴裡，我的大腦也彷彿喀噠歸位想通，知道他為什麼有那麼多髒兮兮的餐巾紙了。

我們全都一臉滿足咀嚼著食物時，我是所有人裡最滿足的，詹姆斯卻皺起眉頭，並且表現得好像是他有什麼非常重要的事情要告訴爸爸一樣。

「文森，我得告訴你，我實在是很擔心千。」

「怎麼說呢？」爸爸看了我一眼，我則一臉茫然看著他。

「讓她了解她的文化很重要啊，她甚至都不知道貓澤通是誰！」

這次我以為他是被他的漢堡嗆到了，但我接著發覺，他只是再次嘗試要說中文而已。

爸爸看起來也一頭霧水。他咬了一口他的大麥克，漢堡橘黃色的醬汁噴到他一邊嘴角上，媽媽則是依舊全神貫注在從俐落撕開的番茄醬包開口，擠出番茄醬上，她在每一根薯條上都畫出一條細細的紅線。

「乾乾，」爸爸用中文說，「你不知道毛澤東是誰？」

「噢，他剛剛就是想說這個嗎？毛澤東？」我故意用英文回答，「我當然知道他是誰。他呢，」我邊說邊指向詹姆斯，「還真是完全不會唸中文名字耶。」

這句話從我嘴裡說出來時，三個大人全都笑了起來。但我可以從爸爸笑聲的音調和持續時間判斷出，我很快就又要上另一堂課了，有關顧面子和給面子，尤其是對像詹姆斯這樣的老老外來說。話雖如此，我已經知道我要怎麼回答了：為什麼人家就要預期我們講得一口完美的英文，但在美國人中文講得差勁到不行的時候，我們卻要稱讚他們呢？

詹姆斯汙濁的目光釘在我身上，裡頭現在充滿懷疑。

可是我何必要說謊，並假裝知道某件我不知道的事呢？我邊想邊苦澀地咬著大麥克。食物很好吃沒錯，但還不值得我坐在詹姆斯嚴密的審視前。

結果，媽媽卻覺得免費的漢堡還蠻值得的。幾個週日後，我們再度見到詹姆斯，第二次去麥當勞遠足。到了那時候，他已經在我們家裡獲得了老詹的綽號。

爸爸說他那天得去工作。老詹的車抵達時，我在副駕駛座看見他本人，他身旁則是個更年輕的中國女子，坐在方向盤前。

我們上車時，我注意到車子聞起來不像洋蔥了，而是像Rite Aid藥局的香水區。我的注意力接著轉移到了另一件事上，那就是有人把我這角的訂書針星座清掉了——訂書針現在再次星羅棋布，一顆顆氣球在天花板上處處鼓起。

「克萊恩、千，這位是咪咪。」每說一個字，老詹就為空氣重新注入一股洋蔥加老人味。

咪咪調整後照鏡，以和媽媽的眼神接觸，然後對我揮了幾根修長的手指，沒有轉過頭來。

「哈囉。」她用英文說。

她不漂亮，真的不漂亮，但我很困惑，因為她表現得像是她很漂亮一樣。她很瘦，衣服也穿得很緊，但她的眼神看起來很狡猾，讓我想起狐狸。她看來也頗為優雅，可是，如同我面對其他所有人時，我知道我不能信任她，而且她又以為她是誰啊——明明我們全都一樣是中國人，憑什麼跟我們說英文？

媽媽回應咪咪的招呼，我則繼續悶不吭聲。咪咪發動車子，然後主動跟我們說起她是怎麼遇上老詹的故事。我安頓下來，完全沒在聽她說話，並重新開始打造我的訂書針大作，只有等到收音機播起一首歌並導致咪咪尖叫出聲時，我的目光才移開天花板。她把音量轉大，並開始跟著一個聲音唱，那個聲音聽起來像是屬於一個很瘦又很餓的老外。

歌曲進入高潮，且收音機上的嚷嚷聲質問著在我聽來像是「讓你的檸檬飛吧」的歌詞時，咪咪微微抬起了她的屁股，並開始左右搖擺起來。媽媽沒注意到，但是就算從我坐的位置，也就是老詹的正後方，我都能看見他全身都靠了過去，直直瞪著咪咪又平又瘦的屁股看。

這簡直是我這輩子看過最噁心的事。

我們進去麥當勞後，咪咪堅持她要幫每個人點餐。老詹打開他的皮夾，並取出跟他上次給媽媽和爸爸相同的金額，兩張二十塊美金的紙鈔，但是咪咪漫步貼近他，幾乎都要親到他的耳朵了，然後一邊說：「詹米，你知道這樣是不夠的啊。」

我以前從沒看過有女人可以把男人掌控得這麼服服貼貼的。老詹一句話也沒說，再度打開他的皮夾，又遞給她三張紙鈔。他露出燦笑，顯然對被人玩弄於股掌之間頗為自豪。

咪咪起身離開，完全沒問我們半個人想吃些什麼。我拜託媽媽，請她准我跟咪咪一起去，我從沒看過櫃檯或菜單，而在停頓了一會兒之後，媽媽微微點了點頭，我於是跟在咪咪的淡藍色緊身牛仔褲後頭奔跑。繞過轉角，來到收銀臺後，迎接我的是燈光、一盒盒的薯條、一張多采多姿的菜單，還有一個展示櫃，上頭標示裡面裝著的是快樂兒童餐隨餐附贈的「期間限定！」玩具。櫃內是一個個小小的芭比娃娃，應該要是來自世界各地，以代表奧運：那個金髮紮成馬尾的白人芭比，是唯一穿著正式紅白藍相間體操制服的，其他娃娃則穿著各自文化的服裝。其中，有個身著和服的亞洲娃娃，但她擁有的是老外的臉部特徵，看起來和我一點也不像。在所有情況下，我都知道我想要的是金髮的那個，因為那才是「正常」的芭比，也是唯一有資格穿上真正的奧運制服的。我盡量貼近塑膠櫃，為一件事讚嘆不已：我竟然只要點一份餐，就可以免費得到一整隻芭比。雖然她的身形比我的同學們玩的芭比還要小上很多，但也夠接近了，而且也遠遠超乎我先前的所有預期。

我時間有限。我轉向咪咪，她正站在收銀員面前，收銀員則正指著高高掛在身後牆上的菜單品項。我快步跑向她並開口懇求：「咪咪，請問我可以點一份快樂兒童餐嗎？」

她盯著我看了一秒鐘，接著又轉過身繼續點餐。我擔心她沒聽見我的話，直到她用她的破英文說：「還有快樂兒童餐，給小女孩。」

我因為好奇餐點究竟都賣多少錢，於是仔細觀察著，咪咪替我選了麥克雞塊，接著開始結帳。收銀員在收銀機上按完一個又一個按鈕後，咪咪遞出兩張二十塊紙鈔，並且繼續伸出手等著找錢。我倒抽一口氣，快樂原來要價我們每週伙食預算的幾乎兩倍。

咪咪把找錢和另外兩張二十塊紙鈔塞進牛仔褲的前口袋，然後我們站在櫃檯的一側，等著我們的食物。她完全沒有想跟我說話的意思，目光反而是緊盯著牆上邀請著我們「加大吧」的廣告。至於我呢，我在菜單上也有很多東西需要研究的，將種種價格轉換成占我們伙食預算的比例。

不久後，收銀員開始用我們的食物裝滿兩個托盤，邊緣炸成咖啡色的金黃色薯條，以及上面一粒粒潔白明亮的小小鹽晶，讓我想到酥脆之下溫熱又軟嫩的內層，不禁口水直流了起來。我及時止住快從我嘴裡滴下來的口水，這時媽媽竟出現在櫃檯旁，朝著另一個收銀員示意。

「詹姆需要，」媽媽的英文說得支支吾吾的，「他需要，那個、那個、那個……」在挫折之中，媽媽一時之間轉回了中文裡的「呃」，在茫然迷失、找不到正確的字眼時，我們通常會快速重覆這個字好幾次。

收銀員卻認為這個行為冒犯到她，把頭縮了回去，並怒問：「你剛才說**什麼**？*」

媽媽似乎察覺到了什麼，因而露出緊張的微笑，「不，不是那樣的，不是那個字，那是個中文字。」但那名女士依然繼續盯著媽媽，臉上掛著相同的懷疑，跟我告訴老詹，我自始至終其實都知道毛主席是誰時，他露出的表情一樣。

我搞不懂到底發生了什麼事，但我反正還是馬上展開行動，幫忙咪咪把媽媽從那個區域帶開，接著向收銀員道歉，不管剛才究竟發生了什麼事。等到我折騰了半天、終於拿到老詹需要的東西——他想要的是美乃滋和餐巾紙，以繼續擴大他的收藏——之後，我們才拿著放了食物的托盤坐下來。咪咪遞給老詹幾張一塊美金的鈔票，我發現他先對著托盤，又對著自己的手皺了皺眉，在腦中計算著缺少的金額，然而，咪咪也同樣迅速祭出了她似乎專為他保留的飄顫高音：「你看，詹米，是你最愛的四盎司牛肉堡。」

沉默降臨餐桌，只間或由咀嚼聲中斷。我邊埋首在雞塊堆中，一邊從紅色的快樂兒童餐紙盒裡，放我新得到的金髮體操選手自由。她完美無瑕，但我對雞塊可就沒這麼滿意了，因為又小、又乾，而且吃起來跟雞一點也不像。

媽媽又在吃麥香魚，是炸過的金黃色魚排，塗著一層白色的醬。幾分鐘後，我用一根手指梳過我小小運動員的秀髮，邊想著要是我剛才點的是成人分量的餐點，那我現在就不用跟我咕咕作響的肚子一起坐在這裡時，老詹站了起來，並走向餐廳另一頭的廁所。

咪咪確認好廁所的門已經完全在老詹背後關上之後，竟然表示：「你也知道他很噁的，對吧？」

媽媽一臉訝異張大嘴巴，但我不知道這是因為咪咪終於開口說中文了，還是因為她只是對咪咪說的話震驚不已。

「誰？」

「他啊，詹姆斯。他下流死了，對每個人都有各種骯髒的想法，甚至連——」說到這裡，她邊朝著我的方向上下挪動下巴示意，「她也是。」

媽媽轉過身，並用一種全新的眼光瞪著我看。我完全不知道「骯髒的想法」指的究竟是什麼，但我不喜歡這話讓媽媽用這種樣子看著我。

「他有糖尿病，結果還是每週末都到這裡來。因為這是他唯一能讓其他人願意和他相處的方式，你敢相信嗎？」

她停頓等待媽媽的回應，但是沒有任何回應，於是她繼續說下去。

「總之，你應該要好好利用啦，多吃點吧。」

* 譯注：此處應是因中文的「那個」音近英文中對黑人的冒犯性用語「nigger」。

一陣嘎吱聲宣布老詹已經離開廁所，並且正在走回來的路上。我們吃完東西，然後伴著老詹的飽嗝聲和我肚子的咕咕聲開車回家。

在那之後，我們繼續和老詹去吃麥當勞，但是爸爸總是確保會跟我們一起去。我們再也沒見過咪咪。

14 過夜

Sleepover

三年級是個令人欣然接受的改變。雖然是新班級和新老師，我卻馬上覺得充滿歸屬感。彭老師是中國人，卻不會說廣東話或普通話，所以在她眼裡，我跟我講廣東話的同學們其實都是一樣陌生、沒有差別的，而且她還有張令我平靜的友善臉孔。我在她的認同中找到歸屬，這也成了我的每日目標。現在回首，我發覺彭老師當時肯定才大學畢業沒幾年，然而，對八歲的我來說，彭老師和其他所有成人比起來，卻擁有更多力量和智慧。

彼此相處了幾個月後的某天，全班魚貫離開教室下課時，彭老師把我叫到她的辦公桌前，掏出一本封面多采多姿的書，上頭描繪著一名女孩、一隻豬、一隻綿羊、一隻鴨子，全都抬頭望著另一隻待在自己網中的蜘蛛。

「乾，我很喜歡你有多麼享受閱讀，你讓我想起了還是個小女孩時的自己。」

我綻放出燦爛笑容，沒有比這更棒的稱讚了。我感謝她給我書，這是我在美國收到的第三個禮物，而我在那週間也很快就把書給看完了。

在那之後，彭老師便成了引領著我的崇高影響，如同蜘蛛夏綠蒂之於小豬韋伯，以及哈妮老師之於瑪蒂達*。不像媽媽和爸爸，彭老師始終如一，從來不會提高音量，也從來不會分心，總是會仔細聆聽我要說的事。我真的好喜歡她。

那一年間，彭老師和我交換了各式各樣的信件和卡片，這些通信我會在超過二十年後再度重拾——那時我爸媽突然搬出他們家中，並把我童年剩下的最後一丁點事物也一起扔到我的公寓，包括成績單、獎牌、疫苗接種紀錄。在那堆東西中，《夏綠蒂的網》還在，除了有些泛黃，書況依舊完美無瑕，第一頁寫著彭老師的話：「乾，我在你這個年紀的時候，這是我最喜歡的書，希望你跟我一樣享受。」還有我的回覆，她當然是從來沒收到，因為我寫在書裡面：「謝謝您，彭老師，我確實很享受！」

我之所以覺得比較能夠適應三年級的生活，彭老師當然是一大主因，但也存在其他理由。到了那時，我的英文已經頗為流利了，就跟其他所有在這裡出生、也一直都住在美國的小三生一樣流利，這為我帶來某種安全感。我同時也新交到了一個摯友，伊蓮。此外，讓我和她都鬆了一口氣的還有，珍妮已經不在我們班上了，我已距離需要她翻譯的時光如此遙遠，遠到我甚至都不記

得二年級之後有在學校見過她。

伊蓮根本就是甜美的化身，擁有隨和的笑容、一雙大眼，以及我這輩子見過最濃密、也最直的頭髮，她也是我真正信任的第一個朋友。這當然不是說我在中國時從沒信任過我的朋友啦，我是以和沒有受到移民和貧窮染指摧殘的孩子信任著身邊一切的相同方式，信任著他們：毫無疑問，而且是生來如此。只不過，伊蓮是我第一個出於自身意志、決定要去信任的人。她是她們家中三姊妹裡最年輕、也最好相處的一個；即便她們的父母也是不太會說英文的移民，三人卻全都是在美國出生的。她們的父母也在血汗工廠工作，不過是屬於縫鈕扣的那群工人。

升上小三幾個月後，伊蓮和我開始會去對方家過夜。這幾乎讓我覺得自己像是個正常的小孩了。但現在回首，我卻完全記不得她當時究竟是睡在哪邊，我們家的房間實在是小到不行。我也不記得自己曾以我們家為恥，而雖然伊蓮肯定頗為吃驚，她甜美的本性也讓她不會透露出來。當時，我以為因為她也是中國人，那她在美國的家也會和我們的一樣，跟電視上出現的老外王宮天差地別。

伊蓮是第一個、也是唯一一個曾和我一起進過我們家和室友共用浴室的人。那裡是我的庇護所，以及平靜安寧的所在，因為那是唯一一個我能遠離媽媽的擔憂，可以和我自己的思緒、我的書獨處的地方。伊蓮來過夜時，我們會在那裡混跟聊天；她坐在浴缸的邊緣，我則坐在馬桶上，

* 譯注：*Matilda*，英國經典兒童文學作品，描述同名主角在學校裡的奇幻冒險，哈妮老師即為主角的老師。

假裝是在大便，就算她認為這樣的安排很怪，她也沒有表露——至少，要等到我真的開始大起便來的時候啦。

她總是毫無例外會皺起臉，並從捏緊的鼻子間問：「我現在可以離開了嗎？」

「為什麼？」

「因為聞起來超臭啊！」

「你真的很幼稚欸。」有時我甚至沒機會這樣回嗆，因為她早就奪門而出了。

伊蓮先在我們家過了幾次夜後才邀我去她家過夜。這個建議讓我全身都惴惴不安了起來，只好隨便敷衍過去，並希望她會就此忘記。到她家去過夜，代表我不能待在媽媽身邊照顧她、給她建議或保護她，我不能冒這樣的風險。再加上，我只要一想到進入新的住宅和家庭，就會渾身打起哆嗦。我的人生中實在是有太多新事物了，而且很少是好事，我沒辦法再承受更多。

不幸的是，伊蓮並沒有忘記，而日子就這麼迅速倒數計時著，來到我注定逃不過、要離開媽媽和爸爸身邊度過的那晚。這件事最晚可能是到了放暑假時才發生，因為我記得我們那天不用上學，而且伊蓮的二姊汪妲還去我爸的辦公室接我，並帶我到布魯克林的另一區，她們家就住在那邊。汪妲是高中生，所以她擁有真正成人的權威，而她同時也是我遇過最恐怖的人，有股鋼鐵般堅定的感覺——我到後來才會理解，這是那些敢於擁有自己想法的女孩才會有的。話雖如此，她外表上看來還是頗為平凡，只有在妝濃的程度上，有辦法和朱小姐匹敵而已。

而汪妲帶著和她一起來的朋友，就徹底是另一個故事了。即便汪妲是我這輩子遇過最恐怖的人，她的朋友則就單純只是長得很嚇人而已，不過她在我經年累月的記憶裡，也有可能長得越來越嚇人就是了：我可以清清楚楚在我眼前看見她，塗著厚厚的黑色眼影，臉部穿的環則更密集，還打了我後來知道是叫做「擴耳環」的東西，但我當時卻以為是她耳朵嚴重畸形。爸爸肯定也跟我想的一樣，因為汪妲和她畸形的朋友走進辦公室的那一秒，他就突然止住話頭，僵在原地，嘴裡叼著的那根香菸還掉到他的辦公桌上——他迅速撿起，一臉尷尬地趕緊拍掉菸灰。我抬頭盯著爸爸，又看回去女孩們，她們同樣大眼瞪小眼，直到汪妲走上前來。

「我是汪妲，有聽說嗎？來這裡接乾的？」

爸爸差點沒辦法鎮定下來，接著便把我和我的背包推上前去，並笨拙地抱了抱我道別。出去的路上，以及回她們家的一整路，汪妲和她的朋友都沒有對我說半個字——雖然說這樣也很好啦，因為我一心忙著在偷聽她們的對話。

「我的天啊，他真的超可愛！」

伊蓮沒跟我說過汪妲有交男朋友，所以我往前靠，踮腳站著，試圖搞清楚她是在說誰。

「但是，我的天啊，你有看到我嚇了他多大一跳嗎？我就跟你說過我不該跟你一起上去的。」

上去哪裡？誰嚇了一大跳？唯一被汪妲朋友打的一大堆洞嚇到的人就只有我跟爸爸而已，我不是個「他」，而且爸爸也不是「超可愛」。

後來回她們家的路途中，我漸漸不再偷聽，邊思索著這個謎團，也很興奮想跟伊蓮分享，她肯定能幫忙我破解的。

經過了很多站——多到這時列車都已經離開地下、來到高架上了——之後，汪妲毛骨悚然的朋友下了車，只剩她和我在沉默中搭完剩下的車程。

等到我們終於抵達她們家的公寓，我一臉敬畏停在大門前。我大錯特錯，竟然覺得所有中國人在美國的家都類似。我怎麼能讓伊蓮在我們家局促的房間裡睡這麼多晚啊？伊蓮她們家住在我來到美國以來，迄今看過最棒的公寓——雖然比起電視上白人的家，還是小上許多啦。一台電視、沙發、餐桌占滿了起居空間，餐桌通往一間又長又窄的廚房，完全都是她們家獨享。電視旁是間房間，由一張上下鋪擋住，這張床被當成湊合的牆使用，在那間房間裡，另一張上下鋪和第一張呈垂直相交矗立。這兩張床圈住了從起居空間的唯一一扇窗流洩而入的陽光，旁邊便是伊蓮爸媽的臥室，我從來都沒進去過，再來則是間小小的浴室，跟我們家的差不多大，只不過她們家並不需要和其他人共用。

伊蓮家最奇怪的地方，是起居空間實在太小，使得沙發無法面向電視擺放，反倒是呈直角，所以每個在看電視的人，都得把頭歪向左邊才行。伊蓮解釋，坐在沙發上還有特別的規定，坐在末端、最接近電視的人，會擁有最好的視野，但沒辦法自由移動，因為這樣會擋到其他所有坐在沙發上的人；坐中間的人可以稍微移動，不過範圍也沒辦法太大；與此同時，坐在最遠端的人則是可以盡情動來動去，以補償最差的視野。

在伊蓮家還有很多規矩，就跟沙發的規矩一樣，而我覺得全都非常奇怪。她的父母人很溫暖沒錯，就像我爸媽，但我覺得他們這麼控制自己的小孩，實在是很詭異。伊蓮的媽媽剪了一頭短髮，嬌小又瘦，這使得她看起來比實際年齡還年輕很多；她不會講英文，也不會講普通話，只會講廣東話，但她真的很有愛，讓我不需要任何語言，就能了解她是哪種媽媽。她讓我想起媽媽，而她也和媽媽以前一樣在血汗工廠裡工作，所以她在場時，我感覺就像回到家。

我對伊蓮爸爸的記憶則頗為模糊。這八成是因為他很少在家，都在工作，不過從我有限的經驗中，我記得的是一個溫和、安靜、嚴肅的人，雖然有愛，卻因生活的種種需要而分心。

等到晚餐上桌時，我已頗為放鬆自在。除了多出來的手足和缺少室友之外，這和待在我家也沒那麼不一樣。一整個下午，伊蓮的大姊娜塔莉和汪妲，都饒富興味地觀察著我。就連伊蓮和我在玩她的娃娃時，我都能在我的脖子上感覺到她們熾熱的注視，吃飯時她們也一直這麼做，但是伊蓮媽媽一在我面前擺上盤子的那一剎那，上面裝著冒著蒸氣的熱騰騰麵條和牛肉絲，我就餓到快昏頭了，因而所有不自在都蕩然無存。

我等著每個人的菜盛好，彷彿過了永恆之久。然後，等所有人都準備好之後，我便如猛虎出閘，呼嚕吸起麵條，用筷子一條接一條將麵送進口中。我的目光持續往下盯著盤子，所以並沒有注意到她們一家人好奇的目光，直到我再度抬頭。到了這時，我才第一次發覺，媽媽和爸爸一定是教了我錯誤的吃麵方式。

我在那晚的其餘時間都頗為不安，渾身僵硬，以避免出現錯誤之舉。我不知道媽媽和爸爸還教錯了我什麼，所以我開始質疑我所有的直覺。晚餐後，我們看了部卡通，我記不得是關於什麼了，只知道是我以前從沒看過的卡通。大多數時間，我都坐在沙發上，脖子轉向左邊，臉朝著電視，同時沉浸在震驚之中，因為在伊蓮家，洗碗和收拾不是小孩的工作。

接著是洗澡時間，伊蓮在期間讓我知道，她用跟我們以前在中國一樣的方式洗澡，也就是坐在一張小凳子上，並拿一個小杯子從塑膠臉盆中舀水。我禮貌地在一旁等候，等她洗完，然後表示我不用洗澡，直接上床睡覺沒問題。我不習慣一個星期洗超過一次澡，而且這對我來說似乎是個省水的好方法，但我猜我八成也是在用錯誤的方式洗澡吧。

就連我的睡衣感覺也是個錯誤。我睡衣的下半身是件長褲，因為穿久而磨損得很嚴重——我都能輕易看見下方的內褲藍色的邊緣了。上半身，我則是穿著一件媽媽從一美元商店買的T恤；去年我已經連續穿這件衣服去上學超級多天，一開始對我來說尺寸實在大上非常多，但自此之後便開始縮水，現在只是稍微有點大，而且還破破爛爛的。伊蓮和她的姊姊們擁有成套的睡衣，是那種專門穿來睡覺的款式，那種我這輩子只看過電視上的白人穿過的。

我睡在第二張床的上鋪，就在伊蓮上頭。我從以前就一直夢想著要有張上下鋪，還有個可以一起分享的姊妹，但是突然之間，光是想到要在離地這麼高的地方入睡，媽媽和爸爸也不在我身旁，感覺就嚇人、悲傷、命定。我的眼裡形成了一座淚井，娜塔莉和汪姐往上看著我的床位，一開始相當驚訝，接著又再度被我逗樂。最後，伊蓮的媽媽從她房中出現，穿著類似的成套睡衣，而且她也很顯然只穿來睡覺。她用廣東話尖銳的語氣對她的女兒們說著話。

「怎麼回事，乾？」伊蓮身先士卒問我。

「我想念我媽媽和爸爸。」我說的話在抽咽間肯定是多少可以理解，因為娜塔莉和汪姐開始笑了起來。

經過幾聲噓聲和一番翻譯之後，伊蓮的媽媽帶我來到電話旁。我對那通電話或那晚其他的事情沒有什麼印象，只知道我要求回家，然後，當他們告訴我現在實在太晚了時，我請我父母明天一早盡快來接我回去。掛斷電話後，我的胃持續翻攪，而我心知，就像我每次離開媽媽和爸爸時一樣，我不在的時候他們一定會發生什麼糟糕的事。我再也見不到他們了——我就是知道。我會抬頭望著天空然後說：「他們就是去了那裡。」只不過天上並不會有飛機，我只會是抬頭望向天堂而已。我緊抓著這些思緒入眠。

隔天一早，一切都更丟臉了一點，也沒那麼必要了。我很後悔媽媽和爸爸要來一趟，因為伊蓮的媽媽那天休假，本來要帶我們去水族館。在白天安全的光線下，我不再想家了，但是昨晚搞了這麼一齣，我別無選擇，只得言出必行。所以我跟著伊蓮和她媽媽來到地鐵站，爸爸在閘門的另一側等著我。我和伊蓮擁抱說再見，然後她和她媽媽就搭上了月臺另一側的列車，那輛通往水族館開心一日遊的列車。

15 活板門

Trapdoors

那年，隨著花朵綻放，陽光也越來越明媚，媽媽和爸爸決定我放學後可以自己回家，因為我的年紀已經夠大了。我不知道這是因為他們放學後已經沒辦法再處理我了，或是我已證明了自己能夠負起責任，無論如何，這個決定都改變了我的日常：早上我是個孩子，和爸爸一起搭地鐵，頭髮沒梳、牙齒沒刷、肚子餓得咕嚕咕嚕叫，但到了下午，我脫離學校教室的繭，以成人之姿走出校門。我站得更挺了點，下巴抬得更高了點，也表現得像是自己想像中有朝一日會成為的那麼冷靜沉著、泰然自若——最後一個部分其實很難，我從來都不知道在地鐵上應該預期要碰到什麼，而且要一直到多年之後，我才成了那許多人中的其中一員，覺得地鐵上足夠安全，可以只把注意力放在手中的書上。

地鐵自成一個世界，充斥著似乎無法在地面上生存的各色人等。某個男人便在東百老匯站搭上了我那班下午的F線列車，他如此規律地出現，簡直是為我創造出了真人版的《威利在哪裡？》

遊戲。每天上車之前，我都會確保自己在月臺上找到他，接著謹慎保持距離，卻依舊離得夠近，這樣我們才永遠都會搭上同一節車廂。

他整個人亂糟糟的，甚至比我還誇張，穿著件風衣，尺寸大了好幾號，上面還沾滿斑斑咖啡及泥土汙漬。他全身也毛茸茸的，而且即便頭頂半禿，他頭上剩下的頭髮依然想方設法無法無天起來。他戴著一副黑色的太陽眼鏡，但鏡片因為塵土而霧濛濛的，同時還拿著一把磨損剝落的黑色手杖，末端是顆網球。

他總毫無例外坐在車廂末端的兩人座中。這並不總是件容易的事，但是偶爾沒有座位時，他會站著等待，手杖邊東戳戳西戳戳的，直到某個人太好的傻瓜看他可憐，放棄自己的座位並讓給他。

這原先是個善舉。

坐下後，他總會想辦法找到距離他最近的年輕女子，如果附近有好幾個，他還有種光怪陸離的方式，可以鎖定最漂亮的那個。

每次都是同樣的起手式。

「不好意思，不好意思……」他會用手杖比劃著。

接著會出現一陣漫長又尷尬的停頓。大家會重新移動位置，以適應他的手勢，某些人就只是走去車廂另一頭，不過所有人都一言不發。

「難道沒人要可憐可憐一個老盲人嗎？」

我第一次遇上他時，差點就中招了。率先阻止我的，是我新生的害羞，第二當然是爸爸的聲音，提醒我不要相信任何人。

話雖如此，下一個阻止我的，則是我的鬼鬼祟祟。我總是情不自禁，一定會注意到最微小的枝微末節——也確實，細節通常在我意識到之前，就會不請自來了，比如，在發覺有名警官站在街角之前哦，我就會知道有什麼事情不對勁，我應該往另一個方向走。彷彿我正在監控著周遭，自己甚至都沒有特別注意到，而且早在我的大腦趕上先前消化好的所有資訊之前，我的身體就知道該怎麼做了。不過媽媽和爸爸常常告訴我，我也因此半是相信，其實我並沒有什麼多敏銳的直覺，我只不過是個自以為是的小鬼而已。

我知道的，就只有在和那個老盲人共處十秒鐘之後，我的身體便告訴我他並沒有瞎，以及我不應該信任他。他轉動頭部和對準視野的方式，都太過精確和準確了——雖然我對瞎掉完全是零經驗，而我對瞎掉的所有理解，就只有這是所有盲人表現出的樣子而已。然而，我還是決定不要介入，繼續保持沉默，並離那個老人遠遠的。

頭幾次看著事情發生時，就像是在看電視直播。毫無例外，那個可憐的美女目標，因為總是都有個美女目標，會可憐他。

對，嗨，先生，你需要什麼嗎？我記得的那個有一頭長長的金髮和湛藍的雙眼——我會記得她，是因為到了那時，我已經學會，這些特質全都屬於某個人之所以美麗的特徵。不過這是很簡單的判斷標準啦，因為我依然無法分辨出每個金髮藍眼的女人之間有哪裡不一樣。

噢，謝謝你，你真是位善良又年輕的小姐。麻煩你，可以告訴我一下，外頭天氣怎麼樣嗎？

他是瞎了，又不是癱瘓，為什麼需要有人告訴他外面天氣怎麼樣？他難道不是要先在外面走才能搭上車嗎？我從來沒瞎掉過，但還是百分之百確定，就算我雙眼緊閉，依然能感覺到照在皮膚上的陽光。

嗯，很溫暖，陽光普照。

多溫暖？

真的很宜人，溫暖又舒服，沒有太熱。

真的嗎？這麼溫暖嗎？那你肯定穿著件會飛起來的薄裙囉？

每次我觀察他，他都能正確說出對方女子的穿著，而到了這個時候，在那個可憐美女的雙眼裡，都會開始蒙上一絲疑慮。

呃……對。

拜託，我可以感覺一下質料嗎？好看看外頭究竟有多溫暖？

這時候，女子通常再也不會回應，接著便會移動到車廂的另一頭去。

地鐵便是讓觀察人群成為我本能的原因。我很快就學會，這個地底隧道中有很多道活板門，

要是我不時時眼觀四面、耳聽八方，要是我不保持距離，要是我讓隨便什麼人都站在我身旁，那就會將我吞噬。

事情第一次發生時，我不知道眼前究竟正盯著什麼。我在想是不是只是根肥胖的怪手指，從大衣裡凸了出來，我告訴自己就是這樣，但我肚子裡的一陣劇痛跟我說並不是。

第一次之後，就彷彿有個開關被打開了。根本就分不出手指會從哪裡冒出來。就在那裡，在我放學回家路上的斑馬線旁。還有一次，又是在這裡，就在月臺上站在我身邊。手指開始如影隨形跟著我。不知怎地，我深知這肯定是我的錯。每一次，永遠都是我的錯。我應該不要四處亂看的。我不應該抬頭，只要盯著我雙腳前地面上兩平方英寸的空間就好了。我早該知道的。我是個丟臉的壞女孩。

但手指出現時，只會持續幾秒鐘而已，然後就會偷偷摸摸躲回拉鍊後頭，我為此覺得感激。而有時一切發生得如此之快，快到我說服自己這都只是我想像出來的而已，憑我的壞頭腦和我的糟糕想法。

接著還有別種活板門，更危險的那種。

我差點跌進其中一道。

我當時坐在靠近車門邊的慣常座位上，邊讀著一本《保姆俱樂部》的書，卻突然覺得皮膚刺刺的。我把臉繼續對準書，雙眼則在眼窩中四處轉動，掃視全車，目光落在其他幾名同車乘客身上，並嚴格審視著：正嚼著紅豆麵包邊緣的年老女士；全神貫注在他的手提喇叭上，面露微笑的男子，頭部邊隨著節拍舞動；一名看來一臉便祕又焦躁不安的觀光客。

這全都不是造成我皮膚刺痛的原因，所以我繼續詳細檢視，直到我的視線落在車廂另一頭的一名男子身上。他蒼白又不修邊幅，衣服因經年累月泛黃，頭髮朝四面八方炸出。但他的臉孔此後消逝在我的記憶之中，並和我後來在地鐵上遇見的其他眾多男人合而為一。

列車剛要停靠在約克街站。男子一直盯著我看，車門叮噹開啟，調度員的指令一如往常跟上，一名中國女子拖著她年紀跟我差不多的兒子匆忙下車，還有一對成年情侶在車廂裡晃來晃去，雙手在彼此身上上下其手，完全無視我們其他人的存在。我望向那名男子，他也回應我的目光，眼中閃爍著一股我先前從未見過的光芒，這股光芒觸發我的身體在大腦理解發生了什麼事之前便開始行動，彷彿是其他人在操縱似的——我雙腿挺直，並帶著我走出車門。我的書依然打開拿在左手上，手指緊抓著在我察覺我有個觀眾之前正細細品味的書頁。我在月臺上邁步前進，但只走了幾秒，然後便混進下一節車廂，並從一頭走到另一頭。

我早該知道的，不該就這樣覺得我已經安全了，可是有那麼一秒，我真的如此相信。但接著黃白色的光一閃，攫獲了我的注意力，就在這節車廂、我剛走進來的那一端，我的胃一沉。

他竟然跟蹤我。

他竟然**跟蹤**我。

我的大腦瞬間亂套，想著姥姥和大舅舅跟我說過的所有美國故事，那些瘋狂和混亂。突然之間，我非常渴望我的娃娃和腳踏車，全都在那間小小的倉庫裡腐爛生鏽。

我重新打開書，並瞪著黑色的墨水，一個字也無法理解。等到列車停靠在下一站時，我的雙手已然麻木，而他也又緩緩逼近了半個車廂。

也許我應該再試一次，我對自己提議。

他才剛跟蹤你耶，我回答。

我應該告訴別的成人嗎？

要是他是臥底，來這裡是要遣返我的怎麼辦？

就按兵不動吧。假如你按兵不動，就會更安全，畢竟四周都是人。

一百個我對著彼此大吼大叫，但我可負擔不起冗長的辯論。我換位子到我那頭車廂車門旁的座位，目光依然對著紙頁。

車門開啟，無人踏出。我數著我的呼吸，強迫自己不要望向那個白白黃黃的影子。車門又叮咚一聲，宣布著我的逃跑機會也正在溜走，然而，我還是坐著，繼續數著，臉依然朝下，手翻到我還沒讀過的頁數，暗自希望從車廂另一頭看不見我顫抖的雙手和乾燥的嘴巴。我從眼球的非常邊緣處，看見金屬車門從兩側的凹槽滑出，就像個正在咀嚼的下巴。

接著，彷彿受到什麼力量驅策，我跳起身衝出車門，又快又千鈞一髮，我的背包剛好躲過被夾住的命運。一站上月臺後，我花了幾秒鐘讓自己慢下來，穩住自己，到了那時，列車已經呼嘯開始移動。我檢查整個月臺，尋找黃白色的色調，頭部在一根根柱子間逡巡，但只看見月臺另一側一臉疲倦望向隧道的人們，沒有白黃配色的衣服，也沒有閃爍的光芒。

我坐在木頭長椅上，讓目光重回書頁，卻依然一個字也讀不進去。隨著我三不五時翻過一頁，我也邊四下張望，很擔心要是我一移動，他就會再次出現，所以我按兵不動，即便又有另一班列車進站又離站。我在內心天人交戰，是要走回家還是搭公車，但兩者感覺都不安全。隨著另一班列車踉踉蹌蹌進站，我逼自己起身上車，一邊還因為怦怦作響的心跳心有餘悸。

在那站和我家之間，我換了兩次車，且每次都特別注意有沒有人跟蹤我。就算等到我爬上樓梯、走出教堂大道站時，我也還在四下張望。走回家的路上，我過街到另一側，然後又跨回來這側。打開前門則是最終的試煉：我冰冷的雙手抖到不行，無法引導鑰匙進入鎖孔。而導致這種種嘗試更為艱難之處，是我一直情不自禁望向街道，以確保沒有人朝我走來。

我不知道那天我到底是怎麼把鑰匙弄進鎖孔裡的，但到頭來我一定還是成功了，因為我記得自己站在玄關，就在兩層上了鎖的門的另外一側，一邊喘不過氣來，那一口口氣息將我整個人吞噬。

我也許甩掉了那天的那名男子，但他的幽魂依然徘徊在我身邊不去。從那天起，我走過的每條街道，他都躡手躡腳跟在我身後。他也出現在每節地鐵車廂，所有移動的人群，每一個催促我

再走快點、再聰明一點、再多疑一點的念頭之中。他就在每個黑暗的角落裡，發誓總有一天會逮到我，而我也從未忘記他總有一天會抓到我，只是時間早晚的問題而已。

16 腳踏實地

Solid Ground

我發現我必須付出越來越多心力，對媽媽來說才足夠。她現在焦慮個沒完沒了，而我就是那個二十四小時隨傳隨到的小醫生，隨時準備好介入、安撫她。我唯一的下班時間，就是我坐在馬桶上時——我習慣三不五時就會一次去個三十分鐘，閱讀、思考、細細品味寧靜與祥和。偶爾，我實在花了太長時間，會有個室友氣沖沖敲著門，此時我便會清清喉嚨、沖個水，或是打開水龍頭安撫他一下，卻只不過是繼續讀著我確保一定會帶進浴室的三本《保姆俱樂部》其中一本。

爸爸越來越少待在家裡，而媽媽經常告訴我，她覺得可能有另一個女人存在。我起初不知道這是什麼意思，但有天我放學後走進他的辦公室，竟看見一個女人坐得離他非常近，近到看起來就像是她坐在他大腿上。我扭頭奪門而出，一路跑到一樓，還出來到東百老匯大街上，才允許自己再吸另一口氣。爸爸沒看見我，而我再也無法用同樣的方式看待他了。

然而，我在媽媽憂鬱的時候，還是告訴她我很確定沒有別人，爸爸也沒事，但我肯定是沒什麼說服力吧，因為這招很少管用。

某天下午，我走出PS 124小學的前門時，發現媽媽正在等我。她一臉陰鬱，雙眼沒有一絲光彩。

「媽媽，發生什麼事了？」

「我差點就跳了。」她對著地面咕噥著。

「跳什麼？從哪裡？」

她看起來就像正處在崩潰邊緣。隨著同學魚貫而出，有些人在笑，其他人則盯著我們看，我帶著媽媽來到角落的階梯，檢查了一下確定沒有口香糖之後，便扶她和我一起坐下來。

接下來幾分鐘之間，我拼湊出媽媽試圖逃地鐵票，因為想要省錢。那天，她正要從三十四街站回來。她去那是要參加免費拍照的——就在之前，街上有個女人隨便攔住她，說她可能會是個不錯的型錄模特兒。

「拍照」進行得並不順利。他們說在開始之前，她必須先付五十塊美金，才能拿到「免費」照片。媽媽解釋她可沒辦法挪出家中好幾個星期的伙食費後，他們說反正她也不上相啦。

回程途中，她眼裡能看見的，就只有在她面前鋪展開來的長長地毯，由一連串無意義的工作組成。這幅景象實在讓她非常心煩意亂，而且她也十分焦躁不安，使得她就這麼一路直直走了進去，甚至都沒注意到站在通往月臺階梯旁的那名男子正觀察著她閃過閘門的一舉一動。

那名男子迅速接近媽媽，並翻出警徽。在她的記憶中，媽媽理所當然認為他是個警察，我因此也這麼覺得。他問她各種問題，但她實在太過慌亂，記不得他到底說了些什麼，以及她又回答了些什麼。他給了她那張她現在緊握在手中、皺巴巴的單子，她本來期望他會在她的手腕銬上手銬，然後把她送走等著遣返回國，但他卻只是以她無法理解的語言訓斥了她一番，最後終於讓她離開。

我把那張紙攤平，小心翼翼不讓自己的小手弄髒上面的墨水，然後囫圇吞棗讀過每一個字，彷彿這是什麼一小口一小口的食物。單子上面要求媽媽寄罰款過去——我不記得金額了，只記得是很大一筆，而且肯定超過拍照的費用，因為媽媽一直在說要是她留下來拍照就好了，這樣她可能就可以躲過這條。

男子交給她這張單子後，媽媽在她的皮包裡找到幾個硬幣，然後買了一張新的車票，並走下階梯，那個警察全程還繼續死死盯著她的背影。要一直等到她來到月臺上，她才低頭看著手中的單子。那一剎那，一切沖刷過她，她的靈魂天旋地轉翻覆，而隨著一輛列車進站，她心想不知道把身體拋到列車前面的話，會怎麼樣。

我沒那麼做的唯一理由，都是因為你啊。

我很高興你沒做，媽媽。

我停下來，想找更多話說，卻找不到。我的話語貧乏不濟、微不足道、永遠不夠。就跟我這個人一樣。

那次事件之後，媽媽就變了。我當時還不理解，世界上沒什麼東西，比一名充滿尊嚴的崇高女子默默奮不顧身、孤注一擲，還更能帶來動力的了。

這是逐漸發生的，一定是的。但我和媽媽的一舉一動如此完美協調，因而在我的記憶中，這感覺起來既影響深遠又立即。

在我升上四年級、天氣也越來越冷之後，媽媽開始每晚在我們公用的廚房裡念書，而這時我正準備要上床睡覺。廚房是我們公寓裡最溫暖的地方，煮飯殘留的餘溫，加上檯燈的白熾燈泡，是她試圖保持清醒時，抵禦夜晚寒意的最佳盾牌。我們的室友不怎麼用廚房，尤其還是在這麼深夜的時候。再加上，媽媽也頗為歡迎某個人進廚房微波冷凍食物時，所帶來的短暫休息時光。

媽媽的目標是托福，而她為此非常緊張。她第一次跟我提起這件事的時候，解釋她的英文實在很差，差到就連最爛的研究所需要的最低門檻分數都碰不上邊。

「你要去唸研究所？」這還是我第一次聽說這回事，而我可是第一個聽說媽媽世界裡萬事萬物的人。

「對。」她回答，這是通往我們更美好生活的唯一途徑。

「我沒辦法永遠像這樣活下去。」她繼續說，而我想起她人站在地鐵月臺上，手上緊握著那張單子的模樣。

「他們會讓你去上學嗎？要是我們被逮到了怎麼辦？」

但是媽媽早就仔細研究過了。她有個朋友也處於類似情況，那個朋友跟她說不會怎麼樣，只要她慎選學校就好。

那個朋友肯定不知道媽媽本來就一直都很小心翼翼。

「紐約市立學院，他們不會檢查或問半個問題，就像你的學校。」

我吐出一口我甚至都不知道自己憋著的氣。也許到頭來也會有大學給我念。

「那你要念什麼，媽媽？」

「電腦科學，就跟我一直以來的志向一樣，彷彿我從未離開過中國。」

我沒有問她要拿那個學位來做什麼。我也沒有提醒她我們從來都不敢去那些我只在電視上看過的真正的公司投履歷，那些辦公室位在很高樓層，有大窗可以俯瞰中央公園，還有飲水機跟桃花心木大書桌的公司。因為他們的耀眼光芒會太過耀眼地照在我們的中國護照上，揭露我們的美國文件本來該在的漏洞。

我們離開中國前，姥爺給了我一個小小的鑰匙圈。這並不是什麼隨便的鑰匙圈，上面附了好幾樣工具，只要我帶在身上，在美國時就會覺得更安全。鑰匙圈是一隻腳丫的形狀，擁有金屬的中心，和咖啡色的塑膠外殼，一側是把折疊小刀，刀刃全世界最迷你，另一側則是一把小剪刀，兩把刀子都可以折進金屬中心。有四個中文字以白色字體寫在那隻腳丫上：腳踏實地。

「這是什麼意思，媽媽？」跑去給她看我新得到的亮晶晶玩具後，我問她。

「這代表按部就班，一步一步來，乾乾，就是站在地上，然後只看著眼前的東西就好。」

姥爺鑰匙圈上的訊息，在我們的美國生活中，對我來說非常受用。我學會只專注在眼前的事物上，而在這個情況下，指的就是支持媽媽唯一的追求，這個追求自我們走出甘迺迪國際機場的航站後，終於想方設法在她的臉龐中注入了希望。

至於那些困難的問題，我則是留給自己。

——

媽媽在這年冬天其餘時間和初春都努力念書，用的是我們從圖書館借來的書，但她說那些書都過時了，並使她很難判斷自己是否真的有在為之後要接受的考試做準備。她謹小慎微朝著春末前進，就像隻飛躍跑過沉睡獅子身旁的兔子。

考試日快速到來又結束，結果則來更緩慢。每一次媽媽打開我們前門外的那個黑色金屬信箱，我都會僵在原地。在那些剎那中，一切皆有可能，我們的人生懸在半空中，就在越發膨脹的貧窮烏雲之下。

某天，我用不可置信的雙眼看著她的手從信箱深處重新出現，手上拿著那個信封。她把信封撕開，差點也將裡面薄薄的信紙也一起給撕了。她盯著信紙，接著望著我。

我不記得分數多少，只記得她笑顏逐開。

而這導致我也跟著笑了起來，接著跳起來，並開始歡呼。

很快，我們就喜極而泣，人行道上的路人盯著我們看，然後假裝沒看見我們，兩個來自中國大陸的瘋女孩。

烏雲消散，我閉上雙眼，並感覺到中產階級太陽的光線照耀在我的臉上。

一切都會截然不同的，一切都會改變的，一步一步，按部就班。

——

我們為前往美國打包時，我把那個腳丫鑰匙圈滑進我們託運行李的一個外口袋裡。我不知道我那時為什麼這麼做，但我覺得我們在旅程中可能會用上。媽媽把那個腳丫掛在一把備用的指甲剪上，所以那把指甲剪也跟我們一起來了。我們抵達紐約後，我把腳丫和指甲剪掛在我背包的一個拉鏈上，我想說那裡就是我唯一擁有的鑰匙圈應該要去的地方，因為那地方就是我同學的背包上掛著絨毛笑臉和鮮豔巨魔娃娃的地方。

那些年間，我把那個腳丫鑰匙圈從一個背包換到下一個背包，最後則是來到一個我放指甲剪和銼刀的儲物筒裡。腳丫也隨著經年累月解體，先是失去一塊咖啡色的塑膠殼，接著又掉了另一塊，直到只剩一塊金屬，上面還有各種乾掉膠水的殘跡。我迄今都還留著那個鑰匙圈，而即便現在已經認不太出來那是一個腳丫子了，上面的訊息依舊跟姥爺把它送給我的那天一樣在我心中清晰閃耀，白色的中文字寫在閃閃發亮的咖啡色外殼上，以及一切細節。無論我想要往哪裡去，我一次只需要擔心面前的一步就好了，腳踏實地。

17 愛阿姨

Auntie Love

受到新希望鼓舞，媽媽的腳步開始變得更輕盈了點。很快，她告訴我，她就要去上學了，不過在那之前，她在某間倉庫找到了一個新工作。

新工作和美髮沙龍相比，似乎算是個進步。那間倉庫是負責存放各餐廳的供貨，而工作第二週，媽媽就帶著一個比她的頭還大的罐子回家，裡面裝滿各種形狀、我以前從未見過的黃色威化餅。媽媽跟我說，白人以為這是來自中國，並將這種餅乾叫作「幸運籤餅」。

「來，」她說，目光卻沒怎麼對焦在我身上，「全部都可以給你。」

那整個容器成了我那晚的晚餐，我隔天早上去上學時甚至也不會餓，我還因為滿肚子的幸運而想吐呢。

幾天後，媽媽又帶回一個裝滿牙籤的盒子，牙籤末端還連著多采多姿的紙條，用類似火柴的小棒子貫穿掛著，只要一推，紙條就會打開，並張開成一把迷你遮陽傘，共有兩種顏色：粉紅色和綠色，上面也都畫著各種花朵和樹葉。

「媽媽，這是幹什麼的？」這東西似乎一點意義也沒有。

「瞎玩兒吧。」某種拿來玩一玩的蠢東西。

在那週內，我們家相連的兩個房間中到處都是小小的紙遮陽傘，用膠帶黏在牆上、從我們沙發的扶手布料上凸出來、立在我們的電視牆上。

在我用幸運籤餅填滿肚子，並在我們家裡的每個縫隙都插上牙籤遮陽傘時，媽媽則是不斷碎念又碎念著她的新老闆，亨利．易。

「亨利．易把我當個僕人一樣對待，」她一回家就會這麼說，「我還得幫他洗碗跟端茶給他。」

「亨利．易什麼屁事都沒做，」她在煮我們的晚餐時對砧板說，「他就只是坐在那裡讀他的報紙，一邊鬼叫著發號施令。」

「亨利．易簡直就是種族歧視，」她對著筷子咕噥，筷子夾著炒四季豆懸在白飯上的半空中，「他根本就沒證據，卻一直說什麼倉庫裡的黑人偷東西。」

「那幹嘛要請他們啊？」

「因為他們更便宜啊。」

「因為他很小氣。」

「因為他就是種族歧視。」

「因為他就是小氣又種族歧視。」

永遠都是亨利．易——不是亨利，也不是易——而是連名帶姓一起叫，感覺彷彿如果他不是同時身為亨利和易，那他就不是她老闆似的。

有個女人跟媽媽一起在倉庫那邊工作。她也是中國人，但年紀更大，媽媽說，而她跟亨利．易在談戀愛。

「他不是很老了嗎？」我問。

「對啊。」媽媽肯定地說，他甚至比那個女人還老。

「那她是怎麼有辦法愛上某個這麼乾癟的老東西。」我頗為讚嘆。

「孤獨會讓人變奇怪。」媽媽幾乎是自言自語著回答。

我也很孤獨啊，但我心想，我是絕對不會愛上某個種族歧視又皺巴巴的人的。

從那時起，我開始把那個女人想成是愛阿姨——愛的阿姨。

——

某個週六，天氣變得非常熱，熱到媽媽獲准帶我一起去上班。她不想要我整天都待在我們小小的家裡被烤熟。辦公室的窗戶裡面有台小小的冷氣，媽媽說。話雖如此，她是跟愛阿姨還有亨利．易一起共用那間辦公室的，所以我得乖乖的並保持安靜。我用嚴肅的表情點了點頭，並藏起我的失望——竟然要錯過自由的一天，充滿書本和電視，而且沒有任何別的擔心，只有我自己的。

我第一次和媽媽一起去倉庫的那個早上，她帶我們從堅尼街的地鐵站離開，這是個我從未見過的站，位在中國城的另一頭。這裡同樣也到處都是中文字，但不像在東百老匯大街，並沒有那麼多中國人。這個地區有很多白人，看起來都不大對勁，雖然我花了好幾分鐘，才搞清楚到底是為什麼。我最後做出結論：他們肯定全都是從城外來的，因為他們更胖、更笨拙、更快樂。他們也打扮得像是在模仿背景設定在紐約的電視影集裡的角色，看起來頗不舒服，而且也不習慣穿這類衣物（要不是一身黑，就是太過鮮豔），而且衣物看起來也不像是本來就該搭在一起穿成同一套，更不要說穿在那些人身上了。

隨著我們繼續往前走，那些興奮的胖嘟嘟白人也越發稀疏，人群開始變得正常，是憔悴的紐約客，穿著襤褸的衣衫，一臉疲憊。周遭景物也開始讓我想起布魯克林，因為雖然街道上有一間間倉庫，倉庫上卻也覆滿各種塗鴉。

媽媽在其中一間倉庫前慢下腳步，我看見倉庫大門抬離地面，彷彿一張飄在半空中的大嘴，就剛好開在停在一旁的卡車屁股前。我們走上通往大嘴的臺階，並進入其中，幾名男子，黑人和拉丁裔，聚集在倉庫內，有些人抬起箱子搬運，其他人則坐著，他們雖然沒穿制服，衣著卻都類似，黑色的T恤、骯髒的牛仔褲、皮革靴子。他們溫暖招呼著我們，而且似乎知道我的名字，不過我僵在原地。到了那時，我已經學會在所有剛認識的人身旁都要保持防備，尤其是那些不是中國人的人，就像爸爸教我的那樣。但媽媽在他們身邊似乎頗為自在，而她幾乎再也無法感到自在了，這促使我露出一個短暫又害羞的微笑，然後媽媽就帶我到這個大空間後頭的樓梯去了。

樓梯有很多階，而我們在爬樓梯時，我察覺媽媽的手再次緊繃了起來。樓梯把我們吐到倉庫的另一層樓，我們走過一個又一個黑暗的架子，之後來到一間辦公室，看起來就像是倉庫裡的隨便哪間房間，亮晃晃的燈管從天花板上垂落，就在金屬管線下方。

辦公室裡放著兩排桌子，通往一扇扇生鏽的大窗，桌子上全都蓋滿一疊疊紙張，還有各一台破舊的電腦；桌面是木頭做的，極為粗糙，我光是看到就覺得手要被碎屑弄傷了。

媽媽和我是最晚到的。在最接近門口的座位上，坐著一名女士，我假設她就是愛阿姨。她的外表讓我從記憶深處想起了那個「大餅臉」故事。她盯著我們看，但沒有露出笑容，然後就轉回她的電腦前了。她的表情如此嚴肅又專心，要是她沒有眨眼的話，我本來可能會以為她是個假人呢，而她看起來也彷彿自己有個非常重要的工作，即便我知道這根本就不可能，因為她跟媽媽的工作一樣。

在她身旁，由又寬又高的一疊疊紙張——其中許多還皺巴巴又泛黃——阻隔著的則是爺爺。他並不是爺爺，不真的是，但距離我上一次見到爺爺已經過了許久，使得我開始到處看到他：在地鐵上吃著月餅、在餐廳裡整理桌子、在人行道上和一個不是奶奶的女人走在一起。

看見爺爺讓我湧上一股喜悅和愛，但是當爺爺轉過頭來看我時，我發覺那並不是他。這名男子也不是說不友善，不過他保持著距離，而且他的表情也沒有炸出一道道開心的光芒，所以說他就是亨利．易囉。

我沒有多少時間可以瞪著他看，因為媽媽叫我跟著她來到走廊。她早上的任務之一，就是幫亨利・易泡茶。媽媽拿著一個金屬馬克杯，帶我來到倉庫這層樓的另一頭，那裡有個曝露的小水槽，跟牆壁連在一起，只有一根腳支撐，以及一個生鏽的水龍頭，上方的把手同樣鏽跡斑斑。

但比起打開把手用水沖洗馬克杯，媽媽反而朝杯裡吐了三次口水，並轉了轉讓她的口水漱過整個杯子。她接著轉向另一面牆，彎腰拿起一個滿是灰塵的破爛黑色電熱水壺，將電熱水壺裝滿水，然後插上牆上的插座。

我在媽媽身後退了幾步，研究著整個區域。電熱水壺旁是個微波爐，看起來就像電熱水壺的姊妹：又黑又髒。而在地上，水槽旁有個黃色的盒子，看來就跟亨利・易一樣老，上面寫著「立頓」這幾個字。靠在旁邊牆上的，則是把來自中國的掃帚，我之所以會知道，是因為掃帚是用很多根鬆垮的竹條綁在一起做成的，自從離家之後，我還從沒看過這樣的掃把。

電熱水壺發出聲響後，媽媽迅速關掉，並把熱騰騰的滾水倒在她的口水上。她從立頓盒子裡拿出一個茶包，一點也不客氣就泡進馬克杯裡。我們接著穿越黑暗走回去，進入辦公室的螢光之中。

我在窗邊的一張摺疊椅裡安頓好，盡可能靠近狂吹猛送的冷氣，媽媽則坐在電腦和那疊顯然屬於她的紙張前。她一直保持這樣，直到亨利・易吼出他的下一道命令，這時她便會站起身。那天剩下的時間大都以這樣的方式度過：我跟著媽媽來來回回，從光線明亮的辦公室，穿越黑暗的通道，來到骯髒邋遢的廚房區，再走回來。她一路都默不作聲。我很渴望自己不只是她洋裝上垂落線頭的那段時光，追在她屁股後面跑，她則是負責迎合著一個老人的各種突發奇想，而他到頭來跟爺爺一點都不像。

亨利．易大約在下午五點左右離開，根據辦公室牆上的那個大圓鐘顯示的。不過，三不五時，電話還是會響，而媽媽會跑到辦公室另一頭去接，愛阿姨則是依然保持著她一整天以來的樣子，坐在她的辦公桌前，翻閱著紙張，永無止盡地打字，中間只中斷過兩次去上廁所。

愛阿姨一直都沒有看我，直到八點左右，她示意要我過去。我猶豫了一下，轉向媽媽尋求指引，但她的目光只停留在眼前的螢幕上，渾然不覺我的懇求。

我走過去，但雙臂交叉在軀幹前，鼓起勇氣準備迎戰。我在愛阿姨面前三公尺處停下腳步，然後轉身面對媽媽，可是她還是沒注意到。

「來呀，再來呀。」聽到愛阿姨要求我再靠近一點，我的目光迅速移了回去。

我拖著腳步，滿心盼望她不會注意到我邁開的步伐有多小。

「你幾歲了？」

這是個簡單的問題，但她無底洞般的雙眼讓我擔心自己可能會答錯。我又一次轉向媽媽求援，可是她依然全神貫注在眼前的螢幕上。

我別無選擇，只得照實回答。

「九歲！我兒子本來也會是九歲呢。」她別開目光，望向窗戶的方向。

我抓住這個機會驚慌失措逃回我的椅子，並一直不敢從圖書館借來的書上抬頭，直到媽媽告訴我是時候該走了。

我們走出去時，愛阿姨仍然坐在她的辦公桌前繼續打字，偶爾抬頭望向窗外。

媽媽替亨利．易工作的那段時間，發生了很多離奇的事。某天晚上，媽媽回家告訴我她找到了一窩小老鼠，彭老師有次曾說過牠們叫作小鼠。媽媽跟我說她沒看到母鼠，所以她只得把小老鼠們給沖下馬桶。

這個故事讓我悲傷不已。之後的好幾個夜晚，我都會夢到小老鼠，在旋轉的馬桶潮水中掙扎，粉紅色的爪子和雙腳亂揮亂踢，直到沒力，並被吸進位於馬桶底部的無底洞中。

在那之後不久，媽媽有天帶著一張疲憊蠟黃的臉回家。她表示就在她從辦公桌起身離開、準備回家時，愛阿姨突然暈倒。事發時，辦公室裡就只有她們兩人，而當愛阿姨對媽媽的聲音沒有任何反應時，媽媽只好衝下樓，卻發現所有倉庫工人們也都已經離開了。

她又跑上樓，朝著愛阿姨可能在她下樓期間已經甦醒的希望而去。

不走運。

到了這時，媽媽心知她得打九一一才行，所以她打了。但是掃蕩移民並拘捕的種種謠言，可說是非常強大的火種，點燃了我倆心中不斷翻騰的恐懼。媽媽雖然知道她別無選擇，但依然很害怕警察抵達只是為了要逮捕她，卻完全不顧愛阿姨的死活，並在她被遣返回中國時，把愛阿姨留在那裡讓那些小鼠的媽媽吃掉。

等待警笛尖聲響起時，媽媽內心天人交戰，在坐著和愛阿姨一起等待並確保她還有在呼吸，以及馬上去整理自己的辦公桌，然後打包好她的東西之間擺盪，她深信自己會被遣返，永遠都不會再踏足這間倉庫一步了。據她轉述，當時時間彷彿凝結，醫護人員花了無限久遠、久上加久的時間才趕到。

不過他們一抵達之後，事態就快速發展。兩名醫護人員衝上樓梯，抬著一張擔架進入辦公室。就算是在燦亮的燈泡下，媽媽也不確定他們的制服上寫的是什麼字，只知道她正打破所有曾囑咐過我的指示——比起逃跑，她反而是跟他們一起待在同一個空間裡。

他們在評估愛阿姨的狀況時，那些醫護人員——媽媽從未對我形容過他們，所以在我心中，他們的臉孔是一片白茫茫，移動著吸氣的嘴巴則是黑色的輪廓——請媽媽描述在愛阿姨昏倒之前，究竟發生了些什麼事。媽媽支支吾吾吐出少數幾個她在聽到這麼突然的要求後，能夠召喚出來的英文單字時，愛阿姨睜開了眼睛，是媽媽先注意到的，然後她便指著那對睜開但茫然的雙眼。醫護人員此時異口同聲起來，開始一起對著愛阿姨講話。

「我沒辦法聽懂他們對她說的每一句話，」媽媽回憶道，「只記得他們問她說現在的總統是誰。」

「那她回答什麼？」他們幹嘛要問這個啊？我心想。他們就是這樣決定誰能夠合法留在這裡的嗎？我在心裡記住，以後隨時都要準備好總統的名字，以備不時之需。

「她回答說：『亨利・易。』」

「然後他們說：『不是，是說美國總統。』」
「但她又回答了一次：『亨利・易。』」
媽媽在回憶這件事時，視線飄向遠方，跟愛阿姨在我心中深刻的印象一樣。
「然後怎麼樣了？」
「他們把她放上擔架，接著把她推進救護車。我全程都坐在她身邊陪著她，他們送她進去時我也在外面等。他們又問了我更多問題，但是不讓我進去。」
「再來呢？」
「之後我就回來這裡了。雖然我不記得是怎麼回來的，過程一片空白。」

幾個晚上後，媽媽很晚才到家。她去探望愛阿姨，我剛上床準備睡覺，爸爸則在窗簾另一側看電視，在客廳裡。
「她還好嗎，媽媽？」媽媽一整天下來發生的故事，就是我的一首首搖籃曲。
「她中風了，完全認不出我來。她的頭呢，還腫成了之前的兩倍大。」
「那現在會怎麼樣？」
「我也不知道。而且我也不覺得還有其他人去探望她。」

愛阿姨的病房裡什麼也沒有，除了亨利．易送給她的一大籃花之外，媽媽回想並說。

「亨利．易沒有去看她嗎？」他雖然種族歧視又皺巴巴的，但她還是愛他啊。

「我不知道，我不覺得有，反正她也認不出半個人。不過那些花，有個護士把花放在她身旁，而她不斷轉頭去看花。」

那週晚些時候，媽媽得知愛阿姨過世了。她得負責整理愛阿姨的辦公桌，但愛阿姨沒有半個親屬，東西不知道要寄給誰，媽媽於是把那箱物品放在倉庫其中一個架子上。

「她的辦公桌裡有些什麼啊？」

「就是一些紙張，上面寫著她的筆記。我受不了就這麼全都扔掉，她一輩子都在替那個男人工作，亨利．易。」

「那私人物品呢？」

「她有個馬克杯用來喝茶，就這樣而已，我也放到那個箱子裡了。」

「她甚至都沒有半張她兒子的照片嗎？」

「什麼兒子？」

「她不是有個兒子嗎？」

「我不知道，我不覺得有。」

愛阿姨過世後的接下來許多年，我都受到一個反覆出現的夢境不斷折磨：

媽媽、爸爸和我人在一輛破舊的中國列車上，就是那種媽媽和我有一次搭去上海的。我們在逃離穿著制服的一群男人，從一節車廂跑到下一節，一節接著一節，直到我們來到第一節車廂，也就是車頭。我們透過門上的窗戶，望進列車長的艙房，但看見的卻不是列車長，而是名穿著制服的男子，面露凶光，回瞪著我們。

我尖叫，但爸爸摀住我的嘴巴。接著他轉身打開側邊的一扇車門，然後我們三人往外跳，所有人一起，並落在一片長滿草的空地上。不會痛，我們也整齊劃一在地上滾動，之後才站起身來。我們轉過身，看見身後穿制服的男子追上，一個接一個跳下列車，於是再次開始奔跑，但我每次回頭，田野上的人就更多。很快，田野就不再是草的綠色了，而是制服的綠色。我盡全速跑著，只有在媽媽和爸爸跟不上的時候才會慢下來。

一段時間後，永遠都是在一段時間之後，隨著疲憊慢慢爬上我的雙腿，並進入我的軀幹，我們看見一道柵欄，蔓延橫跨整片空地的地平線。從遠處看，柵欄相連接的空隙之間，像是有著一顆顆燈泡和氣球。我們別無選擇，只能繼續跑著，直到接近柵欄，穿制服的人群緊跟在後。

他們永遠緊跟在後。

接著，就在我回頭看見他們伸出手臂要抓住媽媽和爸爸時，世界突然間充斥爆炸聲。噴濺的液體落在我的臉上。

我看向穿制服的人，但他們消失無蹤。

我看向媽媽和爸爸，但他們也同樣消失無蹤。

田野一片空蕩，而我孤身一人，總是孤身一人，此時我發覺草地已不再翠綠，而是鮮紅。

我轉向柵欄，並發現在空隙之間的其實不是氣球。

那些是人頭，因為血、水、膿膨脹腫大。

每顆人頭都用了無生氣的雙眼盯著我，接著望向我身後的遠方。

我站在那，動彈不得，這時人頭一顆接一顆彈起，並往我臉上炸開。

18 常態

Normalcy

隨著我的夜晚開始充斥恐怖的夢境，我的生活也默默進入了某種常態，我本來不覺得在美國會有這種可能的，而正是這點嚇到了媽媽——她開始越來越常說我們必須要做出改變，我們得搬走並離開這個拒絕認可我們的地方。但就算是這樣的老調重彈，加上我微弱的保證，認為一次只需要踏出一步就好，也都成了某種稀鬆平凡的日常。我對於那些日子的記憶，也開始一天天模糊起來，如同我想像中，平淡無奇的童年回憶應該要是的樣子。

然而，我確實記得，四年級是我第一次發覺我有可能比某些成人還更聰明的時候，尤其是其中一名成人：我那年的老師是葛蕾絲老師。我把她看作是名祖母，她擁有橘黃色的頭髮，還有種狂亂的能量，是那種從來都無法專注在某個想法上夠久的人會有的，她似乎永遠都追在腦中那班思緒列車後頭跑。了解到我比負責照顧我的成人還更敏捷、也更有智慧，實在很令人興奮。我幾乎總是都知道葛蕾絲老師接下來要說什麼，然後她才跌跌撞撞跟上，這使得我發展出了各種糟糕的課堂習慣，會在我之後的求學生涯中一路跟著我。我大多數的上課時間，都花在做白日夢、塗鴉、倒數著秒數和肚子的咕嚕聲，直到午餐時間。

而家庭生活也差不了多少，至少在那年年初的時間中是如此。我會搭地鐵回家，然後在我的PBS兒童台家人面前做作業：《許願骨》和《魔法校車》（*The Magic School Bus*）。除了那些會在外頭待到很晚的日子外，爸爸時常是第一個回家的，他在接管電視之前，會先問問我學校如何。

假如是媽媽先回到家，那她也會先問問我學校的事，然後才跟我分享她的一天：她對爸爸拈花惹草的恐懼、她對改變我們生活的渴望、她對去念書的焦慮。最後一部分還包含爸爸根本就反對她回去上學，這會持續到爸爸回家為止，這時媽媽便會到廚房去煮晚餐，全程一言不發。

我比較喜歡媽媽先回到家，因為即便媽媽和爸爸會花一樣多的時間聽我講我的一天，但跟媽媽說感覺比較親近、也沒那麼自私，因為她也會跟我分享她的一天，並詢問我的建議。

到了這時，我們的經濟狀況肯定是好多了。不過只有透過後見之明，我才發覺這點其實昭然若揭，因為媽媽去上學就需要不少錢，而且爸爸還去參加了某種健身房，每週日都會去。此外，媽媽也研究出了新的雞肉料理食譜，三不五時，我們就會吃一整隻煙燻全雞當晚餐。然而，當時我卻絲毫沒有注意到。除了煙燻雞之外，我的人生還是沒什麼兩樣，而我對此十分感激。我渴望著某種連續性，即便達成這點的生活形式，是媽媽討厭的。

媽媽準備好晚餐後，我們一家三口會坐在廚房裡瀕臨解體的共用餐桌邊，就是那張擁有生鏽金屬桌腳、鋪著白色桌巾的餐桌，桌巾上還藍綠汙漬相間。媽媽和爸爸越來越常吵架，在餐桌上互相拋擲著傷人的話語，吵的永遠都是同樣的事：媽媽想要離開，想要搬家，爸爸則說不要。我們是要去哪？我們就跟隔壁那家人一樣美國，而這會導致媽媽噴出某種刻薄的話，像是，**你這個美國到底是有哪裡這麼好了**，**他們把我們當屎一樣在對待**？還有**你到底算什麼孬種啊**，**竟然這麼害怕改變**？

我呢，我則保持沉默，頭低低盯著盤子，努力忍住不哭出來，嘴裡塞滿白飯和炒馬鈴薯。

其他時候，狀況更好的時候，媽媽和爸爸反倒是會對我發火。他們會把那些吃飯時間花在指責我變得這麼圓滾滾胖嘟嘟，還長了一口亂牙，讓我整個臉看起來像是歪一邊。他們只要一講到這個話題，就整頓飯都會一直講，有時候，整晚剩下的時間也會繼續。我永遠都不會有出息的，他們說，長著這張又肥又歪七扭八的醜臉。而除了他們之外，永遠都不會有人跟我說實話的。他們的工作，就是要跟我說我的缺點，爸爸說，因為不然還有誰會這麼做呢？我不能相信世界上的其他人啊，所有人都只會出於禮貌對我說謊而已。

那些晚餐時光總令我困惑不已，我從來都不知道該作何感想。我內心深處有很大一部分是蠻高興的，因為就這麼一次，媽媽和爸爸終於站在同一陣線了。這情況現在已經很少發生了，而當他們團結一心時，我總是會在其中找到溫暖和安全，即便他們是要聯合起來對付我。然而，與此同時，當媽媽加入爸爸的陣線一起批評我時，我也從未感到如此孤單過，因為情況常常會是，沒幾分鐘前，她才剛和我分享著爸爸種種糟糕和自私之處。

那些晚餐時光，是我唯一吃不完飯的時候。我會沮喪不已，但我得把那種感受吞下去，直到那變成一種將飢餓擠出我肚子的胃痛。不過，媽媽和爸爸看見這樣，又會改口說起他們是怎麼把我給寵壞了，我竟敢不吃完他們給我的飯？我難道不知道食物要花錢，而我們沒錢嗎？我實在是被寵壞了，只想著自己，他們說，而且我也得到太多愛了。

這只是讓我的困惑和胃痛加劇，要是我很肥，我們又很窮，那他們幹嘛還要我吃更多？

我相信他們在那些晚餐時光中所說的一切，就像我相信媽媽告訴我的一切一樣。我甚至從來都沒想過該去認為他們有可能是錯的，但是現在回頭看，我根本就沒變胖，根本就沒有。我繼續略過早餐，並依靠學校的免費午餐，以及我設法找到的所有免費殘羹剩飯，要不是在我放學回家的路上，就是在我們的共用廚房裡。但我的身形之所以膨脹，都是因為每週和老詹的免費麥當勞狂歡，那些遠足回來之後的那一個小時，是我整個星期間唯一覺得有吃飽的時候，幾乎接近我曾在中國感受過的那種飽足感。

我當時照片上的臉龐，讓我想起以前曾在中國的電視上看過的一部卡通。有個男孩蹲坐在地上的一隻青蛙旁，並用筷子戳著牠，每戳一下，青蛙的下巴都會變得越來越大，那就是我的臉：已經很大，而每去一趟麥當勞，又變得更大，不是來自營養，而是因為營養不良。確實，我變得胖嘟嘟的方式，是只有窮人身上才會發生的那種：來自過多的鈉、過多的罐頭食品。

至於我的牙齒——到了這個時候，我已經將近三年沒看過牙醫了。我很感激我大多數的牙齒其實都是筆直的，只除了右後方的犬齒凸了出來之外，而且也一直凸到了今天，只要我閉上嘴，都會卡死我的下巴。

我也從沒去看過眼科。在學校，葛蕾絲老師在黑板上的字跡日漸模糊，我依賴的是我的桌友，他們會幫我唸出單字和數字。

許多夜晚，我都會因雙腿刺骨的劇痛醒來，痛到我連動都動不了，只能緊抓著腿，然後翻身，盡力保持安靜，直到媽媽醒來，而她總是都會醒過來，並向我保證那只是生長痛而已，我很快就不用再忍受了。她邊說這話，會邊移動到我的床緣，並坐在那按摩著我的腿，我也只有裹在她輕柔的低語和強勁的雙手組成的毯子之下，才能再度入睡。

我們的家庭在痛苦面前，才團結得最為緊密。

我們和另外兩個來自中國北方的家庭，一起過了幾次週末和節日，他們同樣也擱淺在這裡，無法回家和真正的家人一起過。爸爸以前曾和其中一個家庭的媽媽，還有另一個家庭的爸爸一起上學，我們每次見到他們之後，媽媽和爸爸都會說，要是我們全都還待在中國，他們是不會選擇和這些人當朋友的。可是我們現在人在美國，所以還能怎麼辦呢？

另外兩個家庭都各有一個兒子。我們全都注定沒有手足，多虧了我們拋在身後的一胎化政策。其中一個男孩比我還小一歲，聰明、古怪卻有趣、人也夠好，他很矮，長得還像是發瘋的天才藝術家，似乎總是在思索著什麼偉大的構想。另一個則是比我還大了幾歲，而且完全是個白癡。

我大多數時候都不知道該跟他們兩個聊些什麼，但媽媽說當我們離家這麼遠的時候，可沒資格去挑家人。也許吧，我安慰自己，這就是擁有真正兄弟的感覺。

我們的聚會從來都不時髦。三個家庭會輪流主辦，其中一家人住在布魯克林，跟我們一樣，另一家則住在皇后區。進去室內之後，我們的公寓幾乎全是同一個模子刻出來的：兩房的格局，家具稀稀落落，都是人行道撿來的寶藏。讓這些地方變成家的，是述說著中國北方家常菜令人食指大動的香味。我們在冬天的聚會，更常會是在其他人家裡，因為這兩家人都有他們專供自己使用的廚房（浴室也是），我們便是聚在廚房，以在煮飯的熱氣中保暖。我們三家人，不分孩童或成人，會在餐桌旁的折疊椅上圍坐成一圈，桌上則時常會擺滿各自帶來的點心，滿到甚至隨時要打翻了，裡頭有時會有花生跟葵瓜子，而要是我們夠幸運的話，還會有一小片一小片的巧克力。孩子們靜靜坐著，家長們則聊著以前在中國的生活有多美好、以前在中國的生活又有多無望、他們有多懷念、他們又是怎麼樣根本一點都不懷念。

成人們完全沒在注意我們小孩，所有人之中更是最不理我，因為我是女孩。而他們確實注意到我的時候，也跟以前在中國時截然不同。已經不再有人評論我有多美了。大多數時候，他們說的是我有多聰明、多乖巧、多成熟，又乖又懂事，這是我在美國唯一擁有的價值。

我把這視為進一步的證據，證明媽媽和爸爸是對的：其他成人不能說我的臉又肥又歪，所以他們得說點別的。他們不覺得我還記得以前在中國時，大家總停不下來，一直誇我有多美，還有我有朝一日肯定是會上電視的。我帶著這不為人知的失落，從一間房間來到另一間房間，從家裡來到學校，並在我心中滋養著這股失落，同時下定決心要以堅定和勤奮，來彌補我在外貌上的損失。

我之所以會有這個想法，部分是來自我們和另兩個家庭一起看的那部電視影集，《北京人在紐約》，這部影集甚至早在我們離開之前，在中國就是暢銷書和熱門劇集了。然而，要一直等到抵達紐約，我們才開始看，用三家人一起集資的錢，一支一支租VHS錄影帶來看。影集的主角是名來自北京的年輕人，跟著他的老婆來到紐約市，他們看來跟我們過著類似的生活，不過多多少少鍍上了電視節目閃閃發亮的光澤。我們看著他們苦苦掙扎，英文、金錢、新的美式生活方式。我們看著他們去面試，然後去做古怪的工作，就跟媽媽先前做過的一樣，主角的姓氏甚至還跟我和爸爸相同。

「媽媽，在電視上看著我們自己的生活，到底有什麼意義啊？」我在某次聚會時問道。

「嗯，乾乾，知道一下我們並不孤單，不是很好嗎？」

但我一點都不覺得這樣很好。外頭還有更多人，在我們也擁有相同感受的同一時刻，同樣覺得孤單、想家、飢餓，這樣感覺似乎不對。有好幾百個孤單的人耶，我心想，和只有三個孤伶伶的人相比，這根本糟糕上很多吧。

隨著電視播起一個大家在霸凌欺負王起明的場景，也就是主角、影集裡的那個「我們」，爸爸也把他的折疊椅移到我身旁並低聲說：「你看到了沒，乾乾？起明在中國是位於頂層，但他現在在美國卻是位於底層，就跟我們一樣。」

這時我不禁懷疑：我們在美國真的有離頂層那麼遠嗎？我周遭的每個人，似乎都跟我們過著差不多同樣的生活。我雖然送出了最糟糕的祕密耶誕老人交換禮物，但我覺得那只是我自己的錯，我太自私了。當然，我的同學擁有玩具、更棒的衣服，甚至是更炫的鉛筆，而且他們似乎永遠都沒有到非常餓，絕對不可能跟我一樣餓的。可是除了茱莉亞和珍妮佛之外，大家好像也沒有真的有錢到哪裡去，不會讓我覺得他們位在頂層，而我們位在底層。我思考起伊蓮她家——沒錯，那裡比較乾淨、也比較大，家人間也更常聊天；可是那裡很詭異，至少我知道我們家是怎麼運作的，他們家卻擁有奇怪的規矩。難道身在美國的頂層，代表的就是這個意思嗎？

我更喜歡《北京人在紐約》之後的集數，因為裡面演到在多年的辛勤打拚和吃苦之後，王起明變得超級有錢又成功，讓他能夠住在一棟房間超過兩間的屋子裡，而且也不再需要求人給他奇怪的工作了。影集的這個轉折讓我充滿動力，隨著鏡頭慢慢拍過王起明時髦的新家，陽光照亮了室內，我也轉頭問爸爸：「王起明又回到頂層了，爸爸，我們之後也會的，對吧？」

我這話說得不夠小聲，房裡所有成人都聽見了我的話，並笑了起來。一個古怪的表情接管了爸爸的臉龐，就跟他那次告訴我不要講「chink」這個字時一樣。我等著他再度責備我，不過他默不作聲。

之後，混亂又找上王起明和他的家人，即便他們成功、勤勞、富有，但我卻不把這當成是在反映現實，因為自從抵達美國之後，我就很仔細研究過電視節目，並且知道每次都一定要把角色的生活變得很艱困才行。金錢，我心想，可以保護人們免於一切危害。在中國，我們有錢，沒有煩惱，而在美國，我們卻沒錢，擁有的也只是各種問題。

金錢就是解方。

——

差不多在那段時間，我決定我有朝一日要成為一名律師。我的道理很簡單，首先，律師有錢，而且是很多錢。我在電視上看到的那些律師，永遠都穿著別緻的西裝，還很快就都會提到錢的事。我不介意他們總是白人男性，因為在我待在且林士果廣場的最初那段日子中，我發現並囫圇吞棗讀完了露絲．貝德．金斯堡（Ruth Bader Ginsburg）和瑟古德．馬歇爾（Thurgood Marshall）大法官的簡明版傳記，她們讓我知道，律師不需要是男人，而且也不需要是白人。

第二，我也深知我以後要做露絲在做的事。她一手促成了這件事，使得沒有女性需要忍受她曾經歷過的事，這就是我以後要替跟我們一樣的移民所做的事。但我就是不知道該怎麼讓這件事成真，我浪費太多時間了：我都已經九歲了。我希望我還剩下夠多時間，可以把一切弄懂。爸爸某次曾告訴我，哈佛是最棒的學校，而那個給了我那隻瓢蟲的律師也是讀那裡的，所以我把抱負放在哈佛上，在那裡，我會弄懂一切的。

我緊緊抓著這個計畫不放。話雖如此，我分享這件事的時候，依然沒人喜歡就是了。我的同學們說這無聊又沒說服力，不像他們想變成太空人和舞者的夢想，但是和其他小孩相比，更誇張的是，成人更是認真不喜歡我的計畫。有時他們會哈哈大笑，但不是以一種正面或開心的方式，更像是在嘲笑，有時則是會皺起眉頭。他們很少會說些什麼回應我。

我告訴爸爸和媽媽時，他們沉默了許久，久到我都懷疑他們究竟有沒有聽見我說的話。接著爸爸打破沉默：「勇敢做夢很好，乾乾，而且要朝夢想努力，這比起達成夢想本身，甚至更為重要。夢想最後有沒有成真並不重要，所以假如真的失敗了，那也不要太難過啊。」

我最後一個分享計畫的成人，是我五年級的新老師，也是我這輩子遇上的第一個男老師。他名叫凱恩老師，頭髮非常短，藍眼也非常小，就躲在長方形的眼鏡後方。他很愛講笑話，而且說話說個不停，幾乎就像是回家之後沒人可以跟他講話似的——我當然是不確定這點啦，但我確實知道，要是沒有媽媽可以陪我講話，那我也可能會嘗試在學校博得更多關注。

即便凱恩老師分享很多話，他的話卻輕飄飄的，彷彿空氣中的絨毛，根本不可能抓住或握住，跟爸爸和媽媽的話截然不同；他們的話是重金屬做的，你會存放在口袋裡，並在肩膀上平衡。

我告訴凱恩老師我的偉大計畫時，他停頓了一下，接著訕笑了起來。他什麼也沒說，而等了好一會兒之後，我走回我的座位，雙頰發燙，耳朵充血。又不是說我剛告訴他我長大後想當一隻獅子還怎樣的，我心想。

我完全搞不懂這一切是怎麼回事。話雖如此，在那之後，我便不再和他人分享我的計畫，但我還是死命緊抓著不放，並握在胸口前，彷彿是個隱藏的羅盤。嘲笑和訕笑跟著我，可是我不介意，因為這提醒了我，有群觀眾正等著我證明他們大錯特錯。

19 瑪麗蓮

Marilyn

我開始不斷提起寵物的事。我常常在想，不知道有個人隨時隨地都陪伴在我身邊會是什麼樣子。某個會看見我、注意到我、我回家時也會因此興奮的人。某個不需要我的建議，只為了我而存在的人。

五年級時，我有個朋友養了隻倉鼠。某天早上上學前，她把他的籠子放在陽光下，好讓他曬個日光浴——他的肚子太白了，她說，結果她回家時，發現倉鼠躺在籠子底部動也不動，就在他的輪子旁。

她說她打開籠子，伸手進去搖他起來，但他跟石頭一樣硬。

「至少你一度擁有過寵物，」她跟我回憶這個經驗時，我這麼回應，「我也一直都想要一隻，但我唯一問的那次，我爸媽竟然跟我說他們甚至連養我都養不起了。」

「你爸媽沒有在養你嗎？」

聽見這話，我咬了咬脫皮的嘴唇。我說錯話了，我們現在要被遣返了，只要一有人來調查為什麼我沒有足夠的東西吃，就慘了。我繼續說話，希望新說出口的話語能夠把我剛才透露的事，從我朋友的腦袋中給擠出去。

「在中國時，有時候會有小雞在屋裡到處跟著我，全都排成一列，但他們從來沒活超過一兩天。」我回想起放學後跑向放在姥姥家陽臺的紙箱，種種畫面一次湧上：三團不會動的小東西，黃色的羽毛黯淡，還夾雜著咖啡色，粉棕皮革般的迷你眼皮，無論我多用力搖晃紙箱，都拒絕醒過來。溫暖的淚水浸濕紙箱、羽毛、鳥喙。

「他們死掉了。」我說，「接著還有隻小兔子，可愛又潔白，雙眼周圍長著黑斑，」我講到這裡停頓下來，回憶醞釀著，「可是她消失了。大舅舅和我回到家，然後她就不見了，但是幾天後，我經過我們建築物的轉角附近，有個男人坐在街上，販賣各式各樣的動物毛皮。其中一張就是隻兔子，雙眼周圍長著黑斑。」

我朋友的回應是驚呼著：「中國聽起來好詭異。」

她也是中國人，但不是和我一樣的中國人。我這輩子有很多時間都花在回家後發現東西消失了上，而她似乎一點也不懂那樣子的中國人生活。

事情發生在一個週日。我把東西帶上老詹的車，接著帶去麥當勞，是我當時正在讀的從圖書館借來的書，我簡直手不釋卷，有關一個和我年紀差不多的女孩，因緣際會得到了一窩小貓；她還用好萊塢明星的名字幫每一隻小貓命名，比如奧黛麗．赫本和費雯．麗。老詹邊嚼著他的四盎司牛肉堡，邊問我那本書的事。

「你喜歡貓咪嗎？」

「喜歡啊，我很想要有隻寵物，貓或狗都可以，甚至是兔子還是老鼠都好。」

「那你想養隻貓嗎？」老詹問我這句話時，並沒有看向我的父母，他的眼神直直對準著我不動。我一秒也沒浪費，猛點著我的頭，直到視線中的一切也都跟著搖晃了起來。

「我們可沒有空間給——」

「我們可養不起——」

媽媽和爸爸隨即抗議起來，理由還一個接著一個。

然而，老詹還是直勾勾盯著我，而就這麼一次，我並不介意。「我姊姊有隻貓，她一定很適合你的，我下週可以帶她過來。」

接著，他望著媽媽和爸爸說：「我們也可以帶點食物過來，而要是行不通的話，你們再把她還給我們就好了。」

在那之後，時間彷彿冰河般緩慢前進。我從圖書館找了七本書，都承諾著要教導我怎麼照顧貓，但我一開始讀，就發覺我半件事都做不到。這些書幹嘛要推薦買床和玩具給貓這種事情啊，我懷疑，明明根本就沒人負擔得起？

於是我唯一的希望，只好擺在能在人行道上找到些什麼東西，而我也從來沒有這麼熱切盼望過血拼日的到來。雖然我的任務每次都失敗了，但我回家時，總是都帶著一種感覺，覺得下一次，我一定會成功的。

與此同時，我滿足自己的方式則是從我們室友的浴室庫存中偷棉花棒，並用膠帶一根一根黏在一起，湊合成逗貓棒。我希望這對瑪麗蓮來說就夠用了——我早就決定好要這麼叫她了，以瑪麗蓮．夢露命名，爸爸跟我說，她是全好萊塢最漂亮的巨星。有次他曾給我看過一張她的照片，而我因為她潔白無瑕的肌膚讚嘆不已。

連影子都還沒看見，我就已經知道我的貓也會是全世界最美麗的貓。

那天終於到來時，我早上八點就起床了，胃還微微翻攪著。我以前從沒這麼早起來過，而且有史以來第一次，開開心心讓自己忙著看晨間卡通。但即便我迫切想知道電視上到底在演些什麼，我卻發現自己消化不了半點眼前正在看的東西，彷彿我面前上演的場景，直接穿過了我的眼球，並從我的後腦杓透出去了。我滿腦子能想的，就只有時間流逝得有多麼緩慢，電視上又充斥著多少玩具廣告，而我現在早已一點都不在乎。

電視的聲響穿過了分隔我們房間的窗簾，把媽媽和爸爸吵醒，他們很訝異我竟然已經起床了。爸爸總是認為我在早上愛睡覺，晚上卻活力滿滿，早晨不起、晚上不睡，會害我「完蛋」，就跟我的邋遢一樣，不管我把我的床整理收拾得多乾淨，且即便我在上學前就很早起，完成了這一切，他都還是會這麼說。而少數幾次我跟媽媽分享，爸爸的話有多讓我受傷時，她竟然跟我說不要這麼情緒化，也不要這麼認真看待這些話嘛。畢竟，她說，爸爸是以刀子嘴豆腐心聞名的。

媽媽似乎沒有注意到，無論我做些什麼，或者我有多努力，爸爸的聲音永遠都會出現，從他的頭上飄出，並住進我腦中，提醒我自己根本無能為力，只能朝「完蛋」而去。我不知道這到底是什麼意思，真的不懂，只知道這個字讓我想到各種景象，是我在越來越大的灰綠色海浪中拼命扭動、奮力求生，但卻從未有機會學會游泳。

然而，那天早上，爸爸卻什麼也沒說。這是個短暫的緩刑，我也好好細品。

等到下午到來，我已經開始在房間各角跳來跳去，三不五時還守在狹窄日光室的窗邊。當我看著那輛熟悉的 Town Car 開過轉角，邊在腦海中想像灰色的天花板布料隨著車輪的移動擺盪著，我衝到玄關，並跨出兩扇前門。

那天，老詹帶著他姊姊一起過來，她是名修女。他有三名姊妹，全都一起住在布魯克林他們長大的老家。他曾提過所有姊妹都是修女，我清楚記得這件事，即便我完全沒印象老詹自己在退休前究竟是做什麼的，也許是因為我擔心有天會遇見他的姊妹們，卻只是發現她們正好就是我五年前在北京的機場看見的、那些一身黑衣的怪物。

老詹和他姊姊走下車時，我發現她穿著一身幾乎算是正常的服裝，因而鬆了口氣。我可以看見她整張臉，而隨著她接近，我也察覺她的雙眼並非藍色，反倒是種汙濁的棕色，跟老詹的一樣。老詹從後座取出一個籠子，我很驚訝他們竟然沒有就這麼把瑪麗蓮帶出來，或是用繩子牽著她，但我接著發覺，我根本就不知道大家是怎麼養貓的，更何況是白人怎麼養貓的。

我簡直不敢相信我父母表現得彷彿這只是尋常的一天。我們是在迎接一個新的家庭成員耶，一切都將不再相同。

「媽媽！爸爸！快來呀！」

爸爸和媽媽在玄關內等待，老詹和他姊姊走進前門，進入我們的起居空間。那早稍早，我擺出了一張摺疊椅，這樣就每個人都有位子可以坐。貓咪需要座位嗎？我思索了這件事好幾秒鐘，然後才發覺她其實只要坐在我的大腿上就好了。

老詹一邊呻吟著坐進沙發，並把籠子擺在地板上。我瞥向裡面，遇上一道黑、白、棕毛的閃光，還有一對閃閃發亮的圓眼。老詹的姊姊彎身靠近籠子，她很瘦、行動自如，彷彿老詹為她承擔了所有的衰老一樣。她握住籠門前的兩根鐵條，接著，瑪麗蓮終於現身。

她是個瘦小的小東西。黑色的毛皮大衣下，我都能看見肋骨的漣漪，她走著直線，一臉懷疑打量著我。她的臉孔是幅拼貼畫，一邊是大片的黑色覆蓋，另一邊則是白色和棕色組成的漩渦。她的雙眼烏黑，充滿神祕難解的智慧，長長的黑尾巴嗖地一甩，便跑過來用頭部摩擦著我的腳踝，並在我的牛仔褲上留下一縷縷的黑色貓毛。接下來，瑪麗蓮研究著媽媽，她則是帶著同等的懷疑回望著瑪麗蓮；我從媽媽的目光中得知，她並不喜歡瑪麗蓮全身大半都是黑色的，臉孔還左右不對稱。到了那時，我已經漂離中國文化很遠了，但是就連我都知道，這樣的不對稱，又這麼黑，象徵著非常糟糕的運氣。

「她喜歡你。」老詹露出微笑。

等到瑪麗蓮接近爸爸時，我也分辨得出他心意已決了。「他們肯定是從街上撿來這隻貓的，」他邊用中文說出這句話，臉上的笑容一邊繼續保持完美無缺，語氣也很柔和，以免洩漏出他說的內容，「看看她，滿臉亂七八糟的，是要帶多少霉運進我們家啊，我們可承擔不起這樣的詛咒哦。」

媽媽也點了點頭，一邊對老詹保持微笑，我則是心碎了一地。雖然我外表上看起來肯定還好，因為老詹的姊姊開始用她細不可聞的聲音和緊抿的雙唇對我說起話來。

「我知道會是由你負責照顧……瑪麗蓮的，對吧？」

我鄭重點了點頭。

「那麼，好吧，我接下來就來教教你究竟需要做些什麼。」

她跟我講解過貓砂盆還有飼料，我邊把眼淚眨回去邊試著專心聽。我實在是束手無策，無法阻止我父母做出注定會發生的事。

「那您會來看她嗎？」我問。要是老詹和他姊姊預計會再過來一趟，那我父母可就不願丟臉，並把瑪麗蓮給轟出去。

「只有在你想要的情況下，親愛的，這裡現在是她的家啦。」

我望向瑪麗蓮，她已經開始大字趴在地板上清理著自己了。家竟然能夠如此暫時，還真是再殘忍不過了。

瑪麗蓮甚至比我想像得還更不可思議。我們的起居空間擁有世界上最細小、也最狹窄的裝飾，從牆上突出，距離天花板只有不到三十公分，但瑪麗蓮卻只要用後腳一推，就能從地面跳到那個裝飾上。她接著便會在天花板外緣走來走去，居高臨下觀察著我們。她也學會了要去拿那根棉花棒逗貓棒，雖然她常常是咬在嘴巴裡一把跳上裝飾就是了。我看著她銜著逗貓棒走來走去，有時也會在屋裡到處跟著她，滿心希望她會把棒子扔到我手裡。我會一直這麼做，直到脖子開始痠痛，接著我便會往下看一段時間，然後再度抬頭用雙眼跟著她。

有了瑪麗蓮，我們的房間便成了一個更溫暖的所在。她不是那種愛窩在大腿上的貓，而且看到我也從來都不是特別興奮，話雖如此，如同我先前想像的，回家時有個只為了我存在的人在等我，還是挺不錯的。我會花好幾個小時觀察她四處跳來跳去，邊追蹤著在她毛皮下方刻出一道道溝紋的肌肉和骨頭，而我最享受的，則是看著她吃東西。老詹給的食物吃完之後，媽媽從店裡買來了最便宜的乾燥貓食，雖然我總是會再拌入我找得到的隨便什麼米飯和雞肉。我會手肘撐地、雙手捧臉，看著瑪麗蓮先用一邊的嘴巴喀嚓喀嚓嚼著較硬的食物，接著再換另一邊，比起我自己吃東西，這更讓我感到快樂。

我花在觀察瑪麗蓮的那些時刻，是少數我不會替媽媽、她和爸爸之間的問題、即將降臨在我們身上的遣返驅逐、或是我到底該怎麼進哈佛這些事情操煩的罕見時光。不，我在觀察瑪麗蓮時，全世界就只剩下我和她，一個小女孩和她人生中第一隻真正的寵物。

爸爸打從一開始就不喜歡瑪麗蓮，但情況只是每況愈下。瑪麗蓮從來都不會討抱抱，而這和爸爸覺得貓應該做的事相悖。某天晚上，爸爸把瑪麗蓮放在他大腿上，但她尾巴嗖地一聲就跳下去了，這可是她的招牌動作，也是個我開始會期待的動作。但是爸爸從不輕言放棄，他再次抓起她，結果她又嗖一聲離開了。爸爸第三次要抓她時，她發出嘶嘶聲，並跑進沙發底下，在汙漬斑斑的布料下，只看得見她的尾巴而已，而且還煩躁地拍著地板。

這只是讓爸爸更生氣了。他走出房間，我則屏住呼吸，希望他是出門去散個步，但深知肯定不是。幾秒鐘後，他就再度進來，手上拿著我們的掃把；我們是在其中一次血拚日找到這根掃把的，掃帚柄上覆蓋著一層綠色的塑膠，會剝落成一片片碎屑並黏在我們的手上，末端的枝枒也往四面八方亂插，使得根本就不可能把所有灰塵集中掃到同一個地方。

爸爸把有枝枒的那端對準沙發下方。瑪麗蓮的尾巴消失，爸爸將掃把插得更深，還四處搜尋著。瑪麗蓮從另一頭出現，我什麼也沒說，並希望爸爸不會注意到。我不知道他到底想對她做什麼，我的胸口感覺彷彿三明治一樣夾在兩把屠刀中間。

就在瑪麗蓮消失到冰冷的日光室時，爸爸也注意到了她的黑尾巴。他衝進去，手上依然拿著掃把，並關上門。

「住手！」

他無視我的懇求。

「住手，拜託，爸爸！」

我沒有跟進去房間，反而跑向媽媽僵坐著的沙發。

從日光室中，只傳來爸爸用掃把猛敲地板的聲音，接著是瑪麗蓮的嘶嘶聲，還有她的爪子刮擦著堅硬地板的聲響。我把臉埋進媽媽的胸口，並用雙手摀住耳朵，媽媽緊緊擁抱著我，依舊一言不發。這是好長一段時間以來，我終於再次靠近她到能夠吸進她皮膚上舒適撫慰的肥皂氣味。

我不知道這究竟持續了多久，但在這段時間內，我彷彿老了好幾十歲。某個時刻，門終於伴隨著一聲掃把的拍打咿咿呀呀打開來，而我看見瑪麗蓮黑色的腳掌從門和門框之間的角落出現。電光石火之間，她便跑了出來，進入我們的客廳，每走一步還留下一小條一小條的紅色血痕。

「她在流血——媽媽，她在流血。」

媽媽的目光追蹤著地面，然後她的身體才驚醒過來。到了這時，瑪麗蓮已經跑到我床下了，而爸爸現在正把掃帚對準那裡。

媽媽衝了過去，我跟在她身後。她開口時，我甚至都還沒好準備好迎接從她喉嚨中噴出的怒火，以及她雷霆萬鈞的音量。

「行了吧，你。像小孩子一樣。」鬧夠了吧，搞得跟個小孩子一樣。

媽媽緊抓住從爸爸的手臂和軀幹處凸出來的掃把末端，並將掃把從他手上扯走。爸爸轉過身，而我看見他眼裡有惡魔，他真的很生氣的時候，媽媽和我都是這樣子說的。我遮住臉，害怕他接下來會做的事，但也心知肚明我必須待在附近，並在他的怒火要是燒向媽媽時阻止他。然而，一眨眼之間，惡魔便一閃而過，然後死去了。爸爸放下掃把，走出房間。

我蹲到地上，尋找床下的瑪麗蓮。她瑟縮在我的床和牆壁連接處的角落，是一團由毛、骨、血組成的混亂。媽媽坐在床上，示意要我起來。

「她覺得安全的時候，就會出來的。」

我想問覺得安全是什麼意思，但我不知怎地深知，媽媽和瑪麗蓮都需要我保持安靜。於是我們坐下，我的目光盯著地面，媽媽則是面無血色，怒火已然熄滅。

那晚，爸爸消失了很長一段時間。他走出去一會兒之後，也許已經久到足以確保，他不會再拿著根更大的掃把回來之後，瑪麗蓮便從床下現身。媽媽把我可憐的瑪麗蓮抱在臂彎裡，我則拿來更多我們室友的棉花棒，邊輕拍著她血淋淋的腳掌。大多數傷口都已經止血結痂了，而看見瑪麗蓮在媽媽腿上漸漸進入夢鄉後，我的胃終於也不再扭攪。要讓她變成一隻愛窩在大腿上的貓，這就是所需的代價。

那晚我們上床睡覺時，爸爸依然還沒回來。但瑪麗蓮第一次和我一起爬上床，並待在床上，就在我的軀幹和我的臂彎之間，媽媽為我們倆蓋好被子，也在我們的額頭上都印下一吻。我突然間想到，這是我在許久許久的無數個夜晚以來，第一次覺得受到保護。接著，就只花了我捏了瑪麗蓮一下、又親了她一下這麼短暫的時間，我便沉沉入睡。

20 塗鴉

Graffiti

媽媽的新課程是晚間上的，所以要一直等到爸爸煮完晚餐並上完菜很久之後，她才會回家。媽媽從前門回來時，甚至不會停在我們的房間前，反倒是會直接穿過玄關、朝廚房而去；接著，按下我們小檯燈上的開關後，她會開始念書。

自從爸爸離開中國後，我從未和他獨處過這麼久的時間，而我驚訝發現，我們依舊處得不錯。他真的只會做唯一一道菜：番茄炒蛋，裡面還要加上一大堆蔥。這是在中國北方，人人都會的一道食譜。爸爸煮飯時，我會和他一起站在廚房裡，看著他打蛋、切番茄、接著切蔥，然後再把所有東西都丟進我們和室友共用的那個大平底鍋裡。我們會聊他在工作上應付的人，以及他們每個人是怎麼離鄉背井的。接著，我會抱怨著我新交到的摯友克莉絲汀所做的一切惹惱我的事，以及茱莉亞真的是被寵壞了，竟然每天放學後都會去販賣機買一根Good Humor牌的草莓脆皮雪糕。我會知道，是因為我培養出了一種自虐的習慣，會跟著她出教室，並且每一次都看著她把六十分錢投進投幣孔，還在她一口口吃掉那根漂漂亮亮、布滿粉紅色和紅色點點的點心時，一邊流著口水。

一整個晚上都不用聽媽媽的煩惱是很棒沒錯，但也蠻奇怪的。我因為沒有陪在她身邊而感到愧疚，也為了和爸爸在一起竟然這麼開心而感到愧疚，尤其當他還是我們這麼多問題的來源時。在我因為爸爸的各種笑話笑得最厲害的那些時刻中，這樣的罪惡感就會出現，此時我的笑聲便會戛然而止，想起爸爸有時候眼中會有惡魔，而且我應該要小心點，別靠太近才對。

媽媽在家時，開始告訴我她會胃痛。我猜這種痛跟我餓著肚子等午餐吃的痛是一樣的，可是爸爸和媽媽說這是瑪麗蓮的錯，是她的一身黑衣和不對稱的臉詛咒了我們。然而，我其實懂得更透徹：自從爸爸離家來到美國後，厄運就緊跟著我們。而我也知道，要是我能夠給媽媽稍微多一點吃的，那我就能證明他們是錯的。

每頓晚餐結束時，我都會確保把我一部分的食物放到另一塊盤子上，專門留給媽媽，盤子就壓在爸爸固定會從麥當勞的免洗餐具區那裡偷來的其中一張餐巾紙邊緣上。我也會在餐巾紙上留話，寫著「不准碰！」，以免我們的室友在打任何主意。

話雖如此，媽媽卻從來沒吃那些食物。她會直接在餐桌上唸書，甚至不會去冰箱翻找。某天晚上，爸爸睡著後，我和瑪麗蓮爬下床，跟著媽媽來到廚房，並把盤子拿出來到媽媽坐的位置。她的視線從巨大的正方形眼鏡望出，盯著一本厚重的教科書，裡面寫滿數字和等式。瑪麗蓮跳到餐桌上，在檯燈下安頓好，這裡永遠是我們家裡最溫暖的地方。

「媽媽，你得吃點東西才行。」

媽媽揮手要我走開。

「媽媽，你得吃點東西才行啊。」堅持不懈是我的強項。

「我沒時間，」她碎念，「而且你應該上床睡覺了。」

我又乖又懂事，是個成熟的好女孩，所以我照媽媽說的話做。然而，離開廚房的路上，我回頭卻看見她用左手摀著肚子，邊用右手翻閱過教科書。

回到床上，罪惡感讓我心煩意亂。我怎麼能在媽媽餓著肚子念書時，跑回來睡覺呢？至少，我心想，瑪麗蓮在那裡陪她，照顧著她。我陷入斷斷續續的睡眠，醒過來好幾次，查看媽媽睡的那側的床，每一次我看見上面空蕩蕩的，我就盡量保持清醒，看罪惡感能讓我撐多久，接著又再次陷入睡意之中。這個過程會一直持續，直到我醒來終於看見媽媽在她床上的位置，側身蜷曲著，面對我，背對爸爸。我在想瑪麗蓮去哪了，於是掃視著我們的臥室，此時閃爍微弱的陽光，正好開始從窗外溜進來。那一團黑、棕、白的毛皮，在媽媽的床下自己縮成一團，這就是我迎接當晚第一次安穩又深沉的睡眠之前，最後有時間看見的東西了。

——

我大約也是在這段時期左右開始生病。我常常覺得我好像要吐了，尤其是在我像吸塵器一樣把我午餐托盤上的所有東西掃進嘴哩，並大口大口喝下盒裝牛奶，讓牛奶疊在這坨東西最上頭之後。通常，一陣噁心反胃之後，什麼事也不會發生，而且在晚餐時間之前就會好了。然而，有幾次，我還真的吐了出來。第一次是發生在放學回家的地鐵上，列車的每一波動靜，都在我胃裡波濤洶湧的海洋掀起另一波浪潮，我想盡辦法撐住，直到列車開始停靠在教堂大道站。接著，就在我站起身時，我感覺到那座海洋湧了上來，透過碳酸化，有顆氣球從我胃中升起，並往上飄進我的喉嚨。我用力吞嚥了好幾次，希望能把那顆氣球給壓下去，卻徒勞無功。就在車門叮咚打開時，我察覺氣球爆開，並在我嘴裡炸出一團熱氣，只不過那並不是空氣，而是嚼得稀巴爛的麵包和碎肉醬，在往上湧的路途中甚至還比先前往下降時更碎呢。我幾乎沒時間注意湧上我臉龐的那股紅熱，以及地上那團棕色和橘色的東西，然後車門就叮咚了第二次，宣布著門就要關上了。我於是跳過那團東西並走出車門，同時避開和其他乘客眼神接觸，全程卻完完全全聞得到我留在身後的那股臭味。

接著，在月臺上，另一顆氣球又從我胃裡升上來，並在我嘴裡炸開。我在整個車站和人行道上留下了一團又一團東西，是一連串的麵包屑足跡，一路跟著我回家。

很快，我開始覺得那一顆顆氣球彷彿永遠都在我肚子裡，隨時等著要爆炸。甚至連我們班去布魯克林大橋戶外教學時，氣球也都在。隨著克莉絲汀和我走過中央街，經過一間間別緻的法院大樓，有許多級階梯通向入口時，我感覺到氣球開始出現。我們在班上同學排成的隊伍前頭處，而克莉絲汀簡直要把我給逼瘋了。我們當初很快成為朋友，是因為我受到她坦率又愛笑的本性吸引，而且也因為她超美又超瘦，有雙閃閃發亮的大眼，還有張完美對稱的臉蛋。她完全不具有任何媽媽和爸爸在我身上指出的外在缺陷，不過因為她心胸這麼開闊包容，我有時候也能逃過對她說些刻薄的話，就像媽媽和爸爸對我做的那樣。

那一天，克莉絲汀整趟到大橋的路途上，都在炫耀著她的新運動鞋。

「看看這雙鞋有多漂亮，又有多白！我要永遠都保持成這樣。」

我無視她，不過偷偷擠著我的腳趾。那時是初春，而我那年穿的運動鞋已經接近壽終正寢了，我的腳指甲已經在一層層布料上鑽出一個個洞來，所以我培養出一個習慣，會緊緊蜷起我的腳趾頭，以防把洞摩擦得更大。

蜷起腳趾使我們的步伐緩慢，而隨著我們走上大橋，班上其他人也跟上並接著超越了我們。計畫是要走到布魯克林那一側，然後再往回走。

這是趟免費的戶外教學，而我對此相當感激。那學年後來有一天，我們到林肯中心附近一間時髦的電影院戶外教學，去看《花木蘭》，這是我這輩子看的第一部迪士尼電影，但為了要讓這趟旅程成行，凱恩老師跟我們所有人收了一大堆錢。這花掉了媽媽和爸爸本來可以讓我們全家吃飽好幾天的錢，而且這樣甚至還不夠，因為凱恩老師告訴我們，去戲院那天要帶更多錢來，這樣我們就能買爆米花了，這引發了我的同學們一陣歡呼。我在美國從來沒看過電影，並納悶為什麼大家都對爆米花這麼興奮；在中國，我們會在電影院嗑葵瓜子，喀啦喀啦的聲音替電影的配樂伴奏著，地板上則慢慢充滿打開的空瓜子殼。

在那次布魯克林大橋戶外教學，就是免費的那趟，當天稍早我們全班蜿蜒經過曼哈頓下城時，還碰巧遇上了爸爸，就在我們抵達法院大樓前。爸爸似乎正從他總是告訴我要遠離的其中一棟咖啡色政府建築中走出來，他自己一個人，打扮得很稱頭，穿著他的正式襯衫和正式長褲，腳踩鞋帶纖細的亮晶晶鞋子。

我完全不知道他在那裡幹嘛，但反正還是跑過去擁抱他。他揮手跟凱恩老師打招呼；他們先前見過面，就在親師座談會上，凱恩老師當時告訴爸爸，我是個勤奮的學生，但我得不要那麼害羞，而且我也需要更常換衣服才行。

要不是我們撞見爸爸時，他打扮得很稱頭，我才不會覺得感激呢，我試著不要去想他究竟是在那些政府建築裡做什麼。

在那之後，氣球就出現了。氣球緩緩湧上，維持漂浮狀態，就在海浪之上，我甚至都沒注意到氣球浮了起來，直到衝過我的喉頭。比起刻薄的話語，從我嘴中出現的反而是噁心的食物——是學校的午餐，這次是雞塊，如潮水般湧出我的食道，並噴在克莉絲汀全新的運動鞋上。

「我的鞋子！」克莉絲汀尖叫出聲，但我可沒空覺得丟臉，因為她也開始作嘔起來。不到幾分鐘，還有其他幾個同學也加入作嘔的行列，搞得凱恩老師得往回走好幾步，然後發現我們所有人全都擠成一團，圍著我的嘔吐物作嘔。

「他媽是在幹什麼？」凱恩老師最棒的地方，就是他偶爾會忘記他其實不應該在我們面前罵髒話的。

「嘔吐物，」作嘔聲摀住了克莉絲汀的話，到了現在，她已經用雙手遮住臉了，「也讓我想吐。」

凱恩老師把我們所有人從事發現場趕走，並回到我們走來橋上的原路上。我們拖著腳步朝曼哈頓走去時，作嘔聲終於也平息下來。我在沉默中對抗著蕩漾的餘波，等到我們走下橋時，我感覺幾乎正常了起來，十分感激自己沒有再吐出來。但是隨著噁心感退去，降臨的是羞恥感。我差點害我們全班都在布魯克林大橋上大吐特吐，而且因為我，我們永遠都沒機會看到布魯克林那一邊。我在走回學校剩下的路途中都在琢磨著這回事，並迴避著其他人的視線，目光死死盯著地板不放，而克莉絲汀蹣跚走在我身旁，她的鞋子時不時就會進入我的視野中。那趟戶外教學剩下的時間，我看見的都只有灰色的人行道，並三不五時被克莉絲汀白色的運動鞋給打斷，現在上面滿是咖啡色的噴濺和大片大片的橘色，簡直堪稱是人體的塗鴉。

21 茱莉

Julie

我成了說謊慣犯。平行人生在經過我腦中的迴路之前，就先從我口中湧出。我從小謊撒起，但很快就進階成更大也更誇張的作品。

「我是在這裡出生的。」我某次在午餐桌上大膽表示，少數幾個我的朋友哼了一聲表示聽到了，但沒半個人從他們的漢堡上抬起頭來。

這就是我的說謊入門課。

「我爸是個警察。」我繼續嘗試。

這引起了某個朋友的興趣，「他有槍嗎？」

「當然有囉，」我頭抬也沒抬地回答，並戴上一張冷酷淡漠的面具，「有時候我還可以拿拿看呢。」

「那他在哪邊工作？」

「他可以來學校給我們看槍嗎？」

「他在中國城工作啦。」回答我唯一熟悉的社區似乎是最安全的。

「他是猛龍小隊的一員。」我把中國城的消防隊和警察融合在一起，但我們沒半個人懂更多了。

「也許他哪天可以來學校吧，」我冒險提出，「不過他很忙就是了。」

我不只是在談論這些人生而已，在那些時刻中，我也活在這些人生裡面。我不再是王乾，那個被日常的憂慮壓得喘不過氣的臃腫女孩，那隻到處亂竄的蟑螂，只要有任何穿制服的人出現，就會轉身往反方向走。在那些時刻中，我就是那個真正值得我的朋友們在午餐桌上獻上沉默的敬畏，並大大睜著閃閃發亮眼睛的人。

我的謊言也越發大膽。

「我是一半白人混血。」另一次戶外教學時我如此宣布，這一次是去自然史博物館。凱恩老師超愛戶外教學，因為這代表他不用上課，所以對大家來說都是件好事。

克莉絲汀沒有回答。我轉身發現她並沒有受到我湊合出來的半特權出身迷惑，反倒是被三角龍化石迷住了。

「我爸，他是個白人ＣＥＯ。」我邊說邊端詳著高高聳立在我們上方暴龍的迷你手臂，並小心翼翼藏起我的興高采烈，因為終於能夠用上這個我有次在電視上聽到、然後記下來準備好之後使用的字。

「我還以為你爸是個警察呢，」克莉絲汀回過神來，「而且我們那次戶外教學有看到他！他才不是白人。」

克莉絲汀的問題，就在於你永遠都搞不懂她到底什麼時候會專心聽。

「你看，克莉絲汀，三角龍和暴龍竟然在同一個房間裡欸！這根本一點道理也沒有！牠會被吃掉的。」

「我還以為你爸是個警察，一個中國警察。」

她的記憶力簡直就跟大象一樣好欸。

「他、他是啦。我只是在測試你而已，你過關了！」

——

媽媽病得更重了。她如果不是去上學或是在工作，就是在床上。我們再也不會去櫥窗購物了，不會去附近的第十三大道，我們在那邊會從猶太人的商店拿到免費的葵瓜子和堅果試吃。而且顯然也不會再去我們最喜歡的區域，也就是先驅廣場了，那邊既有我們真的能買東西的店，像是Conway，也有我們只能夢想有朝一日可以進去買東西的店，像是梅西百貨。

相較之下，我們外出只會去找那些唯一可以安全去看病的中國醫生。他們的辦公室就在自家，自家的地下室中，媽媽告訴我其中許多醫生都跟我們一樣「黑」；他們以前在中國是醫生，就像媽媽和爸爸以前在中國的大學教書，但是現在他們沒半個人能做以前擅長的事了。反正，不能大搖大擺做就是了。這樣子比較安全，媽媽說，因為他們不能檢舉我們，我們也不能檢舉他們。

「那要是他們做錯了什麼，」我問，「然後害你病得更重怎麼辦？」

她用那種乍聽之下是問題，其實卻是回答的激問句回應：「有可能比根本不去看醫生還嚴重嗎？」

——

「朋友測試」這招對我來說超有用。我每次被逮到說謊，都有辦法可以翻轉過來，並把謊言變成「逮到你啦」，這讓我能夠控制所有情況。

我的謊言也超越了我的身分，以及我的父母是來自哪裡，就算是在最為陳腔濫調的情境下，也能開花結果。

如同摯友必須要做的，克莉絲汀和我總是會一起去上廁所，並且使用相鄰的隔間，而假如沒有兩間相鄰的可以用，那我們就會等，畢竟我們憑什麼去質疑友誼的規矩呢？

克莉絲汀喜歡一進去隔間，就大力摔下馬桶坐墊，因為我總是在她隔壁間，我每次都彷彿快耳聾了，不過我當然是不會這樣跟她說啦。

「克莉絲汀，我媽說，要是你這樣子摔一百次，那你就會耳聾。」

「我已經摔好幾千次了，我每天都會摔。」

「我知道，」我努力控制聲調平穩，「我只是在測試你啦，你過關了。」

「好耶！」

我比克莉絲汀還聰明，但她更快樂，因為她會慶祝所有勝利，無論真假。

——

醫生是誰都無所謂，我們全都看了一輪，反正，就安全的那些啦，而他們全都告訴媽媽同樣的事。

這只是胃痛而已。

吃好一點。

去店裡買些那種粉紅色液體的藥。

沒半樣有用。

——

跟四年級時一樣，我五年級的大多數時間都花在做白日夢上，思緒漫遊馳騁時，邊交替盯著黑板和凱恩老師。有個白人當老師實在很詭異，PS 124 小學就是這點好，即便他們都不會說普通話，但大部分的老師，就像這裡的學生，至少看起來也都有一點像我。

凱恩老師看起來則跟我一點也不像。他有那種白人的蒼白，底下還有很多紅色，皮膚讓我想起那種中間有粉紅色點點的蒸包子，只不過他的皮膚不像包子一樣緊緻又柔軟，而是有點下垂。

我完全無法判斷他到底幾歲，只知道他似乎真的是年紀不小了。這可能有一部分是因為凱恩老師看起來好像有一百萬公分高，雖然這也蠻令人困惑的，因為凱恩老師有時有趣又愛開玩笑，彷彿屬於我們的一員，可是有時他則似乎鄙視著我們。

我似乎也讓凱恩老師頗為一頭霧水。有一次，他把我叫到教室前頭，這時其他人都提前開始做回家功課了。

「乾，」他的臉因困惑而扭曲，「你這身工作服到底是怎麼回事？」

「什麼？」這是我唯一能擠出的回答。

「你幹嘛每天都要穿這樣？我們又不是在農場。」

這似乎是個並不真正尋求答案的修辭性問題。我很熟悉這類問題，因為媽媽也常問，所以我保持沉默，並回到我的座位。我花了點時間慢慢走回去，不想給他機會看見我漲得跟番茄一樣紅的臉龐，不過卻心知肚明他從我熱辣辣的脖子後方，肯定是把顏色看得一清二楚。

某天晚上，媽媽病得非常嚴重。

爸爸不在家。我才剛在浴室裡休息完很長一段時間，我在那裡跟上最新一集的保姆俱樂部進度，並在日記中狂抱怨克莉絲汀。我一回到我們房間，就知道有哪邊不太對勁。媽媽並不在起居空間，而且分隔睡覺區的窗簾也解開了，遮住了床，讓我看不見。一部分的我並不想掀開窗簾，反倒是想要跑回浴室繼續讀我的書，另一部分的我則渴望打電話給伊蓮，並問問看今晚能不能去她家過夜；她爸媽兩人都在家，小孩也不需要洗碗，而且一切都有規矩，比方說你該怎麼吃飯，還有你在沙發上該坐在哪邊。

我掀起窗簾。

——

凱恩老師教我們世界運作的種種方式。某天，他站在教室前頭，並對我們露出燦笑。

「你們知道唐人街那邊有很多間血汗工廠嗎？」

我們大多數人的父母都在其中一間工作。

「你們大多數人的父母都沒受過教育，他們只配在血汗工廠工作。」

這才不是原因呢。

「不過雪莉她媽媽就不是了，她穿西裝來參加親師座談會，乾的爸爸也不是。你們還記得吧，我們之前去布魯克林大橋那次，就在政府機關大樓附近看過乾的爸爸，穿著正式的襯衫。」

凱恩老師也相信極限的存在。也就是，我們全都擁有各自的極限，並且需要有人來提醒我們，而我們也必須要接受那些限制，不可以有半點質疑。

比起一些人，極限對某些人來說作用比較大，而我們應該要感激這個白人救世主很早、且經常教導我們認識自己的極限，幾乎感覺就像是他自以為是在保護我們一樣。

寫作一直都是我的長處。我一向覺得要是某個成人讀到我寫的東西，就能夠看透我的靈魂，而我就有機會去證明我屬於美國，就跟任何孩子一樣有資格。

凱恩老師是第一個告訴我，我的才華不配我皮囊的人。這並不是我應該要成為的人，也不是其他人對我的期待。某天，他又叫我去教室前頭跟他晤談，等我來到他辦公桌前，我的臉已經紅通通的了，但我緊抓住一線希望，認為這次有可能是關於什麼好事，也許我的作文感動了他。接著我往下望，然後看見自己還是穿著那同一套工作服。

「乾，」他手上拿著前一天的作文，「這是你寫的嗎？」

這個問題是陷阱嗎？也許這又是另一個問題即答案的激問句。

「我不覺得這是你寫的耶，乾。」

也許這是他很愛開的那種玩笑，只是沒人懂笑點。

「那不然是誰寫的？」我尖聲回答。

「這可……這可不是我在PS 124小學這裡會讀到的那種作文。」

「可是確實是我寫的啊。」

「你確定嗎？」

「確定。」可是在他的目光下，不知怎地，我卻不太確定。

「我對你實在是非常失望，請回去你的座位上吧。」

這只是第一次，我和之後會出現的各個白人老師，還會有很多次類似的對質。而我後來在凱恩老師班上的日子中，總是會確保交任何東西出去之前，先加上幾個拼字和文法錯誤。

——

媽媽在床上翻來覆去。

媽媽，怎麼了？

她一臉灰白，眼淚從她眼中流出，她的雙眼則是因痛苦緊閉著。

媽媽？

萬一她過世了呢？萬一她說不出話來呢？我能怎麼辦？我們的室友在嗎？我手足無措坐在她身旁，費力思索過這些問題，邊揉著她的肚子。

乾乾。她最後終於開口時，我還以為是我想像出來的，但是我轉過身，她就在那裡，雙眼張開，盯著我看。**乾乾，打九一一**。

什麼？發生什麼事了，媽媽？萬一他們遣返我們怎麼辦，媽媽？你需要什麼？

乖，聽話，好孩子。我們現在沒時間擔心那個了。好痛——真的好痛，我很害怕。

無論何時，只要媽媽說出這些話時，我就知道我得當那個成人了。她害怕的時候我可不能害怕，於是我趕緊穩住表情，以防洩漏出一絲一毫的恐懼。

告訴我你感覺怎麼樣，媽媽。

從那一刻起，那晚便模糊不堪了起來。媽媽吞吞吐吐出話語，而雖然我並沒有完全聽懂那些話全部的意思，不管是分開來還是合在一起，我的大腦仍然緊抓住她所說的一切，以防我之後必須跟某個人重述一字一句。她說什麼害怕她胃裡有個洞，我甚至都不知道這種事有可能，並想起我的腳指甲在運動鞋上磨出破洞。事情就是這樣子的嗎？這聽起來很危險，所以我從床上一把抄起瑪麗蓮，並把牠鎖在日光室裡。

我跑到走廊上。

四下無聲。

我們的室友都不在。

接著我又跑到走廊，砰一聲打開第一道前門，並使盡全身的力氣用拇指猛壓我們房東的門鈴。我把按鈕按到底，死不鬆手。

拜託在家。他們雖然不會講英文，可是他們是成人，而這才是唯一重要的事。他們會知道該怎麼做。他們得知道才行。

拜託在家。

拜託在家。

拜託在家。

他們在家。

他們衝下階梯，友善的臉龐因擔憂皺了起來。我告訴他們媽媽跟我說過的話，接著他們便陪著媽媽坐在窗簾另一邊，我則撥打九一一並跟一名女士講話，她嚴肅的聲音從電話另一頭傳過來，有點太大聲了，讓我耳朵很痛。

救護車很快抵達。我嘆了口氣，如釋重負注意到並沒有警車，兩名醫護人員拿著一張狹窄的床進來我們房間，又長又窄，還有輪子，他們和會滾的床擠進來之後，我們家感覺好小。我把窗簾綁起來，這樣才不會擋路，但沒辦法，依舊讓人呼吸困難。

醫護人員穿著制服，起初我以為他們是警官。他們問我一個又一個問題，邊檢查著媽媽並四下張望。我等著他們問說要看我們的文件，或者質問我知不知道現任總統是誰，但他們從沒這麼做。也許之後才會吧，我心想，在他們逮捕我們，並把我們銬上手銬之後。

我不記得過程如何或是什麼時候，但是某個時刻，爸爸回到家裡。他進房時一臉訝異盯著我。媽媽有次曾跟我說，她懷我懷到快臨盆時，地震襲擊了我們在中國的家，爸爸要她待在原地，然後他便爬下五樓去看看情況如何。他直到一個多小時以後才回來，那時小小的地震早就結束了。

問題在於，媽媽解釋，他的童年在他心中留下了非常巨大的恐懼，大到遮蔽了一切，就連對他最深愛的人也是，尤其是對他最深愛的人。

我很高興他這次選擇回家。

接著，就跟所有人剛才一下子出現，並把這間小房間的每個角落給擠爆一樣快速，他們又離開了。爸爸和救護車一起離開，友善的房東拿了點食物給我，然後就回到他們在樓上的家中。正是在這時，我想起媽媽本來在幫我們煮晚餐的，在我進去浴室之前，在她癱倒在床上之前。我於是走進廚房，並發現一桌菜，等待著一個永遠不會抵達的家庭。我把食物打包好放進冰箱，然後走回我們的房間，接著打開電視，並再度放下隔開兩個區域的窗簾，最後臂彎裡抱著瑪麗蓮爬上床，電話就在我頭頂邊。

我閉上雙眼，強迫自己入睡。**一切都沒事的**，**乾乾**，我喃喃自語著，**媽媽就在窗簾的另一邊**，**看著電視**。

五年級時，我決定要變成一個徹頭徹尾改頭換面的人。從來沒有人能夠念對我的名字。在學年剛開始時，以及我每次認識新的人時，總是會有無可避免的停頓，這時聚光燈會堅持打在我身上，還有我的怪名字上。

「這要怎麼唸呢？」

「那個Q是要怎麼發音？」

還有最糟糕的：「還真有趣呢！」

某天，是在情況更好的時候，在我不得不打九一一之前，我放學後照例散步經過Rite Aid藥局。這已成了我的日常儀式，望著新的麗莎・法蘭克牌文具流口水，並拜訪顏色齊全的一支支鋼珠筆。然而，那天，一架子的橡皮印章阻止我抵達麗莎・法蘭克的懷抱。每顆印章上都是不同的名字，按照字母排序，從A的安娜到Z的贊恩，顏色全都是紫色的，而且都有心形的握把跟一張銀色的貼紙，上面宣布著會蓋出來的名字。

沒有半個名字是Q開頭的。

然而，有一個上面寫著茱莉，也就是《拼圖地》裡的那個中國玩偶的名字。

茱莉有一頭跟我一樣的閃閃發亮黑長髮。

她也有雙眼尾往上翹的眼睛，給了她一種貓一般的歪扭長相。我看起來並不像那樣，不過，她依然比我在電視上看過的其他所有人，長得都還更像我。

茱莉姓伍，而她是中國裔美國人。除了她的眼睛之外，她跟她的朋友看起來別無二致，說著一口流利完美的英文，感覺也不像壓力爆棚或總是吃不飽。她也從不說謊。而且每個玩偶無時無刻都穿著一樣的衣服，所以她同樣這麼做也沒關係。

她融入大家。

那個印章要價四點九九美金，這筆錢我剛好勉強負擔得起，用的是我在血汗工廠時期保留下來的那些零錢。

我拿起印章，走向收銀臺。

——

爸爸直到清晨四五點才回家。我會知道，是因為我每個小時都會抬頭檢查媽媽和爸爸有沒有在他們的床上，接著看一下時鐘。我一夜無眠，並沒有真的睡著，只是閉上雙眼，試圖無視肚子深處那股蠢蠢欲動的疼痛。我一聽見爸爸把鑰匙插進我們房門的鎖孔就醒來了，他一臉精疲力盡。

媽媽並沒有和他一起。

「發生什麼事了？她還好嗎？」

「她只是得在那邊待一會兒。」爸爸的目光朝著我，但沒有真正看見我，「她會沒事的，我們等了很久才有人來看她。」

「她會在那邊待多久？」

「她怎麼了？」

「他們有要我們付錢嗎？」

「他們有要我們的文件證明嗎？」

「我們要被遣返了嗎？」

「我應該打包嗎？」

到了那時，爸爸已經不再聽見我的話了。他走向他的床躺下，過程中慢下來只是為了脫掉鞋子。我還有更多問題，無窮無盡的問題，但注定沒有半個會得到答案。

「上床睡覺，乾乾，乖，好孩子，你去上學前得睡點覺才行。」

我閉上雙眼，但那些問題依然繼續閃現。

睡覺有什麼用？上學有什麼用？這一切現在都有什麼用，既然我沒能保護好媽媽？

——

我拿我的新印章蓋所有東西。我蓋在牆上、瑪麗蓮身上、我的手上，還有最重要的，我的作業上，而在印章下方，我會用較小的字體再寫上「Qian」。我很喜歡每次蓋完章後的興奮時刻，這時表面上的墨水還濕濕的，閃閃發亮著。

把東西蓋上我的記號，感覺很棒。

我用我的新印章使用我新名字的幾週後，凱恩老師又叫我到他的辦公桌前，而我也再次漲紅著臉走去。我雙手握緊拳頭，指甲深深掐入手心裡。我就知道上一份作文應該再多加幾個拼字錯誤進去的。

「乾，我剛發現這份蓋著大大的『茱莉』印章的作文上，也有你的名字在上面。」

「對。」

「我把所有蓋著這個印章的作業分數，都算到茱莉．黃身上了。」

怎麼又是她，她分數難道還不夠多嗎？我轉頭看著茱莉，而她當然又穿著另一套全新的行頭囉——她看起來就像白雪公主，完美無瑕又盡責，都會從黑板上抄筆記。她一直以來都很優秀，她一直以來都很棒，從來都不會被指控抄襲。我恨她。

我回過頭來看向凱恩老師，發現他正瞪著我。我努力把眼裡湧上的淚水眨回去。

「你得決定一下。你可以當乾，或是你可以當茱莉，到底要哪一個？」

我回瞪著他，隨著分分秒秒滴答流逝越發退縮回自己心中。

「乾。」我終於開口回答，但我不知道他有沒有聽見。就連在我自己耳中，就連在我腦海深處，我的名字說出口時都粗啞不堪。

我隔天放學回家後，媽媽還是不在。爸爸幾小時後出現時，告訴我媽媽必須盡快動手術，但我們得先等待，直到有醫生有空。他們幫她做了掃描，而顯示的結果他稱為一大團東西。爸爸解釋，那就像是一顆大石頭，但她的肝和膽囊就在那裡，手術會持續超過十個小時，而這將是唯一的方法，以找出裡面究竟是發生了什麼事，以及媽媽是否得了癌症。

我有很多話要說，也有很多事要問：她體內竟然有顆石頭耶！這是怎麼發生的？癌症又是什麼？我們該怎麼找醫生？我們可以去問其中一個地下室的中國醫生嗎？我們得等多久？

這一切在我腦海中上演，但我卻一言不發。已經沒必要再說什麼或問什麼了。我什麼都不必說，就知道爸爸不會有答案的。

而且反正，這些也都無所謂了。因為我失敗了，這一切都是我的錯。

在媽媽更健康的時候，她曾提醒過我，擔心是個法寶，可以避免最糟的情況發生。「要是你擔心某件事，」媽媽說，「那就不會發生。危險的其實是那些我們不擔心的事。」於是我就知道了：我擔心得不夠多，無法驅走媽媽的病。我並沒有擔心她是否會足夠健康，能夠看見自己畢業，並看見我們過著她夢想中的生活——離開這個糟糕的美麗國度，到另一個截然不同的地方去，一個我們就跟其他所有人一樣，都被當人看的世界。

22 醫院

Hospital

去醫院違反了我自從離開中國後所學到的一切。隨著爸爸帶我走進聖文森醫院的大廳，經過一大堆穿著制服的警官和披著白袍的醫生，我也努力和每條肌肉的衝動搏鬥著，想奪門而出，並跑進地底的地鐵隧道中。

這間醫院跟我在中國去過的不一樣。味道更重，彷彿美國醫生使用更多化學物質似的，而且我們四周全都是各種機器，塑膠座椅也到處都是，座椅上有墊子，而雖然這是間醫院，一切感覺也都更奢華。我們進入電梯，接著穿過一連串的門，然後再走下一條接一條走道，實在轉了太多彎，多到我開始懷疑我們究竟能不能再見上媽媽一面。當我們沿著千迴百轉的走道前進，我也想像著我和爸爸，四處東轉西轉，走上這些樓層，又走下那些階梯，永遠都在科技的氣味中繞著圈圈，一輩子都到達不了媽媽的病床。

和美國的醫院相比，中國的醫院可說頗為簡陋。我有次曾偷瞄過PS 124小學禮堂裡的櫥櫃，而這讓我想起了我在我們登機前，去打針的那間醫院：牆壁尚未上漆，地板也是，而且上面都擁有莫名的黑色痕跡，朝四面八方延伸。那個櫥櫃完全是實用導向，看起來也像那個樣子，有鉤子可以掛掃把跟畚斗，小櫃子可以放清潔工的物品，以及來自過去的釘子。沒有東西有塗油漆，也沒有任何東西擁有過多不必要的裝飾。

我們在美國的那些年間，我只有在學校要求我去打針時，才會去看醫生。由於地下室的中國醫生不能幫我們登記打針的紀錄，爸爸只好換成帶我去中國城附近的免費兒童診所。我們之所以會知道那些診所，完全只是因為他們會在破破爛爛的紙上打廣告，而這些紙就黏在PS 124小學附近的一根根電線桿上。紙上承諾著我們，診所永遠都免費，而且那邊也絕對不會有人詢問移民狀態，我們無法確認這究竟是不是陷阱，可是我需要打針，所以爸爸也別無選擇。

前往那些診所，讓我稍微嘗到了一絲絲在美國身為正常人，到底會是種什麼樣的感受：爸爸和我走進去，直接走向接待櫃檯，彷彿我們是沒什麼好怕的一般人一樣。填好表格後，我們坐下來等，我邊玩著桌上的玩具，那通常會是給嬰兒玩的積木，但有時也會有四連棋或跳棋。我會一人分飾二角，假裝自己是在跟我的雙胞胎對弈，而我們兩個都是美國人，同時我們的美國人爸爸則是望著對面遠處的牆壁。我實在非常沉迷於這樣的幻想之中，甚至連門每次打開時，我也幾乎很少抬起頭來，幾乎就像是我們其實並沒有在等警察走進門來，然後逮捕我們了。

接著，等到櫃檯的接待員終於低聲說出我的名字——總是念錯，就連在我們這個正常版的生活中也是——我走上前去，並和爸爸一起走進後方的門。我們的雙腿只洩漏出最輕微的遲疑，並在門口繃緊身子，以免有場埋伏等待著我們，然後，就跟剛才一樣迅速，我們又退回平常的步伐，幾乎就像是我無憂無慮了，只除了有個又長又細的金屬物品，就要刺到我了之外。對不知道半點內情的護士來說，我只是另一個可憐的小孩，因為鈉和脂肪臃腫不堪，害怕著體重計的審判。

——

在醫院裡，我們最後終於進入某間房間時，我還在想我們是不是還得再轉彎到另一條相連的走廊。我之所以這麼想，是因為我在床上看見的第一張臉龐，並不屬於媽媽，而是一名白人老婦人，皮膚蒼白，雙目緊閉，眼周也圍繞著皺紋。

結果那裡已經沒有再連著走廊了。床後方是張簾子，而隨著我們走近，我感覺到陽光的親吻。在窗戶投入的強光下，我又多走了幾步，才看見白色的床上睡著的人影就是媽媽。她彷彿縮成了自己版本的葡萄乾，我一衝進她懷裡，她便睜開雙眼。

——

我固定去探望媽媽，放學後搭地鐵找路去聖文森醫院。每一次我在大廳經過一名警官身旁，卻只是遭到無視，我擔心在醫院被發現並遭到逮捕的恐懼，就少了一分貝。隨著時間經過，這種恐懼也變成不過是種乏味的碎念，除了探望媽媽之外，一點也顧不上了。

相較之下，我反而變得滿腦子都在害怕會失去媽媽。我全新的執迷，實際上還減輕了我先前的胃部不適呢——依然還有會導致我嘔吐的泡泡沒錯，但泡泡來了又去，獲得不了多少關注，就像凱恩老師在教室前頭教的內容。只要沒待在媽媽身邊，我的焦慮就彷彿要滿溢出來，包括在學校的整段時間，以及我離開她醫院病房那一刻以後的一整晚。要是他們在我不在的時候推她去動手術怎麼辦？要是我再也見不到她了呢？要是她需要我，但我卻不在她身邊呢？

這讓我感覺就像是那次飛機帶走爸爸時，也像是那次媽媽和我搭上去，而我們的全家人和一整個世界，都被從我們身邊奪走時。只不過這一次，我已經失去了先前擁有的希望或天真。我知道有糟糕的新事物正在等待著我們，而且我無能為力，什麼都做不了，無法阻止這些事情發生。我短暫的一生彷彿在重播，但是每一次都承諾著要朝更糟更糟的次元盤旋而去。我花了無數個小時沉浸在這悲慘的想法中，坐在媽媽病床邊的金屬椅子上，作業盡責地擺在大腿上，目光則是緊盯著她熟睡的臉龐。

後來的好幾天中，媽媽的同學們帶著一束束的花前來，各種顏色和形狀我在我們離開中國之後，就再也沒見過了。直至今日，種種有關那間醫院的回憶，都會讓我想起百合、漂白水、消毒酒精的氣味，全都糾纏在一塊，變成一顆可怕的球。

只有一件事情，才會讓我在探望期間，離開我的金屬椅。距離媽媽病房的三間外，住著一名老婦人，她的病床是靠門邊的，第一次見到她時，我正陪著媽媽在走廊上走路。我握著媽媽的右手，她的另一隻手則緊抓著一根高高的竿子，上面掛著一袋液體，袋子上的管子連著一個針頭，針頭又回過頭來插進媽媽左手臂的臂彎處。媽媽和我才剛經過第三間病房的門，便聽見一聲聲細不可聞的「護士」傳出。我轉過身時，看見那名老婦人回望著我，眼睛眨也沒眨，她的雙眼因白內障而汙濁不堪，一頭短髮又白又粗硬。她讓我想起我從地鐵站走到醫院的路上，時常會看見的貴賓狗，同時也震驚於白人社區裡的狗竟然比我們的還多上這麼多。

我的第一印象，是我正望著死神凋萎的臉。第二個念頭則是個問題：她是怎麼弄到比媽媽還大張的病床的？但我接著發覺這只是個錯覺：那名婦人非常嬌小，嬌小到即便坐在她可以調整的病床上，看起來都像是沒有脖子或軀幹。她只是顆氣球般的頭，跟她身體其他部分相比，實在頗為巨大，雙眼則穿透霧濛濛的結界瞪著我。

從那時起，我每次經過都會去看看她。經過她的病房前，我總會屏息，並十指交握，希望她會在那裡，而我只有在看到她人在那時，才會允許自己再度呼吸。去程時，我也得經過那名婦人的病房，才能抵達媽媽的，而這成了個迷信的遊戲：要是那名婦人在那，那媽媽也會沒事的。所以從我走出電梯的那一刻，到我經過她病房門前的那一剎那，我都會屏息低聲念著我的咒語，同時恐懼在我腦中大聲尖叫：**拜託要在那裡**，**拜託**、**拜託**、**拜託要在那裡**。

那名婦人從來都沒有訪客，但是有一天，就在我在她門前終於吐出氣時，我發現她緊握著一隻灰棕色的填充熊娃娃，大小是她的兩隻手大。到了那時，我們已經發展出一個慣例：她會朝走廊大喊「護士」，直到爸爸或我進去看看她，這時她就會停止呼喊。她並不會微笑，真的不會，只會從她紙一般的眼瞼望著我們，嘴巴微微彎曲並打開，雙手上的骨頭和血管在掩蓋著的斑斑皮膚下清晰可見。

我從未和她說過話，但是每天看到她，依然是相當溫暖的慰藉。在我們的視線交會的那些時刻，感覺我們彷彿是家人，彷彿她、我、那間醫院裡的每個人，其實都不如我們實際上那麼孤單。

爸爸依然在律師的辦公室工作，但他現在受到許許多多他不得不去的地方困擾糾纏著。跟我放學後的行程一樣，他下班後也會直接搭地鐵到醫院，我們一家三口會在那裡分享媽媽的晚餐，是放在一個棕色的紙托盤上送來的。如果輪值的是那個慷慨的員工，他會多留給我們兩或三份額外的餐點，簡直是頓盛宴。媽媽總會把Jell-O的果凍留給我，我以前從沒吃過Jell-O，而當我用叉匙挖一小口出來，並且搖來晃去，直到果凍在上面舞動和搖擺時，感覺就像我只不過是另一個有錢的美國白人小孩，負擔得起玩弄自己的食物一樣。

對爸爸來說，經過醫院裡的警察身旁似乎從來都沒有日漸容易。一看見警察，他的手總會把我的捏得更緊，彷彿他要提醒自己，我們人還在這裡，待在一起且安全無虞。就算我們成功經過了一名警察之後，爸爸也從來不會接續剛剛的話頭，反倒是會將目光維持在身後，張望著我們背後的人影，傾聽著逐漸加快的腳步聲。

不過爸爸沒有在逃離自己的陰影時，他也喜歡逗我笑。媽媽待在醫院的那段時間，他也加倍努力，也許是因為我不怎麼笑了吧，彷彿我已經失去了微笑所需的肌肉。

我們並沒有多少資源，但爸爸深知最便宜的把戲便能引出我的笑容。我最愛的其中一個便宜把戲，就是來自水管運作的簡易機制：爸爸會走進浴室，然後在馬桶裡留下一大灘可觀的超棒「作品」，並且不會沖水。他第一次搞這齣惡作劇時，回到我們的房間裡只說了句「噢！我把我的書忘在馬桶邊了」，然後請我去拿回來。我把臉埋在我的書裡走進浴室，全程都沒有抬起頭，直到為時已晚，直到我直直站在馬桶前，「飽覽」著一大團輝煌的咖啡色混亂。接著門外便傳來爸爸的竊笑聲，以及他表示「噢，抱歉，我肯定是忘記沖水了」。

再來，當然也還有我們那首歌，〈小母猴〉。我們晚上再度開始跟著這首歌跳舞，在探望完媽媽回來之後，也在爸爸鎖上我們房間的門，並等待了夠久時間，以確保沒有腳步聲會出現之後。他的雙肩終於放鬆垂下時，我的腳尖便會找上他的，而我們兩人隨後就會隨著刻在我們骨子裡的旋律搖擺起來。這是我的搖籃曲，可以把醫院儀器的嗶嗶聲一掃而去。

隨著媽媽待在醫院中的時間滴答走過，我也創造出了更多孤獨和迷信的遊戲。我會打小小的賭，像是假如我能在燈號變換或是下一輛車子按喇叭之前，成功走到這條斑馬線或那棟建築，那媽媽就會沒事。我也是在這時，開始更常絆到自己的腳跌倒，甚至開始在走出房間時撞到門框。彷彿我的手臂一夕之間突然長得太長，擺動得太寬闊，不斷撞上其他人、物體、我周遭的所有東西。我越是強迫自己走快點、順暢地移動、拯救媽媽，我就越常絆到並跌倒，而我的目標也就這麼在我伸出的雙手前崩毀。

其中一次摔得特別嚴重，是在午餐休息時間發生的。我不記得我當時在做什麼，甚或是究竟怎麼發生的，只知道我在圍牆邊無精打采閒逛，遠離我在玩跳房子的朋友們，邊思索著先用一隻腳跳，再換另一隻腳，從一間房子跳到下一間，到底是有多蠢，外頭的世界明明還有人病得非常重，嚴重到必須待在床上，身上還插著針頭。接著，晴天霹靂般，我根本沒絆到東西，卻跌倒了，並用我扭曲的右手和手腕著陸。我盡快把自己推起來，而在匆忙間，我竟然用力壓著手背，那裡已經開始變成青色的了，我還更用力壓在地上。

沒人發現我跌倒，或至少沒人過來我這裡。我不敢四下張望，要是有人看到，要是有人在笑，我也不想知道。那個下午剩下的時間裡，我都花在瞪著青色和紫色的層次變化上，我的手同時還跟發酵的麵團一樣膨脹了起來。不到一小時，我就根本不可能握筆或寫字了。我也依然看不清楚黑板上的半個字，事實上，我的視力變得更糟了。所以我靜靜坐在那裡，時不時點個頭，試圖表現正常，同時暗自把那晚稍後我得做些什麼作業，記在心裡。

我很幸運，因為那個星期，我是穿我的粉紅色毛衣，那件毛衣大了好幾號。我本來就該在穿著的期間長大到衣服的尺寸的，不過僵硬的壓克力紗線編織早就已經鬆掉了，線頭間的空間變得越來越大，產生空隙，直到兩邊袖子都直直垂了下來，遮住我的雙手。這剛好成了完美的掩護，可以擋住我腫脹的手。

放學時，我一句話也沒對克莉絲汀或任何人說，反倒是大步走向門口，接著來到走廊上並進入廁所，只有在我的手拂過門框時停頓了一下。我依舊笨手笨腳，這一碰往我的手射入一陣陣疼痛，並往上進入手腕，現在手腕也腫起來了。

我希望在上面沖水能夠幫上忙。結果，腫得跟芋頭饅頭一樣的手，感覺起來卻根本不像正常的手；就算我把溫度調整到超冰，接著又轉到超熱之後，腫成一團的手還是一點感覺也沒有。到了這時，我的同學們已經趕上我的腳步了，所以我再度把袖子拉下來遮住腫脹的手，然後走出廁所，同時希望沒人會注意到我的手一直在滴水。

整趟到聖文森醫院的地鐵車程上，我都在煩惱著要在媽媽面前藏起我的手，這樣她才不必擔心。等到我抵達醫院並走過那名老婦人的病房時，我都還沒想到半個藉口——事實上，我實在太專心想著我的手了，使得我完全沒發覺，直到我已經經過了那名老婦人的門前，我才想到我甚至都沒抬頭看一下，確保她人還在那。這是個壞兆頭。

媽媽那天非常難熬，她根本就沒時間注意我。我抵達時，已經有名護士在媽媽的病房裡了，邊解釋因為媽媽身上所有容易找到的血管都已經為了打點滴過度使用，所以他們現在得開始使用又長又可怕的針頭，也就是插進媽媽腳上的那種。針頭代表媽媽不能走動，所以她就這麼被留在床上，滿腦子只剩下她的痛苦和焦慮相伴。

我徹底忘了我的手，直到爸爸和我離開醫院。要一直等到我伸手要刷地鐵卡，才想起我的手現在痛到沒辦法拿東西。爸爸也沒注意到：他的眼中出現了那種宛如凝視遠方的呆滯，那告訴我他又在和他的陰影搏鬥了。一臉痛苦刷票通過閘門之後，我再度把手收回袖子裡，以防爸爸回到我身邊來。

23 媽媽們

Mothers

爸爸開始讓我在週末和家裡的友人待在一塊。他跟我說這麼做最好，他必須去醫院陪媽媽，但是對像我這樣的小女孩來說，在那種地方待那麼久時間並不是件好事。我很想相信他，但是疑慮從四面八方往我腦中襲來：我可是媽媽的護衛，她的小醫生，聽他的話，是不是就讓她失望了呢？

但這無所謂，因為最終，我依然是個好女孩，會照她爸爸說的話做，即便這代表要同時背叛她媽媽，即便這代表會大哭並讓自己丟臉，就像我在伊蓮家那樣。

我先去待在爸爸的朋友楊阿姨家。她是那兩個男孩之中年紀比較小的那個的媽媽，就是我們幾家人聚在一起時，我被迫相處的那兩個男孩，雖然我蠻喜歡她兒子的，但我很怕她。他們母子長得很像，下巴都小小的，讓他們擁有圓潤的臉蛋，看來充滿好奇心。他們兩個也都很黑，看起來彷彿被烤過一樣。楊阿姨的兒子人很好，但是媽媽和爸爸堅稱，在中國，黑臉是霉運的象徵，而且他們有次也告訴我，楊阿姨的黑有一部分也黑到骨子裡去了。我不知道這些話到底是什麼意思，但我反正還是跟楊阿姨保持著適當的距離就是了。

楊阿姨的老公則似乎不好也不壞，但他讓我想起老白還有他彈性十足的道德，他也總是會按照楊阿姨說的做。

根據我的記憶，他們那時剛搬進一間位於皇后區的兩房公寓，不是在森林小丘、就是在艾姆赫斯特那帶，我腦中把這兩個地方混在一起了。這是我在電視以外的地方看過最棒的美國公寓，甚至比伊蓮她家的公寓還更棒——廚房連接著起居空間，所以他們有空間可以放進一張真正的餐桌，餐桌邊則放著成套的椅子。離開中國之後，我從未親眼看過這麼棒的家具。

楊阿姨在晚餐時間前來接我，並帶我回他們家時髦的公寓，而我吃飯前的大多數時間，都花在讚嘆餐桌組上。對於那頓飯本身，我只記得三件事。第一，我得請他們給我根叉子，因為我的手還是腫得像顆球，所以已經好幾天都沒辦法用筷子了，而且我也忘了打包我從醫院偷來的那根塑膠叉匙。第二，盤子上的所有東西都沾上了咖啡色，當我想辦法把食物放進嘴巴裡時，滿心失望發現食物吃起來全都一個樣，很鹹，而且還有煮過頭的學校午餐特有的嚼勁；我很想念醫院的食物托盤，並且希望就算我不在，媽媽還是會記得替我留下Jell-O的果凍。第三，我完全被排除在對話之外，楊阿姨和她老公講話的樣子，彷彿我人根本就不在那裡，雖然他們的兒子有好幾次試圖想讓我加入話題，他卻相當害羞，而且已經對他的父母發展出那種青春期前的敵意，我則是還沒長大到那個階段。他和我坐在餐桌的同一側，咀嚼、咀嚼、咀嚼著鹹鹹的食物，成人則嗡嗡說著一件又一件事，要一直到吃完晚餐後，我在洗碗，他們的兒子回到他房間裡時，楊阿姨才第一次對我開口。

「王乾，」她不悅的嘴巴開口，「你知道大家都說我家是低收入戶嗎？」

我不知道，我根本沒發覺大家會這樣子說別人，但她很可怕，所以我點了點頭。

「事實上，我們全都叫作低收入戶，你爸的朋友們全都是，即便我們在中國其實過得挺不錯的。」

我繼續點頭。

「嗯，但不是你和你家啦。」

又一次點頭，但這次慢了點。

「因為要是我家在美國算是低收入戶，那你家就是沒收入戶了。」

從來沒有人對我這樣子說話過。我起初完全聽不懂，震撼為刺痛提供了一點緩衝，但那天稍晚，當我躺在客廳裡硬梆梆的沙發上強迫自己入睡時，這些話又回到我腦中。我並沒有想哭的衝動，跟我在伊蓮家時不同，因為我忙著破解楊阿姨的話帶來的謎團。這到底是什麼意思，說我們是沒收入戶？爸爸和媽媽明明有去賺錢啊，我有看過那些錢，而且那筆錢有一部分還是我幫忙賺的，這可不是我想像出來的。但我知道楊阿姨比我們還有錢，只要看看這張沙發，看看那張桌子就知道了。何況，媽媽也曾告訴過我，他們之所以有錢，是因為楊阿姨找到了一個方法，在這整段時間都能保住她的簽證——這是一件，她說，爸爸蠢到做不到的事。

我週日晚上回到家時，告訴爸爸我下週末想去待在其他人家。

「為什麼？他們家這麼棒，我敢打賭你也吃很好。」

我不想跟爸爸說我們是沒收入戶，他沒必要知道。

「我不想待在時髦的地方，那裡太令人難過了。」

爸爸沒再問其他問題，他的目光再度飄向某個遙遠的地方，但是下個週五，換成媽媽的朋友吳阿姨來醫院接我。

吳阿姨是媽媽在碩士班認識的其中一個新朋友。她不像楊阿姨那麼恐怖，但我也不喜歡她。她身上有種古怪飄忽的特質，我一見到她，就想起媽媽多年前曾告訴過我的一件事：一個女人不需要長得漂亮，還是可以很美，但要是女人少了尊嚴，就不可能會美。

吳阿姨來醫院接我時，化了一臉濃妝，濃到讓我想起多年前我們那班飛機上的那個空服員。我不記得吳阿姨當時確切穿的是什麼，只知道鮮豔又絲滑，還擁有我之前在地鐵上看過的商標，就在時髦優雅的女人身上，與骯髒的鋁上畫的黯淡塗鴉，可說呈現鮮明對比。

在鋪張奢侈的吳阿姨面前，媽媽在病床上彷彿縮水了一點，而在那一瞬間，我實在很想徒手把那些商標給撕爛。媽媽身上穿的，就只有白色的病人袍，上頭有小小的藍色花樣，就像我們在路上找到並拖回廚房的那張桌子的桌面。那件袍子在線頭鬆脫、無法連接的區域裂開，布料上的裂縫如波濤洶湧，也因重覆清洗而褪色磨損。

我每次在吳阿姨身旁時，吳阿姨要不是在講她自己有多美，不然就是在詢問別人，以確認他們也覺得她很美。我有次曾問過媽媽，她為什麼要跟某個在世界上似乎只在乎一件事的人當朋友。媽媽回答，吳阿姨在內心深處，其實是個非常好的人，但是這個世界教她用她的外表來衡量自己，還要她跟所有女人和女孩較勁。「要試著理解她，而不是去評斷她，乾乾，」媽媽那時說，「你比她還幸運，因為你知道你的價值不只如此。」我試圖把這點記在心裡，但是要真正理解某種我還不懂的東西，實在是很難。

吳阿姨有個女兒，芳芳，比我還小兩歲，我卻滿心失望發現她媽媽也把同樣飄忽的疾病傳染給她了。媽媽狀況還不錯時，曾強迫我們和彼此相處過，還不斷對我耳提面命要保持「體貼」和「友善」，但我從來都無法專心聽芳芳說的任何事，無論我多麼強迫自己喜歡她，事情都會一再以同樣的結論告終：芳芳很無聊。再加上，只要我們一經過窗戶或玻璃門，芳芳在走路時都會扭過頭，並且雙眼緊跟著自己的倒影，直到倒影消失。吳阿姨是另一個我唯一看過會這麼做的人。

我去過夜的第一晚，吳阿姨在她的廚房裡煮飯時，芳芳和我站在一旁，是義務的聽眾，聽她說著有關漂亮美麗的故事。這些故事我早就已經聽過了，但是這並不重要。

「王乾，你知道嗎，芳芳還在中國的時候，我有個朋友對她說了糟糕的話，竟然說她沒我這麼漂亮！」

我第一次聽到這個故事時就知道，吳阿姨想要我表現出驚訝和受到冒犯當作回應，所以我也向她提供了這些情緒，張開嘴巴，並憤慨地皺起臉。

「不，不，沒事的，因為你知道芳芳回答什麼嗎？」

我搖了搖頭，如同她預期我該做的。

「超不可思議的！我都不敢相信她竟然這麼回答！她那時候才五歲耶！」

芳芳現在露出燦笑，就跟先前講這個故事時一樣。

「她跟我朋友說，她說啊，『你也沒我媽媽這麼漂亮！』」

聽到這話，兩人馬上爆出一陣陣大笑，她們排練得很好，幾乎可以說是頗為自然了。

正是在這時，我才第一次好好端詳她們。她們倆都長得蠻標緻的，但都說不上是好看，不真的算是。她們都缺少那種讓媽媽之所以美麗的善良和莊重。然而，那晚吳阿姨還是認為有件事很重要，因而不斷提醒芳芳，就在我在聽力所及的範圍內時，一直說她媽媽的眼睛比我媽媽的更大也更美。可是接著吳阿姨也說，芳芳自己的眼睛跟她的相比，也不夠大不夠美，而且差得可遠了呢。

在中國文化中，眼睛是終極的審美標準。一個女人的眼睛越大，看起來越像白人的，那她就越美，而芳芳有雙非常小的眼睛，這也是事實，小到我不禁懷疑她到底是不是她媽媽親生的。我要一直到讀大學時，才發覺吳阿姨其實曾經去割過雙眼皮，而因為芳芳童年的人生藍圖，她長大後也注定會去動同樣的手術，幾乎就像是她相信，藉由割開她單眼皮的血肉，她能夠挖出她媽媽在那些年間，深植在她心中的不安全感似的。

然而，在那個當下，我聽著吳阿姨斥責芳芳時，我的思緒卻不禁回到了我們自家的餐桌上，媽媽和爸爸在上面剖析著我外貌上的無數缺陷，甚至還把這當成一種遊戲。這讓我很想要喜歡芳芳，是真正喜歡她，不只是因為媽媽命令我要這麼做，而是因為我們有個巨大的共通點。但是，從我們父母嘴裡連珠炮般噴出的殘忍無情話語所帶來的同病相憐，卻不足以讓真正的友誼紮根。我雖然努力嘗試——而且天啊，我那週末真的超努力嘗試的，卻再怎麼樣都過不去，還是覺得她很無趣，這也使得我開始懷疑，媽媽在她的等式裡，是不是漏了點什麼：也就是或許，美麗所需的甚至超過尊嚴，還需要內涵才行。

前述的一切在我待在她們家期間，也都沒辦法讓我不想家。正是芳芳和她媽媽之間的一來一往，各種評論、白眼、刺激，讓我想起了生命中更安全的一段時間，那時媽媽和我總是形影不離。而在眼前這樣的時刻，我簡直是個孤兒，無人可以去愛，也沒有人可以去保護。

吳阿姨唯一感興趣的另一個話題還有：我的學業表現。她逼問著我的成績，而在每個回答之後，她都會轉向芳芳，然後說：「你也可以達成嗎，芳芳？你可以嗎？」芳芳從未回應。話雖如此，這也沒有讓芳芳不喜歡我就是了。因為芳芳本性還是個好人，她像隻小雞一樣跟著我四處轉，嘰嘰喳喳不停問著各種問題。她甚至還在浴室外面等，計時著我尿尿的時間呢。

這讓我的困擾變得更加複雜。除了我們共用浴室裡的那個馬桶之外，我從來都沒辦法在其他馬桶上大便，而且就算是在前者，我也都要花很久時間。我在學校或在伊蓮家甚至連試都不想試，但是週日早上，在吳阿姨家過了整整兩夜之後，我覺得很難消化，並且瀕臨爆發邊緣。芳芳，想當然，也跟著我來到浴室，還在外面等著。她在門外繼續絮絮叨叨一邊鬼扯，所以我努力試了整整五分鐘，然後才一臉挫敗從浴室出來。

吃完早餐一會兒後，芳芳和吳阿姨開始深聊起來，我於是想說可以利用這個空檔再去試試看。她一開始沒有跟來，但接著，才沒幾分鐘後，她就跑來狂敲浴室的門，一邊斥責著我竟然沒告訴她我要去哪。

「我會跟你一起來的，姊姊，下次跟我說一聲就好。」

芳芳已經習慣叫我「姊姊」，但我覺得自己像是她用鏈子綁著的猴子。要不是我肩上已經有這麼多重擔、還掛到脖子上了，也許我也會蠻享受她感受到的這種假設性親密吧。但是事實如此，我只覺得很煩躁，竟然又有另一個人要來找我尋求指引，另一個我可能又會辜負的人。

「走開啦，我要好一陣子。」

「沒關係，姊姊！你慢慢來，我等。」

這句話蓋棺論定了我的命運，而在敷衍地完成了沖馬桶和洗手的步驟之後，我開門發現芳芳盤腿坐在地上。

「這也沒有多久啊，姊姊！那你現在想做什麼呢？」

她跑到廚房向吳阿姨宣布我們要來下跳棋時，我也聽見她低聲說：「媽媽，你覺得姊姊是不是吃壞肚子了呢？我很擔心，她一直跑廁所，我們應該給她吃點藥嗎？」

芳芳回到客廳後，我什麼也沒說，假裝沒聽見她剛剛說的話，也假裝沒有脹氣、想家、精疲力盡。我們排好跳棋盤，而為了補償我無法給她的一切，我讓她下紅棋，這個顏色在我們的文化中，代表開心和繁榮。

待完吳阿姨家，我求爸爸讓我週末時待在他身邊。我甚至可以待在家裡，我說，要是他不想要我跟他一起去醫院的話。我可以照顧好我自己，而且這樣事情也比較不麻煩，我也不是真的自己一個人待在家，不算是，因為瑪麗蓮也在啊。

爸爸的雙眉朝彼此皺起，接著他緩緩開口，他被迫談起某個他拖延的話題時，都會這麼做。

「呃，關於瑪麗蓮呢……」

我那一刻便深知，我好幾個月以來擔驚受怕的事情，終於發生了，瑪麗蓮的時間用完了。我得在他能夠說出口前阻止他才行，因為要是他沒有說出來，那也許這件事就不會成真。

「好的，好的。我這週末會去待在其他地方的，但是拜託，我不在的時候一定要好好照顧瑪麗蓮。」我希望爸爸會接受這個做法，當成我的討價還價。他可以週末把我送走沒問題，只要他能夠再忍受瑪麗蓮稍微久一點就好。

這招似乎奏效了。爸爸沒有再提起這件事，而我週五也因而又要被送到其他地方去，但只是為了以防萬一，我每晚也都開始多餵一點我的食物給瑪麗蓮。

林阿姨家是所有家庭裡面最窮的。跟吳阿姨一樣，她是個新朋友，是媽媽在學校認識的。我甚至都記不得她住哪，但我知道是在某個離曼哈頓很遠的地方，因為搭地鐵到那邊要超久。

林阿姨家住在一間地下室裡。這裡讓我想起醫院裡的走道，所有燈都嗡嗡作響，又人工又亮，讓我的頭馬上痛了起來。我想這代表林阿姨她家肯定是真的很窮吧，也許是沒收入戶，就像我們。

媽媽、爸爸和我之前也差點要住在一間地下室公寓。我們去看房時，看見那裡有灰色的牆壁，還到處都有會發出碰碰聲跟喀噠聲的管線，另外也只有一個小小的水槽，以及一個卡式爐，就像我們以前在姥姥家用來吃火鍋的那種。媽媽當時說，那個區域有間不錯的公立小學，讓住在那孌值得的，但我說才沒有東西能讓住在這值得呢，所以事情就這麼定了。

林阿姨的家沒有那間地下室公寓那麼糟，牆壁已經上好漆，是白色的，而且也只有幾根白色的管線——話雖如此，依舊是間地下室就是了。而那個社區感覺也不像是有什麼好學校，因為家家戶戶的門窗上面都釘上了板條，讓我想起我們抵達美國時居住的第一個區域，就是那個教我說我們是chinks的地方，在那裡，我們還會被狗攻擊，狗主人同時站在一旁大笑。

林阿姨有個兒子，廷，跟芳芳一樣大。我十分感激他似乎覺得我很無聊，從來不會跟著我到處轉。他友善的冷淡，就像是悶熱夏日時一扇大開的窗戶。

廷和我唯一相處的時間，就是林阿姨帶我們去圖書館時。即便這是我們第一次見面，媽媽卻已經跟林阿姨鉅細靡遺講過我有多愛書，還有只要我身邊有本書，那我就不會覺得孤單。所以在我抵達之前，林阿姨就已經找好離她家最近的分館了（雖然還是離蠻遠的），於是接完我之後，林阿姨便帶著我和廷去找那間分館，轉彎到這條街上，再來又轉彎來到另一條街，而廷跑在我們前頭，嘰嘰喳喳講著他的遊戲和玩具，林阿姨則一邊問我學校的事以及即將到來的畢業。自從爸爸離開中國後，這是我本人得到最集中的關注了，是很棒沒錯，可是我也覺得不太舒服，彷彿我太過自私，講太多話了。但接著我們來到圖書館，而我就跟廷一樣脫隊，拿了一堆書，並借出了八本《保姆俱樂部》，破了個人紀錄。

我們回到地下室後，我發覺這是我這輩子第一次擁有自己的房間。這間公寓像是條長長的鐵軌，跟我們的一樣，只不過他們家不需要跟別人共用。這裡前頭是廚房，同時是吃飯和起居的空間，也是唯一有窗戶的地方，是扇灰塵滿布的小窗，就位在牆壁最頂部。旁邊是廷的房間，或說在我待在這裡的期間，這會是我的房間，因為他要去跟他爸媽擠，而這房間像個正方形的箱子，上頭有根發出嗡嗡聲的日光燈管，再旁邊則是浴室，然後就是成人的房間。我十分著迷在擁有自己的房間這個概念上，使得我根本就懶得進去其他空間，甚至都不會到廁所、也就是我慣常的庇護所去。我的房間蠻簡單的，四面都是白牆，有張正常大小的床，還有一張凳子，可以兼當床頭櫃用。對其他人來說，可能會覺得這是間了無生氣的審訊室，可是對我而言，這裡簡直是個天堂。我一看見房間，就整個人陷進大床和棉花糖般的棉被中，並開始狼吞虎嚥般地看書，直到他們叫我去吃晚餐，我才願意起來。

晚餐熱騰騰又好吃，有很多道菜都像是媽媽會做的，炒甜椒、蔥燒豆腐、枕頭般蓬鬆的白饅頭，讓我想起正等待著我的床。林阿姨的老公沒跟我說太多話，但他有張友善的臉，每次我看向他，他都會回以微笑。廷則似乎很興奮家裡來了一個新的人，不過也沒有太誇張，他熱情地跟他父母還有我聊著學校、圖書館、他的朋友們。至於林阿姨，她根本就是愛的化身，確保我每樣菜都夠吃，還問我願不願意跟她去店裡買件白洋裝，因為畢業要求要穿。

我正是在那張搖搖欲墜的桌子旁，在閃爍的燈光下和灰塵滿布的小窗邊，注意到我感覺有多完滿。門外，世界依舊，媽媽在病床上，等待著不明的命運，爸爸則不知道在什麼地方，也不知道和誰待在一起，但在那間地下室裡，在人行道的地表下，一切對我來說都截然不同。就這麼一次，我有自己的空間了。

吃完晚餐後，林阿姨拒絕讓我收拾，所以我回到我的房間，繼續我的閱讀馬拉松。我是從被子上啟程，不過在林阿姨進來說晚安之後，就來到了被子下，我在床上越陷越深，直到陷入夢鄉，打開來的書還擺在我臉上，頭上的燈也依然嗡嗚著。

那晚，我實在平靜不已，甚至都沒有覺得想家，還差得遠呢。但糟糕的真相卻是，在那一刻，媽媽離我的腦海非常遙遠，她只會在三不五時抽動起來的胃痛中出現，而我對於回到爸爸身邊時可能會聽到壞消息，感到十分焦慮。

隔天早上我醒來時，我仍舊平靜。牆上的時鐘告訴我現在十點，還很早！所以我又打開我的書，細細品味著四面牆壁和一扇專屬我自己的門所帶來的自由。在門後，我聽見一家人起床的聲音：廷掌機遊戲洩密的嗶嗶聲；林阿姨在炸油條，也就是好吃的長條形甜甜圈，讓我垂涎三尺；

她老公跟著手提喇叭傳出來的中國曲調哼唱。而我還是跟藺一樣包在被子裡，即便飄送而來的廚房香氣輕托著我。我要一直到整整一小時後，我想出去的時候，才會離開房間，這時林阿姨用她在爐子上幫我保溫的一頓飯來迎接我，不會說什麼她有多漂亮，或是媽媽和爸爸賺的錢多麼少，只有好吃的食物和流動的音樂。

我那週末的其餘時間，就像這樣子度過，做我想做的事，我想關我房間的門就關，無憂無慮，只除了煩惱下一本書要看什麼之外。而即便對媽媽的擔憂，以及我竟然這麼自私的罪惡感，時不時會冒出頭來，它們卻被字句、書頁、章節、從未體驗過的自在舒適給壓下，並深埋在我體內。

爸爸來接我時，我還蠻難過的。和爸爸搭地鐵回家的車程中，我們互相分享了一下彼此的週末：媽媽狀況比較好了，雖然我問到瑪麗蓮時，他默不作聲，而在這整個過程中，來自林阿姨家低鳴著的平靜，也嗡嗡流經我全身。這股平靜繼續留在我身邊，直到我跨進我們房間的門檻，直到我發覺有什麼事情不對勁時，才消失無蹤。

我倒抽一口氣。

沒有嗖嗖搖晃的尾巴來迎接我，也沒有小小的黑色身影會摩娑並靠在我的腳踝上。

我根本不需要問。爸爸開始一連串的解釋，彷彿這是本「選擇你自己的冒險」的書，我能夠先讀過所有潛在的路線，然後再挑一條我最喜歡的。倒也不是說這樣有用，因為不管挑哪一條，瑪麗蓮最後都不會回到我們的房間，也無法改變一項事實：我得再度這麼生活，少了只為我存在的那個存在。

「我得放走牠，乾乾。醫生說這樣對媽媽不好……再加上，瑪麗蓮亂七八糟的臉，代表霉運……而且我們幾乎都快沒錢養你了，更是負擔不起那所有食物……要當個乖女孩……要當個成熟長大的女孩。」

他可悲的辯解我只聽見片段，我腦裡、我喉嚨中、我心裡遭受的衝擊是如此沉重。我愛的那些事物，永遠都會離我而去。

我們甚至沒機會說再見。

我沒有看向爸爸，或是理會他無力的話語，反倒是把背包扔在地上，然後衝過簾子，直接往床上去，回到那個唯一專屬於我的四面牆，那由沒洗的被子所組成的世界。

接下來幾小時間，直到睡眠解救了我之前，我都在思考人和動物死掉的時候，到底會發生什麼事，這顆帶著這麼多恐懼的大腦，究竟會到哪裡去呢？而這顆如此痛苦跳動著的心臟，又將前往何方？

24 手術

Surgery

護士和醫生們終於發覺媽媽已經不能再等下去了的時候，無論有多少有錢人要求先動他們的手術，手術還是降臨了。我對那天沒什麼印象，只記得爸爸和我在硬梆梆的金屬座椅上等了十一個小時，就在一間聞起來像漂白水的白色房間裡。爸爸說我們全程都得待在那裡，以免發生什麼事。我問他有可能發生什麼事時，他沒有回答。爸爸的身體待在我身旁，但他剩下的部分已然遠去，留下我研究著地上灰白色的磁磚，一片數過一片，並在每次有個懶洋洋的成人經過、干擾了我的調查時，重數一遍。

我精確計算出地上磁磚的確切數目非常重要，媽媽全靠這個了。

我們四周，充斥著嘰嘰喳喳、嗶嗶聲、電話鈴聲，化學臭味比以往都還強烈，讓我的鼻子遭受攻擊，而且天花板上的燈光也比曾經出現在世界歷史上的一切都還更亮。我不記得房裡有窗戶，雖然確實極可能有一扇，我只記得自己瞪著地板，周邊一片白茫茫。

到了這時，我的手沒那麼發青、也沒那麼腫了，安頓成一團深紅色的胖嘟嘟肉塊。不像之前那麼痛了，也可能我只是習慣了吧，這幾週間我已經發明出各種感覺起來日漸習慣的小技巧：用我的左手擠牙膏，而寫字時也沒那麼用力，放棄了緊緊握著筆。我也學會把那隻手萎縮在一邊袖子裡、某個口袋中，雖然塞進去時常常會很痛，或是藏在我的背後，以防吸引到擔心的目光。我在林阿姨家裡時差點被抓到，因為我在晚餐時弄掉筷子，導致我和林阿姨同時伸手要去撿。我反射性愚蠢地伸出右手，而她抓住我的手腕檢視那坨腫塊——已經不再是紫色的了，但那時是青綠色的，還有一圈黃黃的。

「發生什麼事了?」

「什麼?噢，這個啊?一直都是這樣子的啦。」

「真的假的?」她深深望進我眼中，而我能做的就只有盡量保持臉部不要抽搐。

「對啊。」

她看著我的左手，大小和顏色都正常，然後又望回右手，並把她的拇指深深壓進腫塊最肥大的部分。

「這樣會痛嗎?」

表現得若無其事需要全世界所有的自律。

「一點也不痛。」

我在醫院裡格外危險。這裡有太多專業人士了，他們會知道有哪邊不對勁，而我沒辦法像騙過林阿姨那樣騙過他們。我們負擔不起治療，我心知肚明，而且反正，狀況也越來越好了。所以我把我的手包在我的袖子裡，並回到那本我好幾個小時以來都試圖要讀的書上，這是本特別版：保姆俱樂部開著露營車橫越全國，我才剛得知這就是有輪子的迷你版家園。我已經開始幻想擁有一輛了，這會有多棒啊，我心想，把我所有的財產都放在同一個地方，而且自己獨占？瑪麗蓮會在那裡，這是當然，而我會開車載她從一個地方到另一個地方，同時保護她的安全。搞不好我甚至可以帶她到東河去，我那次去布魯克林大橋戶外教學時，曾經親眼見到過一次，除此之外則只是在電視上和透過地鐵的窗戶看見，她在那邊可能有辦法抓到魚呢。而且，這樣爸爸就不需要把我隨便寄放在誰家了。即便我很喜歡林阿姨家，但擁有一個自己的家，聽起來甚至更棒，此外，我也能載著瑪麗蓮在醫院的半徑範圍內繞圈圈，這樣我們就永遠都不會離媽媽太遠了。而要是我們被逮到了，那我就把媽媽偷渡出來，然後我們就能開車到很遠的地方去，跟她夢想的一樣。

隨著這些景象在我腦海中跳躍，我的注意力也越過了眼前書頁上的白紙黑字。我一如既往盯著紙頁，但沒有半個字進到我腦中，然而，我的視線依舊瞄準下方的書，我知道要是我抬起頭，就會看見一個悲傷的老人，孤伶伶地躺在他有輪子的床上，或是某個白人女士，一頭捲髮，穿著件黑色長裙，坐在下一排，頭埋進雙手中哭泣。就連我稍早站起身、在地上畫的通往護士的桌子和後方區域的藍線上走來走去時，我的視線也仍然停留在地上，直到爸爸叫我坐下，因為我一直動來動去的，搞得他很緊張。

我想起那個有隻熊的老婦人：她在等著我出現嗎？每天都看見我，對她來說是否跟對我而言一樣重要？我也在想凱恩老師在課堂上教些什麼，以及我能不能趕得上進度；我才剛讀完《紅色羊齒草的故鄉》（*Where the Red Fern Grows*），而我每次想到結局，雙眼就會因新湧上的淚水刺痛起來。我對這本書有超多感想，但是現在，等到我回去上課時，早就都來不及了。我的想法將會變得無關緊要。我已經錯過了我在課堂上的發言機會，這一次好不容易終於能夠向凱恩老師證明，我真的夠聰明，夠格成為寫出我作文的那個人。

一小時一小時緩慢流逝，我的屁股也因為椅子而痠了起來。到了某個時間點，吳阿姨和林阿姨也來了。爸爸迎接她們，並露出微笑，但他皮笑肉不笑。爸爸已經很多天沒有笑了，完全沒笑。

我時不時會望向等候室右邊的走道，媽媽早上就是被推往那個方向，雖然這感覺像是多年以前的事了。那時外科醫生也來跟我們說話，就在他的人帶走媽媽前。他的臉是由尖銳的稜角組成的，還有一雙極淡的藍眼，幾乎像是銀色的。他的步伐和手勢都快速又有效率，這是某件爸爸也注意到了的事，而我之所以會知道，是因為他告訴媽媽，有人好好照顧著她，而且真的是雙很棒的手。事實上，他說的是：「我都能在腦中想像他的雙手拿著刀子跳舞了呢。」

想到這回事，我用力眨了眨眼睛，以阻絕那個臉部稜角分明的醫生用一把X-Acto牌的雕刻刀，把媽媽的肚子剖開的景象；凱恩老師有時候會發下這種刀子，讓我們做作品用。在那幅景象中，他舞動的手指上穿著芭蕾舞鞋。

醫生再度從角落出現時，我並沒有看著那裡。我失敗了，事實上，我已經好一陣子沒有檢查走道了，因為林阿姨正在問我書裡的事，而我正盡力回想著我過去幾個小時中讀到的一切。

要一直等到爸爸站起身，我才注意到那個一身藍的細瘦人影。我甩開林阿姨輕拉著我的手腕，她是想把我往回拉，但我跟上爸爸的腳步。

醫生戴著頂藍帽，還有個藍色的口罩，遮住了他的口鼻，跟媽媽在中國騎腳踏車時戴的一樣，而口罩下方，他的鼻子和下巴形成了一道山脊，在他臉的東邊和西邊之間，創造出無法穿越的分水嶺。隨著他用手迅速一揮、拿掉了口罩之後，我第一次注意到他擁有又薄又淡的嘴唇，某些地方比較紅。他在動手術時潔白的牙齒會陷進嘴唇裡，我想像著，而他的雙手則一邊拿著X-Acto牌的雕刻刀舞動。

「手術進行得很順利。」他講起話來跟他的動作一樣：頗為友善，但風馳電掣。我才剛讀到書上說狄更斯是分期領稿費的，是這造就了我正開始愛上的那個華麗且冗長文筆，而這個醫生，我驚覺，如果是在維多利亞時代當作家，那他肯定會餓死的。

「沒有癌症。」

那天頭一次，我終於能夠彙整我的思緒。我在胃裡找到了一種新的感覺，鬆了一口氣？快樂？都是，但也有：飢餓。爸爸和我那天一刻都沒想到食物，不過林阿姨帶了些手工饅頭，而我已經感覺得到自己正朝她身旁的那個袋子蠕動了。

「不過我們確實得切除整個膽囊和很大一部分的肝臟，所以她之後必須特別注意油膩的食物和酒精……」

媽媽對酒精過敏，就算只喝一滴她也會起疹子。他難道不知道這回事嗎？我在想我們是不是應該要擔心媽媽竟然被一個甚至都不知道這點的醫生給開腸剖肚，然後又縫了回去。我望向爸爸，尋找生氣的跡象，卻只發現他鬆了口氣。

「……你們應該很快就能探望她了。她準備好之後我們會通知你們，你們有任何問題嗎？」

我根本不必轉向爸爸，就知道他肯定不會有問題的。他在美國越來越不常問問題。不知怎地，藉由離開中國，爸爸變得更像中國人了，竟然開始接受我們政府的蠢主意，認為問問題很糟糕又不尊重。他習慣了美國期待我們表現出的行為舉止：溫馴又恭順。他甚至都開始教我保持低調的重要性了呢，叫我不要問半個問題，也不要吸引任何關注，似乎完全忘了他在中國時教我的，是徹頭徹尾相反的一套。

前一晚，我看著爸爸從我們床底下拿出那個咖啡色的公事包。爺爺也有個類似的公事包，所以就算沒有爸爸每晚都會拿出來的習慣，我也一眼都不需要看，就知道裡面裝的是什麼。公事包裡裝著我們的一生：我們的出生證明；媽媽和爸爸的結婚證書，上面有一張他們二十四歲時的照片，完全認不出來又年輕，臉龐因充滿希望閃閃發亮；我們的三本護照，外頭的套子還筆挺不已，因為每一本都只用過一次而已；最後，還有一疊疊的現金，爸爸每晚都會數了又數，然後再用我們從一把把蔥上拿下來的橡皮筋重新捆好。

手術前一晚，爸爸格外用心數著紙鈔，大多數都是五塊和十塊，也有一些二十塊，然後分出厚厚的一疊，並放進一個從中國帶來的皺巴巴棕色信封中。

現在，站在那個擁有舞者的雙手、臉中間橫亙著一道山脈的醫生面前，爸爸把手伸進長褲口袋的深處，掏出那個信封。爸爸已經跟我說過，他跟媽媽會給那個醫生整整五百塊——我們用命存下來的美金。

「這真的有必要嗎？」我當時問。

「我們無以回報了。」他這麼回答。

爸爸微微欠身，用雙手把費用遞給那個醫生。

「謝謝您，醫生，您救了我太太。我們沒什麼錢……而要是沒有您……天知道……」

爸爸先前從來沒有支支吾吾過，醫生露出微笑。

「真的，這不算什麼。」

他冷冰冰的藍眼綻放出溫暖。但接著他用一手隨意接過信封，彷彿裡面裝著的是硬幣，而非我們用命存下來的錢，然後便大步朝走廊而去。

爸爸和媽媽之後還會再看到他，不過這就是我對他的最後印象了。在接下來的多年間，我會遺忘他的名字和他的髮色，可是我永遠都不會忘記，也永遠都無法忘記，那個讓聖文森醫院增光的聖人，那個只收了我們區區五百塊美金，就救了媽媽一命的外科醫生。

——

我們又回去坐在金屬座椅上，坐了好一會兒，直到有名亞裔護士朝我們揮手，要我們跟著她。吳阿姨和林阿姨不被獲准進去，但反正她們也得回家了，所以我們道別，我則確保了緊緊抓著林阿姨那包手工饅頭。

接著我們便跟著護士走，她幾乎看也沒看我們一眼。她的臉上寫著不滿，我當時沒有多想，只覺得她是個時髦的護士，而我們是窮人。只有到了後來，我才累積足夠的生活經驗，得以思考她那樣對待我們，是不是因為人家指派她負責我們，完全不是出於什麼特別的原因，只是因為我們種族相同而已。

隨著我們轉彎來到擁有舞者雙手的外科醫生隱身其中的走廊，我看見有一連串的門，上面用粗體字拼出「加護病房」這幾個字。這在我看來似乎頗有保障，畢竟「加護」比起「鬆護」，聽起來更棒也更重要，而我們走進那一扇扇門時，這些門全都往四面八方擺動著，只用發出嘎吱聲的鬆脫鉸鏈拴住，我發覺這些房間截然不同。這裡的走道更為狹窄，而且比起往外面向天空的窗戶，房間的窗戶反而是面向走道，因此我們走在走廊上時，便能看見所有房間的內部。此外，雖然每間房間裡都只有一張床，但空間和媽媽先前待的房間相比，卻也沒有小上多少。每間房間剩下的空間，都塞滿了各種設備：電線和機器、管線和針頭。走廊起點大多數的房間都是空的，而我們每經過一間新房間，我的身子就會一縮，我並不想看到躺在床上的人被銬在所有機器上，身上還插滿針頭。我甚至更不想看到媽媽也像這個模樣。

話雖如此，我看見那些有人房間中的人影，並不是媽媽，而是都瘦小、蒼老、凋萎時，仍是鬆了口氣。但我接著來到望向第六間有人房間的窗前，便發覺這只是視覺上的錯覺而已，因為媽媽就在那裡，看來同樣瘦小、蒼老、凋萎。如同我所害怕的，她身上也插著很多東西，各種管線和螢幕，彷彿她就是這所有點滴和嗶嗶聲的動力來源。

我們把門推開時，我屏住氣息，不確定吐氣是否安全，也不確定她是否已經完全恢復。我們應該要換上醫生穿的那套藍色服裝嗎？我在電視上看過人家那麼做，但是那名護士即便頗為不爽，肯定還是會先告訴我們的吧，如果要的話。

媽媽還沒醒來。她會醒來的，對吧？

爸爸和那名護士說起英文，並接近床邊，這時我正要坐在那張被推到靠著牆邊的椅子上。我們是要叫醒她了嗎？我跑到爸爸身旁。

「能聽見嗎？」

媽媽雙眼依然緊閉，她只動著嘴唇，頭歪向枕頭的一側。

「真討厭，還不開始，等多長時間了。」

她以為手術還沒開始，她已經為此等一整天了。

爸爸一言不發，但我猜我們其中一個應該要跟她確認手術已經完成了，而且很成功。

「媽媽！是我，王乾。」

「王乾？」聽到我的名字，媽媽把頭往枕頭中間挪。

「媽媽，手術已經完了，沒事了！」

媽媽沒有回應，她又睡著了。

我們轉向那個不知所措的護士。

「她還處在麻醉狀態下，接下來幾個小時都會昏昏欲睡的，不過她會脫離的。」

我完全聽不懂「麻醉」是什麼意思，從爸爸的表情看來，他也不太確定。但是這些話如此唐突草率地從那個護士的口中跳出來，一句接著一句，所以我們不敢發問。

保持低調，別問任何問題。我猜這條新規矩也適用在其他亞洲人身上。

我從眼角瞥見有兩袋鼓鼓的液體低垂在媽媽的床邊，一袋是暗黃色，另一袋是深紅色，我的嘴巴開得大大的，無能為力阻止話語脫口而出。

「那些是……她的血嗎？」

爸爸保持沉默，但他的目光移到媽媽的身體，又花了好幾秒才落在袋子上。

「我們插了導管，用來導尿和體液。這很正常，她月經來。」

我也完全聽不懂「導管」是什麼東西，但發現自己因為護士傳遞消息實事求是的方式備感欣慰。她才不會像這樣子說著什麼危險的事呢，無論我們有多窮都是。接著護士便悠悠哉哉離開房間，只剩下爸爸和我跟媽媽獨處，她像是被插在床這個插座上。

媽媽只動了幾次。每次她這麼做，我們都以為她要醒過來了，結果都只是她在挪位子、好躺得舒服一點。會出現一陣沙沙聲，然後房間再次歸於寂靜，只由媽媽驅動的嗶嗶聲和點滴聲刺穿。

爸爸和我繼續坐著，在絕對懸而未決的命運刺耳雜音中愛莫能助。

25 資優

Gifted

媽媽終於能夠從醫院回家的那週，在幾乎一整個星期的觀察、出了加護病房又住院了好幾天之後，PS 124 小學剛好要去城外北方的某座城堡一天一夜的戶外教學。這是個特別活動，只給我們這些即將要畢業的人參加。我的同學們全都嘰嘰喳喳、興奮不已，因為這是他們第一個正式的過夜戶外教學，但我拒絕前往。我肯定一點都不會覺得好玩的，我心知肚明，而且我待在家裡也會比較好，我可以在家照顧媽媽。

這可不行，爸爸表示。我不在家，會比較容易讓媽媽適應回家的生活。我只不過是另一個他得照顧的東西而已——他沒有真的這麼說出口啦，當然沒有，但我知道真相如此。他在過去幾天已經說得夠多了，尤其是當瑪麗蓮回到我們家門前，而且爸爸抓到我在餵她我從晚餐的盤子裡分出來，並放進我油膩口袋中的飯和肉時。

你怎麼能又帶上這個累贅了呢，還挑在現在？你不覺得我已經有夠多事要操心了嗎？

爸爸的原話不是這樣說的，但他說了這些事的各種不同版本——用更溫和的語氣啦，而隨著時間經過，他的聲音已經卡在我腦海裡了，以我的腦細胞維生，還變得越來越大聲，也越來越刻薄。現在，那句話已經是個如影隨形的怒吼，是我腦中承載著最大聲的其中一個，就連爸爸人不在，我一個人獨處時，也會對我說話。

所以當爸爸說不行，我應該去參加戶外教學時，我聽出了他的言外之意，他完全不需要說出口。我默認了，邊祈禱著但願我跟瑪麗蓮分享的食物夠她撐到我回來為止。

巴士車程漫長又平淡無奇。每一次我出城，而這只發生過一兩次而已，我都很震驚這個國家其他的地方，並不像曼哈頓和布魯克林一樣，到處都垂掛著鋼筋水泥。我曾以為美國的一切都跟我們周遭的一模一樣，但隨著我望出窗外、看著萌芽的綠意時，我發覺美國還有很多地方，是我尚未見識過的。

到了這時，我的朋友們已經習慣了我擺盪在沉默不語和當個惡霸之間。這樣應該蠻刺激的吧，我想——他們永遠不會知道遇上的會是默許或是尖銳的反駁。我從未把注意力放在我宣洩在他們身上的言語霸凌和謊言上，我的重心是在媽媽上，反正，我再幾個星期就會擺脫他們了。我明年就要去上一間特別的公立學校，叫作紐約市協同學習實驗中學，位在曼哈頓的不同區域，在雀兒喜，這個區域比較接近聖文森醫院，而且沒什麼中國人。當時，那間學校自詡為招收資優生的學校之一，而我也先通過了紙筆測驗和面試才被錄取。

整個過程都很戲劇化。爸爸堅持要我保持低調，不要吸引半點注意力：

為什麼不上我們家學區布魯克林的學校就好了？

現在既然你都會說英文了，就不必再通勤去曼哈頓啦，乾乾。現在你真的可以宣稱你是在這裡生的了！

你不需要證明你很特別。何況，你真的覺得你有辦法和曼哈頓那些有錢白人小孩競爭嗎？他們的父母都有很體面的工作，會把錢花在各式各樣我們甚至都不懂的東西，壓力太大啦。你被拒絕的時候又會有多傷心呢？多尷尬啊，丟了這麼大的臉！

媽媽本來會是延長賽的關鍵，可是她沒辦法出賽了，而且我明年去哪上學也不夠重要，不能帶進她的病房裡。

於是，我反而自行決定。我想說要是爸爸說的是對的，那反正我也不會被錄取，所以在他不知情的情況下，去試試看也不會怎麼樣吧，有很高的機率，一切都不會改變。但我不懂他說的覺得尷尬和失望是什麼意思，我從來都沒理解過顧面子這件了不起的大事。我覺得被拒絕其實就跟試都不去試一樣——八成還可能更糟糕呢，因為我會一直去想當初。或許我內心的那個聲音是媽媽的，跟我說著我可以做到一切她沒有去做、可是但願自己有去做的事，並對我承諾不管我在外頭那裡看見了什麼、羨慕著什麼，只要我選擇去讓這成真，那我也都可能擁有。

我自己搭地鐵去實驗學校並參加面試，爸爸徹頭徹尾被蒙在鼓裡。就像我在美國看見的第一間學校，實驗學校也有警衛和金屬探測器，但是也有膚色各異的孩子們。指示帶我走過一道又一道走廊，而隨著我走到每一道，我也假裝著不要洩漏出我有多震驚，因為其他小孩的塊頭、牆壁多棕又多空，以及牆壁在沒有了鮮豔的幼稚塗鴉如火柴人和鳥喙及翅膀都稍微有點太大的鳥兒之後，看起來又有多麼截然不同。我最後終於來到正確的辦公室，見到了一名深色頭髮的男子，他非常矮，矮到坐在巨大的辦公椅上時，軀幹只有到椅子一半的高度而已。那名男子擁有閃閃發亮的棕色小眼，如此仔細地審視著我，假如我是在地鐵上看到他，那我肯定會換車。但是面試過程中，我其實沒什麼能做的，只能繼續坐在他的目光下，覺得渺小又害怕，同時心想我做錯決定了，竟然沒告訴爸爸我人在哪。要是這個男的把我遣返了怎麼辦？要是他綁架我呢？爸爸已經有夠多問題了，我還在給他添麻煩。

不過那個雙眼亮晶晶的男人，只不過是問了我一些平凡的問題而已，像是我喜歡什麼科目（英文），以及我不喜歡什麼科目（自然，這是我前一年決定的，因為我已經受夠當唯一一個沒有最討厭科目的小孩）。他也問我我都讀些什麼書，感覺他似乎只期待一個答案，即便我那時正同時在讀五本不同的書：一本在地鐵上讀，兩本在家裡讀，另外兩本則當然是在浴室裡讀，視我的心情而定。所以我跟他說了我帶在身上那本地鐵書的書名：《狂喜的愛麗絲，算是吧》（*Alice in Rapture, Sort of*）。多年後，我才會想到當時有多好運，書名竟然剛好有個花俏的字在裡面，我幾天前才剛查過，就在我在圖書館看到封面時。

我提到這本書時，雙眼亮晶晶的男子看來頗為佩服，彷彿他知道這本書，而且很知名似的，但實際情況實在不太可能是這樣：那一整套愛麗絲系列，都是有關一個跟她爸爸和她兄弟一起長大的女孩，而主角愛麗絲非常小的時候，她媽媽就因為白血病去世了。到了那時，我已經學到，男老師，通常都不太會欣賞有關女孩的故事。凱恩老師總是跟我說，去讀點更有營養的東西吧，比如《手斧男孩》（*Hatchet*）。但是我就不懂了——為什麼男孩的成長故事就比女孩的成長故事更有營養呢？話雖如此，就在我的舌頭跌跌撞撞吐出《狂喜的愛麗絲，算是吧》的書名後，我馬上就希望我剛剛說的是《手斧男孩》了。

在那之後，面試就平淡無奇結束了。我只有一次頗為震驚，是雙眼亮晶晶的男子問我說我爸媽以什麼維生時，我說爸爸是個翻譯，這嚴格來說確實是他一部分的工作內容沒錯啦，媽媽目前則是沒有在工作，這嚴格來說也算是正確的。他對這個答案似乎頗為滿意，同時草草寫下一些筆記，然後很快我又再度重獲自由，可以在大廳裡到處亂逛了。實驗學校是我第一次看見有不同種族的孩子混在一起玩的地方，彷彿這也沒什麼大不了似的。走廊上，有一群群的中國小孩開懷大笑著，旁邊是白人小孩、黑人小孩、拉丁裔小孩，就跟《拼圖地》裡演的一樣。

PS 124小學的學生大多數都是中國人（資優班有少數幾個白人小孩只跟自己人混，還有他們裝滿家常菜、五彩繽紛的可重覆使用午餐袋），而且也沒有那麼多其他種族的小孩可以讓我們去認識，就算我們很有興趣，就算我們並沒有因為身為中國人就認為自己比較劣等或低等。此外，在學校外，在中國城和布魯克林，我也從未看過多少次不同種族的人隨意聚在一起，大多數互動都緊繃又疏離，我也無時無刻都保持警覺。我發現自己想要繼續留在實驗學校的四牆內，就算只是為了要繼續觀察這些似乎並不在乎膚色差異的孩子，但我的胃提醒了我，我已經快要錯過午餐時間了。

幾週後，我收到實驗學校的錄取通知時，凱恩老師跟爸爸都震驚不已。凱恩老師又把我叫到他辦公桌前，這一次則是試著要說服我放棄。他換上那種為你好似的語氣，說什麼那邊的課程對我來說可能會太難，用功讀書就是只能帶我到這麼遠，但我一確認他不是要指控我最近的作業又抄襲時，就沒再認真聽他說話了。回到家，爸爸則是頗為沮喪，覺得我竟然這麼鬼鬼祟祟跑去申請，都沒有告訴他，但他很快就失去跟我爭的興趣了。坐地鐵往返醫院的無數個小時，已將他掏空。

錄取之後，我更常在腦中消磨時間，從有關過去的種種思緒跳躍到關於未來的各種幻想，因為眼前的一切既可怕又令人沮喪：媽媽生病了，而我們不知道她能否完全復元，還是醫院會繼續追殺著我們。不過不知怎地，我還是錄取進了一間爸爸說是給出生在這裡，而且有錢到住在曼哈頓，父母八成還是在那些高聳建築裡工作的白人小孩讀的學校。要是這都能發生了，那其他事情也很有機會吧？或許媽媽是對的：也許我可以為自己、為我們一家三口，創造出我想要的一切，而這就是第一步。

搭巴士前往城堡時，我一路上滿腦子就都是這自我感覺良好又一廂情願的幻想。我們在一座巨大的灰色磚造建築前停下來時，建築有個環狀的車道，凱恩老師站起身來，開始他的日常耍寶。

「好囉，大家，我們終於抵達麥當勞囉！」他停頓，等待著永遠不會降臨的笑聲。正是在這些沉默的空檔間，隨著他的表情逐漸覺悟，他再次令他的觀眾失望了，我才發現他這時候跟我最像。話雖如此，他還是遮掩得很好啦：他用食指把眼鏡推上鼻樑，並發出尷尬的笑聲。

「我只是開玩笑的啦，大家。我們到囉！現在排好隊下車吧，排成一列就好。而要是你應該要留在車上，卻下車了，就跟我說，這樣可以嗎？」停頓、笑聲，「我開玩笑的啦，大家。」

我下車時，看見四周都是樹木。就我所知，他們也大可能是把我們帶到中央公園正中央，城堡並不真的是座城堡，只是座巨大的灰色建築，家具稀稀落落，也沒有暖氣。雖然現在還只是五月，天氣比較溫暖，可是太陽一下山後，也還是蠻冷的。

我們成群結隊在建築裡閒逛。牆上黏著些畫作和動物的頭顱，沒人跟我們解釋背後的半點歷史或意義，但還是比凱恩老師要我們坐在移動式電視前，並且不斷重看同一集《湯姆貓與傑利鼠》的課堂還更棒啦，我們過去三年都在看那集耶。

我們在一張雕刻作工極度粗糙的長桌上，吃了些燉肉和麵包當作晚餐，我還邊幻想著我們是中世紀的騎士；之後，凱恩老師和其他老師要我們坐在主大廳的火爐旁。前頭站著一名從頭到腳都穿著棕色、戴著一頂棕色漁夫帽的白人，他脖子和雙肩上還披著某種黃色、粗壯、肥胖的東西。我剛進來大廳時，還以為那是某種圍巾，但隨著我靠近，我的視力並沒有差到會錯過那條圍巾其實是條長滿鱗片的大蟒蛇。那東西長到尾巴都一路垂掛到男人的右手臂處。我壓下一股想馬上吐出來的衝動（我可不能再毀掉克莉絲汀的鞋子了，她一定會講個天荒地老），並且拖著腳步朝後頭走去。

隨著那名棕色男人開始口若懸河滔滔不絕起來，我們也被迫要去碰那隻蛇，一個一個輪流，蛇還會邊對我們張開嘴巴，向我們露出牠空空如也的牙齦。我想辦法蒙混過去，只用我食指的指尖輕輕碰了一下，同時眼睛盯著反方向看，這樣對凱恩老師來說就夠了。我在那學年的更早些時候，就已經學會我們有兩種選擇：要不是按照他說的做，就是逗他笑。

刺激的蛇之後，我們有熱可可能喝，雖然我的胃不停翻攪，根本就吞不下半口。接著，他們帶我們去看房間，我的房間是比較小的其中一間：只有兩張上下舖，給四個女孩睡。克莉絲汀和我一起睡一張，這是當然，但是另外兩個女孩到底是誰，早在那之後就從我的記憶中消失了。

晚上九點熄燈，而就這麼一次，我很興奮可以早睡。我越早去睡覺，就能越快見到媽媽。我很受不了一整天都待在這麼多人旁邊，不能回到我家小房間的繭中。我們分配到的是只給女生住的宿舍，而我在我們那層樓的樓長老師眼中，是個生面孔，雖然我曾經在學校見過她。她是少數幾個非中國人老師之一，而且她的身形像顆葡萄柚，隨著她的腳步聲喀噠喀噠走下樓梯，身影從我們的宿舍中消失，我聽見整層樓的房門都咿咿呀呀打開。從那些聲響中出現的，是女孩們興奮的竊竊私語聲，她們也早已因為違反規矩竊笑了起來。

我的室友們也加入發笑和拖著腳步移動的行列。

我抱怨：「我們真的有必要這樣嗎？」

「反正這裡面也快冷死了，快點啦！」說完這話，那兩個面目模糊的女孩便消失在門外。克莉絲汀待在黑暗中陪我，她是有很多缺點沒錯，但是忠心耿耿可說深深流淌在她的血液中。

我們一言不發躺在一塊，一個人疊在另一個人上方，就像空心磚。我們聽著彼此的呼吸聲，以及就在門後的壓低笑聲和嘰嘰喳喳聲。我把薄薄的毯子一路拉上來，緊貼著肩膀和脖子，但還是很快發現自己在顫抖，牙齒也格格打顫。我穿著整身衣服上床，可是我還是在發抖，克莉絲汀則開始打呼。這麼冷她到底是怎麼樣睡著的啊？

接下來幾分鐘，我在內心天人交戰著，是不是要從其他兩個人的床上拿毯子來，但就算是在我的想像中，我也都無法在現在身上這件毯子不滑掉，害我凍傷的情況下，天衣無縫完成這個任務。我其實不太知道凍傷究竟是什麼，但自從我第一次讀完傑克．倫敦的〈生火〉（To Build a Fire）之後，結局的場景就如影隨形跟著我了，而我才不要為了兩件毯子，冒著四肢壞死的風險呢，更何況毯子還織得有夠鬆，反正還是會讓冷空氣流進來。

這是我第一次冷到連牙齒都開始格格打顫。我想起姥姥寄給我們的一件件刺癢毛衣，整整齊齊排在我們家會灌風進來的窗戶邊，也想到我們主臥室裡那台雖小卻強勁的暖氣，只要打開就會發出嘶嘶聲和劈啪聲。我正是在這時發覺，即便我已經不再知道家在何方，依然能對某個地方產生想家的感覺。

我讓思緒神遊到那唯一能帶來平靜的所在，在腦中描繪著媽媽和爸爸待在家裡開懷大笑——就在沙發上，他們總在那共度彼此罕見的快樂時光。在我們窗外的小巷中，瑪麗蓮正舔舐著牠的腳掌，肚子吃得飽飽的，身體也因溫暖而發出呼嚕聲，接著我便踏進夢鄉的門檻。

媽媽回家的過程不太順利。她一直待在床上，而且總是很痛苦，我在想要是事情一點改變也沒有，那我們何必要經歷手術和醫院的種種麻煩。如今，煮菜完全由爸爸一手包辦，而我們很快就逼近了他烹飪知識的極限。媽媽拒絕教我做菜。煮得一手好菜是女人的詛咒，她說，因為這表示你這輩子剩下的時間，每天都得煮。

少數幾次，當媽媽睡著或實在太過痛苦、沒辦法讓我待在身邊時，我會和爸爸一起去店裡買東西。而我那段時光大多數的時間，都會站在熟食區旁，那裡有個玻璃櫃展示著閃閃發亮的咖啡色雞身，在一根銀色的棍子上旋轉，而就在櫃子外，也有提供上面戳滿了洞的塑膠袋，每一個都是一副棺材，給完成了旋轉舞的雞隻。那個展示櫃簡直是讓五感都大獲滿足：在明亮的光線下彷彿是一場瞬息萬變的表演，飄送著一陣陣令人食指大動的油和油脂香，熱氣也讓我的雙頰紅潤，並在我全身傳遞著一股暖意。要是我閉上雙眼，沉浸在那股香氣中，我就幾乎都能在齒間、舌尖、順著喉嚨，嘗到那美味的雞肉了。

某天，我正好在日光室裡讀《白牙》（*White Fang*）*，春末夏初，室溫剛好還能忍受，這時我竟然在窗外看見瑪麗蓮。她正爬上門外的階梯，嘴裡銜著某個棕白相間的球狀物體。爸爸正忙著準備我們的晚餐，而媽媽昏睡過去了，她現在似乎總是這樣。我溜出我們的房間，走出兩扇前門，瑪麗蓮就坐在門階的平臺上等著我。在她面前，是個擁有棕色羽毛的物體，還有個巨大的白色肚子，瑪麗蓮渾身散發出驕傲，我於是彎身檢視那個東西。我接著盯著她看，同時回想起之前讀過的許多有關貓的書裡的段落，注記提到有些貓會帶死鳥和老鼠回來給牠們的主人當禮物。

「瑪麗蓮！」我跨過死鳥，我在美國的第四樣禮物，然後一把抄起她，因為意外的團圓滿心感激。「你為我留下了這隻麻雀，雖然你肯定很餓。」她發出呼嚕聲，我帶著她一起走進前門，並進入我們的房間。在臥室區，媽媽還沒醒來，她側身躺著，雙手緊抱在腰部處，身體跟蝦子一樣蜷縮起來。我把瑪麗蓮放在床上，她轉了三圈，才安頓成一顆球，並縮在媽媽的臂彎中，臉邊對著尾巴發出呼嚕聲。

我不情不願離開瑪麗蓮身邊，到日光室把《白牙》拿過來，然後再回到睡覺的地方，接著帶著書爬上我的床。我肯定是睡著了，因為我知道的下一件事，是爸爸的怒氣充斥整個房間。

「這個髒**東西**到底是搞什麼會跟媽媽一起待在床上啊？」

我睜開眼睛，看見高高聳立在我上方的爸爸，用一隻手抓著瑪麗蓮，而她一邊嘶嘶叫，一邊

---

* 譯注：美國作家傑克・倫敦（Jack London）的作品，講述加拿大淘金熱時代一條野生狼狗受到馴化的過程。

扭動和蠕動著尋找自由。

「我……是我讓她進來的……」我跳起來要抓住她，但爸爸走出我們的房間，朝廚房而去。我追在他身後，並用眼角餘光瞥見媽媽，她現在從床上坐起身來，雙手依然緊抱著身體中段。

等到我進入廚房時，爸爸已經把瑪麗蓮從打開的窗戶扔出去了。

「不！」

時間慢了下來，我的話語也含糊不清，但我及時趕到窗邊，看到瑪麗蓮用雙腳著陸，然後驚慌失措跑走了。爸爸電光石火用力把窗戶關上，速度之快，我還得趕快把手抽回來，以免手指被夾爛。

他用我最害怕的冷靜低沉語氣說：「那隻貓帶衰，你聽懂了嗎？」我強迫自己點頭，但不太確定我真的有在點頭。

「我們已經夠倒楣了，不准你再帶更多霉運來。現在，給我去擺餐桌，準備好吃晚飯了。」

我們在極度不適的氣氛中吃飯。六月很晚才下山的太陽依舊照耀著天空，黃昏的光線從窗外灑進，讓我們的晚餐沐浴在紅褐色的色澤中。每次大口吞下一口食之無味的食物，我也同時嚥下一種體悟：就算去了一間更好的學校，對於改變我們家的霉運而言，也一點用處都沒有。

26 畢業

Graduation

下週，媽媽又回到聖文森醫院。這是在我去上學時發生的：媽媽覺得陣陣劇痛，於是她打給醫生，而醫生叫她立刻回去。爸爸在某個地方和她碰面：某個位在曼哈頓半路上的地鐵站，或者就只是直接在醫院。我當時在上課，可能是數學或英文課吧，注意力聚焦在愚蠢的白日夢上，同時媽媽則再次插上針頭。

對於媽媽又病了，我很難過，但並不震驚。爸爸警告過我，我卻不聽。那次事件後，我還看過瑪麗蓮好幾次，然而比起餵她，我反而是無視她，並假裝她就跟街上隨便一隻貓別無二致。某天早上，她跟在我身後跟了三個街區，來到地鐵站，而當她很顯然不願意放棄時，我從地上撿了一根斷裂的長長樹枝，並對著她揮舞。

「你是壞運，給我走開！」

自此之後，我再也沒見過她了。

但這也無所謂了，因為已經為時已晚。我帶進來的厄運，再度傳染給了媽媽。

結果，媽媽的身體並沒有辦法適應少了膽囊和半個肝臟的狀況。而我們這段時間吃的食物也都不夠乾淨或健康，所以媽媽現在得了某種叫作胰臟炎的病，我甚至根本都不知道世界上存在著像是胰臟這樣的東西，而這現在正摧毀著我的生活。

結果對酒鬼來說，胰臟炎是種常見疾病，所以輪值的護士和年輕醫生總是在問媽媽這回事。我於是自動自發擔起責任，告知他們所有人，媽媽對酒精是非常、非常重度過敏。

醫生讓媽媽徹底停止進食，反倒是把她和一袋袋乾淨的液體鉤在一起。「每一袋，」媽媽邊說邊指著從懸掛著的塑膠囊上滴下來的液體，「要價四百塊美金。要是我每天吊完三袋，那就是一千兩百塊美金！」

吊完三天的昂貴水袋之後，媽媽的雙頰再次紅潤起來，而她也褪去了那彷彿吸飽水的浮腫外貌——我們倆在美麗國度的這些年間，都長成了這副模樣。

「你應該要少攝取一點鈉。」一個笑容燦爛、披著白袍的韓裔醫生這麼說。

「少油，吃天然、健康的東西。」另一個醫生指示，他也是白人，但不是那個擁有舞者雙手、說話飛快的外科醫生。

「不准再吃罐頭食品了。」第三名棕膚褐眼的醫生告誡。

等到媽媽蒐集完一大堆我們根本就無法達成的建議後，她已經待在醫院將近一週了，而且已經注入了——根據她自己一絲不苟的精密計算——超過六千塊美金的液體營養素。她手臂和手上的血管也變得如此坑坑巴巴，使得他們必須再次從她的雙腳下手。

那週也是畢業前一週，五天內排滿了沒用卻昂貴的戶外教學，到各種博物館、電影院、餐廳去，全都是因為這樣的話，我們的老師們就不再需要進行教導我們的動作了。我翹掉了全部，只有在我們預定要為畢業典禮彩排時才去上學，然後就搭地鐵到醫院。

在畢業典禮上，女孩們必須要穿白色洋裝，男孩們則是要穿白上衣、黑褲子。這對我來說似乎很怪，我們竟然得穿得像是要結婚一樣，只為了隨便唱幾首歌。而且這為我造成了一個問題，因為我根本連一件白色的衣服都沒有；我避開洋裝，欣然擁抱男人婆般的打扮，因為這樣對我們來說比較便宜，可以同時買上衣和褲子，然後我再隨著那年的成長，長大到那些衣服穿起來變得合身。而且我們幾乎從不買白色衣服，弄髒跟泛黃的機率實在太高了，可是我別無選擇——只要穿其他顏色，我就會變成我潔白同學間的一坨汙泥。

媽媽的其中一個朋友帶我去買洋裝。我不記得究竟是誰了，但我喜歡認為是林阿姨，即便我和她待在一起時，我們從來沒機會去買。總之，無論是誰，她都帶我去了梅西百貨，媽媽和我原先只敢在櫥窗外面用眼睛買而已。她帶我到賣女生時髦洋裝的那層，並跟我說想買哪件就買哪件。一架子又一架子的蓬蓬裙跟蝴蝶結實在是非常恐怖，我在美國從沒擁有過這種選擇的奢侈或說負擔。大多數洋裝都很迷你，也許是給那些吃不油、低鈉、全天然食物的女孩們穿的吧，而且她們的媽媽也永遠都不需要被急急忙忙送醫，然後注進滿滿的營養，不過我還是想辦法找到一件我穿得下，並且不會讓我看起來像是個長腳的多層蛋糕的洋裝。在收銀臺邊，阿姨伸手拿皮包要付錢時，我發出了幾聲微弱的抗議，我們都心知肚明這是在作戲，因為媽媽和爸爸根本沒錢買得起這件荒唐的小婚紗。

——

就在我畢業前，媽媽再次獲准出院。然而，我依舊屏息以待，到了這時，我已經學會霉運並不會就這麼離開，即便瑪麗蓮是這樣沒錯。

畢業那天，我很早就在操場上找到了我的位置，我們要在那裡按照姓氏的字母順序排好隊，然後再魚貫進入食堂；裡面用來分隔空間的牆壁已經移走，這樣我們所有人的父母，就都能好好享受我們五音不全的表演。我正自言自語碎念著新學會的歌詞，這時凱恩老師朝我走來，他的眼鏡在陽光的照射下染上了顏色。他買的是那種時髦的眼鏡，會變成墨鏡的款式，但是當陰影只呈現出部分效果，例如現在在中庭半灑下的光線下，或是當我們教室裡的燈泡剛換過、還有點太亮時，他看起來就像是盲人一樣。

「乾！你在這啊！我整個星期都在找你。」

我回以一個溫馴的微笑。我最期待的其中一件事情，就是可以擺脫凱恩老師，我的男老師初體驗，而且還是個白人，讓我開始擔心起我該如何在這個世界上生存，而這個世界呢，根據爸爸的說法，是由白人控制一切的。凱恩老師有種能耐，只會引出我身上的兩種反應模式：不舒服或難過。他從來沒有做出過什麼太糟糕的事，所以這也很難解釋啦——不過他呢，如同爸爸在某次親師座談會後所提到的，簡直是個「流氓」。這個字在英文裡沒有真正的對等用詞，話雖如此，美國還是有很多類似的人就是了。粗略翻譯的話，這個字的意思介於無賴、變態、討厭鬼之間，這之中的灰色地帶很適合凱恩老師，不過即便如此，我還是不太願意用這個字形容他，因為有許多時刻，他似乎也只不過是個孤單的孩子而已，就跟我一樣。

看我沒有半點反應，凱恩老師嘆了口氣，他每次在開始看似為你好的責罵前，總是會這麼做。

「你至少有一半的畢業週活動都沒有來參加，乾。我知道是因為我去確認過。你得參與才行啊。我很不想這樣跟你說，但我這麼說，完全只是為了你好：要是你不積極參與，要是你一遇上機會就逃避，那你這輩子都會一事無成的。你聽見了沒？就把這句話當作我對你的臨別贈言吧。」

我也不知道為什麼，因為我都已經忍凱恩老師忍一整年了，但正是在這一刻，我感覺我的喉頭一緊，並出現了一坨腫塊。上個星期的所有香味和臭味全都回到我身旁，針頭、一罐罐和一包包的藥、滴著的昂貴水袋、媽媽好渺小，她身上插出這麼多管子。我迅速眨著眼，並避開眼神接觸，沙啞擠出一聲笨拙的「謝謝您」，然後便走出中庭，進入廁所。我溜進一間隔間裡，接著我婚紗的上半部就全都被淚水浸濕。

畢業典禮冗長又悶熱。學校沒有冷氣，通風也不太好，食堂沒幾扇窗，顯然不夠冷卻我們這屆五年級的每一班以及我們所有家人蓋在聚酯纖維下的身體，坐下來才沒幾分鐘，我就開始滴汗了。我們學生占據整個空間的一半，老師們在我們面前的舞臺上，家長則是坐在我們身後的食堂長椅上。老師們說了一堆話，關於我們有多棒、多特別，但他們雙眼中的呆滯出賣了這則不實的訊息。他們年復一年演講的內容都一模一樣，這個真相懸掛在黏稠的空氣中。我不知道他們為什麼有必要假裝，尤其是因為空間裡的許多家長和孩童，比如伊蓮她們家，早就都已經參加過年長的手足的畢業典禮了，而老師們當時也用徹頭徹尾相同的方式，表示過他們一樣特別又美好。

畢業典禮以我們痛苦排練的歌曲（對我們的喉嚨和耳朵都帶來同等的痛苦），緩緩朝結尾邁進。校長一聲令下後，我們整齊劃一一同起立，就像午餐時間的血汗工廠工人，然後轉向後方，面向我們的家人，他們也包在自己的汗形成的繭中。我們再來開始唱起挑選好的三首歌，一首接著一首，喇叭一邊大聲爆出原唱演繹的歌聲。我們的貢獻因而幼稚又沒必要，就像在地鐵的塗鴉藝術上，又用鉛筆畫上課桌椅上的粗劣圖畫。

之後來到最讓人一頭霧水的橋段：直至今日，我都依然不解那三首歌裡的其中兩首，到底是哪邊跟畢業有關係。那兩首歌是大人的老歌，跟我們聽的音樂一點也不像。第一首是〈你的每一次呼吸〉(Every Breath You Take)[*]，凱恩老師說這首歌在婚禮上很流行，但我讀完歌詞之後，完全不懂為什麼結了婚的人要威脅彼此，或我們為什麼得在畢業典禮上威脅自己的父母。第二首是〈本色〉(True Colors)，聽起來似乎是關於某個人在請另一個人揭露出真實的自我，我也不知道我們幹嘛要這樣要求自己的父母；媽媽和爸爸面對我時，總是本色盡露，而有時候這實在很恐怖。假如他們還隱藏了更多，那我才不想見識呢。

話雖如此，最後一首歌，在我看來則是完全合理。隨著音樂轉換並變得越來越大聲，我持續舉目四顧，尋找著媽媽，但是有太多張臉和太多雙眼睛了，而且我們的身高全都差不多。我左扭右擺，搜索著觀眾，直到一名老師走來，並把手紮紮實實放在我肩上，因為我們已經轉過身，而姓氏的字母順序，這輩子頭一遭，竟然讓我來到非常前排的位置。

貝蒂．蜜勒(Bette Midler)溫柔的低吟傳出時，我已經放棄尋找媽媽，反倒是因抬頭望去而心滿意足——我盯著天花板，全力用我五音不全的聲音大聲唱著，雖然我撐不了多久就是了。到了第二段結束時，我們一唱到「一個美麗的微笑掩飾著痛苦」[**]那一句，我就徹底崩潰了。但是我臉上已經流很多汗了，所以沒人看得出來我正在大哭。

---

* 譯注：英國殿堂級搖滾樂團警察樂團(The Police)的作品，此處所謂的威脅，應是因歌詞不斷反覆提及「我都會看著你」(I'll be watching you)。

** 譯注：此曲為貝蒂．蜜勒的〈乘風展翅〉(Wind Beneath My Wings)。

自從踏進那間學校以來，第一次，就在那裡，和我的同學們一起在食堂裡，我們每個人都流了滿身汗，白色衣服現在都變成透明的了，我讓自己大哭特哭了一場。我們顫顫巍巍朝歌曲的結尾唱去，勉勉強強唱出「感謝上天，你是我翅膀下的風」，而整首歌期間，我模糊的視線都聚焦在天花板上，並交替為了上天把媽媽賜給我而感謝主，同時向祂祈求不要把她從我身邊帶走，就像祂對其他所有我深愛的事物所做的那般。

27 電子雞

Tamagotchi

我帶著小心謹慎踏入那個夏天。不用去上學，我唯有的工作就是好好守護媽媽，並在必要的時候盡快送她回去醫院。我已經辜負了她兩次，絕對不能再有下次了。

那年夏天，媽媽也想辦法拿到她的學位並畢業。她病床邊搖搖欲墜的小桌子堆滿了各式各樣的書，書名也都頗為博大精深，像是《演算法》，這個字在我的記憶中跟我的發音裡都變成《艾爾‧高爾之歌》*。我們在一個悶熱的日子去參加她的畢業典禮。媽媽的體重掉了很多，輕到黑色的袍子彷彿吞噬了她，而從爸爸和我在觀眾席中的座位看過去，她就是一張在黑色大海裡溺水的迷你臉龐。

話雖如此，畢業似乎並沒有帶來什麼改變：她現在有個電腦科學學位了，但她還是找不到真

* 譯注：原書名為*Algorithms*，此處因斷句關係，作者誤聽成是Al Gore Rhythms，即時任美國副總統艾爾‧高爾的歌。

正的工作。媽媽很努力去找，可是他們每次要求正式的文件，她都會跺著腳回家，同時碎念著我們真的必須想個方法拿到合法身分才行，要不然我們就得被迫離開。與此同時，她又回去在亨利．易的茶杯裡吐口水了；媽媽缺勤的時候，他雇了另外兩個女人，不過接著還是炒掉了她們。

媽媽堅稱她狀況好很多了，但我從種種跡象中注意到她其實還是頗為虛弱：她現在吃得很謹慎，而且動作也變得更慢了，不再一吃完飯就站起身；她不再吃炸雞，也開始喝更多水。但是最重要的是，她也不再跟我講這麼多她所擔憂的一切了。寫在她消瘦洩氣的臉上的，是她沒有告訴我、獨自承受著的種種，而她也花更多時間待在外頭。她交了個新朋友，住在長島，並且常常去拜訪她。

「媽媽，怎麼了？」有時候，我想辦法哄騙出她的壓力。其他時候，她則維持疏離、眉頭緊皺，我在想是不是因為我辜負了她兩次，所以她才決定不要再跟我說任何事了。

媽媽指出我們家每五年就會遭到厄運侵襲：過去一整年，是生病和手術，而五年前，則是爸爸離開中國。我們必須改變一下，她說，在下一波厄運來襲之前。

我注意到她的言外之意：爸爸離開中國的五年前，就是我出生的時候。我回想起媽媽許久之前告訴過我的，他們生下我是因為媽媽之前已經懷孕過兩次了，並且很害怕要再墮胎一次。之前懷的都是男孩，媽媽曾說過，可是她最後竟然生下了我，一個女孩。

那之後的好幾週，無論我到哪裡去，總是想著我的兩個哥哥陪在我身旁。要是現實生活中他們真的也在，那該有多好玩啊！我一定會感覺更安全的。我有一次曾跟媽媽提過這件事，但她只是笑了起來：「蠢乾乾，我們在中國只允許有一個小孩而已，所以要是我留下他們其中一個，那你就不會在這裡啦。」

這想像起來可就沒那麼有趣了，所以我改成開始想像擁有一個雙胞胎姊妹，如影隨形跟著我到處去。身為雙胞胎，表示我可以出生，同時卻依然有個手足，但是當然了，這一切全都是發生在媽媽生病之前，我當時還不需要全神貫注在照看她這個任務上，並且確保我隨時隨地都要準備好打九一一。

媽媽的另一個改變，則是比較有趣。她以前總是會從我們的雜貨預算裡多存個一兩塊美金，去買樂透；她當時表示，擁有希望是件重要的事，但在手術之後，她甚至開始砸更多錢在樂透上。她曾跟某個律師談過，她告訴我，結果呢，要是我們有夠多錢，其實可以付錢買商務簽證。我問過她那我們需要多少錢，因為搞不好我可以再回去血汗工廠工作，可是媽媽回答說，這是一筆我甚至無從想像的天文數字。

媽媽每天下班回家的路上，都會買兩三張樂透，總共要花上五塊美金。她總是買那種無聊的彩券，就是有很多黑色的數字印在一張小白紙上的那種，而只要我抱怨這根本一點也不好玩，媽媽都會提醒我這種頭獎最大，有好幾百萬美金，搞不好還接近我們辦簽證所需的天文數字。

另外兩種彩券則是更好玩的，總是印在五彩繽紛的色紙上，粉紅色、紅色、藍色都有，右下方有個數字表格，最上面則寫著「賓果」，左方是各種球，下面寫著隱藏的號碼。遊戲目標是要把球上面的塗層刮掉，露出號碼，一顆接一顆，然後右方表格裡如果有出現同樣的號碼，就可以劃掉；假如有五個號碼連成一排，無論是直的、橫的、斜的都可以，那就獲勝了。

媽媽總是會把賓果那張留給我玩。手上拿著張新彩券的我，會朝著我的二十五美分硬幣吹口氣，祈求好運，然後開始刮，並在每一次把號碼刮出來的時候細細品味著。這個遊戲最多可以讓我玩上三十分鐘，尤其是當我把遊戲分成一個又一個小步驟時：刮出一個號碼、對照表格、吹掉紙上的屑屑，接著再靠在沙發上，看個幾分鐘的《凡人瑣事》（*Family Matters*）。我盡可能拖延遊戲時程，只要我還沒刮完號碼，那就代表我還有贏的機會。

媽媽很早就告訴過我，賓果彩券上有個特別的位置，你刮開就可以知道自己有沒有贏，不需要真的去玩。可是這對我來說，感覺像是作弊，而且不管在什麼情況下，我也都搞不懂為什麼會有人想要跳過遊戲，直接抄捷徑繞過希望之窗——你本來有可能多得到好幾百塊美金以上的財富耶。我總是確保遊戲結束時才去刮那個位置，不過只是為了要確定我沒有對錯號碼，錯過獲勝的機會。

媽媽和我中過的最大獎是五塊美金。我們發覺自己中獎時，慶祝了好幾分鐘，邊說著我們搞不好真的可以存到買簽證需要的金額。接著我們便走回雜貨店，把贏到的獎金投資在另一張閃閃發亮的希望彩券上。

一九九八年夏天標誌著我美國童年中收穫最多的一段時光。在畢業典禮上，我簡直是美夢成真：我在當地的獅子會得了一個獎，是邦諾書店五十塊美金的禮券，那是間我崇拜不已的書店，崇拜到我幾乎都不太敢走進門去。畢業典禮結束後，我一陣頭暈目眩，夾在媽媽和爸爸中間，走向東百老匯地鐵站，黏呼呼的手指間捏著禮券，使得紙上浮現一圈又一圈的潮濕痕跡。即便如此，我依然無法說服自己像爸爸一直催促的那樣，把禮券放進我背包裡的資料夾中。因為要是我不把禮券握在手中，我就不會相信這件事是真的，因為我從沒想過我有朝一日竟然可以在一間真正的書店花上這麼多錢。

隔週日，爸爸就帶我去邦諾書店。綠色的遮雨棚和金色的字體矗立在這間多層樓書店的胸口，渾身驕傲聳立在聯合廣場的樹木上方。接下來兩個小時間，我們逛過整間書店，我整個人一頭栽進架上的書堆中，爸爸則用昏昏欲睡的眼神在一旁顧著我。逛完每層樓後，我們會搭電梯上去下一層樓，我的雙臂中抱滿遠遠超過我負擔得起金額的書。

我們在童書區安頓下來，並仔細研究起我的選擇。選擇的重擔壓在我身上，讓我的肩膀都垂了下來。一方面，而且現在也真的是在我其中一隻手上，我有好幾本《保姆俱樂部》的書，我多年來都很渴望自己擁有，書封亮晶晶又滑順，書頁也依然緊密相連在一起，未受陌生人手指的入侵玷汙。另一方面，我則是有爸爸命令我該買的書，象徵我的責任：一本封面上有棵樹的教科書，上頭有著「你家的六年級生需要知道的事」這幾個字，還有一本精裝版的韋氏字典，我這輩子只有在圖書館裡的特製木頭書架上看過而已。這本字典實在非常巨大，大到我的手臂都開始因重量而發抖了。

「乾乾，」從爸爸說話的語氣聽來，我知道他心意已決了，「你知道你隨時都可以來這裡讀那些保姆書的吧。」

「我可以嗎？」

「可以。這裡就像是圖書館，只不過你不能免費把書拿回家而已。」

我四下張望起來，並且第一次看見那些白人小男孩和小女孩們，坐在凳子上、地上、家長的大腿上，擁有世界上所有的時間，可以慢慢翻閱過書頁。

「我都不知道耶，我以為他們會把我踢出去。可是我有五十塊美金，難道我不應該用掉嗎？」

「當然該啊，但是要用在你沒辦法在這裡讀的書上面，用在你得在家裡擁有的書上。」他指向那些責任之書。

我猶豫了。那些書封並不令我興奮，也不會撫慰我，只會讓我想睡覺。

「你可以學到一些厲害的字，這樣他們就永遠都不會知道你是個移民了，你看——」他拿起那本字典，書的側邊有各種凹洞，標記著二十六個字母中的每一個，然後翻到「C」凹洞前的某一頁，「你可以查像是『鳥類』這樣的字，然後這裡就會有個小節告訴你是什麼意思。」

「可是我已經知道『鳥類』是什麼意思了啊。」

「噢，不過想想你不知道的一切！全都在這裡面，乾乾，全世界都在這裡面，就在這些書封之間。」

我喜歡這話聽起來的感覺。最重要的是，我喜歡我可以幫助爸爸相信，有朝一日，沒有人會認為我們是移民，並覺得我們真真正正屬於這裡。

我在這裡生的，我一直住在美國。我在這裡出生的，也一直都住在美國。

「而且，你看到了嗎？」他用拳頭敲敲封面，「這書品質很好，可以讓你撐到上大學為止。」

我想起媽媽生病前說過的話，有某些大學並不會問太多問題，只要我成績好到可以被錄取就行了。我可不能錯過半次嘗試的機會，這於是解決了困境：我買了那本字典，並把剩下的錢都花在教科書上，同時發誓每天都會好好念過每一本。我把那些《保姆俱樂部》的書整整齊齊排成一疊，留在我們的座位旁，也許我可以再回來探望這些書，又或者書會替別人帶來歡樂也說不定。

我和爸爸手牽手離開收銀臺，因為給了他希望而滿心驕傲。我每天都會學五個新字，我告訴他，這樣的話不到一年，我就能學會世界上所有的字了。

他露出微笑，而我能做的，就只有跟著反映出他的快樂。

但是隨著我把我買的書帶走，我注意到綠色袋子即便鼓起，也讓我一點都開心不起來。實際上，我反而覺得沉重又陰鬱，但是至少，我提醒自己——我離上大學又靠近了五十塊美金的距離。

我後來沒有再碰過那些書。我們待在美國剩下的日子中，書都堆在我的床邊，提醒著我，爸爸殘缺的夢。

——

我的第二個大收穫，在那年夏天晚些時候到來，那時布魯克林的暑熱讓我們得在吃完晚餐後到門階上殺時間，並享受在西沉的夕陽下吹拂的微風。某天晚上，爸爸穿越那樣的暑氣回家，身上的白色襯衫被汗水浸溼成透明，還一臉驕傲。換掉衣服之前，他給了我一個盒子，裝在硬梆梆的透明塑膠袋裡面。

希望猛衝過我的胸口，我想著這究竟是什麼。那一整學年，我都渴望著我同學們的電子雞，也就是小小的蛋形電動玩具，色彩各異，每顆裡頭都住著一隻虛擬的小雞，需要有人餵，也要跟牠玩耍，就像瑪麗蓮。在四年級的夏天到五年級開學這段期間，我所有的朋友都有一顆。某天早上，我來到課堂上時，發現我是唯一一個手上沒有嗶嗶叫求關注寵物的人；我有些同學甚至還有三顆，每顆都不同顏色。我課堂上大多數的時間，都花在從朋友們的肩後窺探他們的寵物小雞（事實上，那真的只是一坨黑色像素匯聚在一起而已），以及牠們的所有需求上。牠們需要人餵、洗澡、陪玩、訓練，而且全都在幾個小時內就得滿足。要是牠們受到忽略，那就會死掉；有一次漢娜．李一天就發生過兩次。這整個概念似乎都壓力山大，而且也不特別有趣，可是每個人都有一隻，所以我當然也想要一隻囉。我五年級大多數的時間，都在到處走來走去，視線死盯著地上，深信我會找到一顆某個粗心大意的小孩不小心弄掉的電子雞。我想像著自己從水溝的縫隙間撿起那顆蛋，拍掉上面的灰塵，並賜給那隻小雞一個乾淨又充滿愛的新家，四處都是遊戲、食物、訓練。而只要有朋友讓我拿拿他們的電子雞，我就會想像拿著那隻小雞衝出教室，一人一雞從此過著快樂的生活，直到我把牠養成一隻雄赳赳氣昂昂的公雞，用像素梳子跟什麼的。

眼前，我從爸爸遞給我的袋子裡取出盒子時，時間慢了下來，並在我一看見這是什麼之後，再度加速。盒子是長方形的，四邊是白色，正面很乾淨，中間放著一顆扁平的橢圓形白蛋，還附了一個鑰匙圈。白色的蛋殼在中央裂開，露出一個螢幕，邊緣是藍色的，底部則是凸出了三個藍色的按鈕。我抬頭望向爸爸。

「我買對了嗎？我說我要裡面住著雞的那種蛋。」

幾個月前，爸爸因為我過馬路時沒有先朝兩側張望而斥責了我，那時我忙著搜尋地面，想找到需要領養的流浪電子雞。我跟爸爸說我在找什麼，還講了冗長的細節，包括這個電動長怎樣，還有它是怎麼運作的，當時爸爸只回答：「走路要看路，小母猴。你是不會那樣得到你的雞的。」

那次對話一結束我就忘光了，繼續用雙眼搜索著路面。我從沒想過，我們竟然不知怎地負擔得起一隻全新的電子雞，而且就算真的可以，買一隻小雞，而不是替媽媽買更多健康的食物，感覺也不太對。此外，我來到美國後也曾擁有過其他許多類似的執迷，而且也都沒有實現：完整大小的芭比娃娃、菲比小精靈、G-Shock牌的Baby-G手錶。從來沒有半樣成真過，全都慢慢消逝成一種喃喃低語的渴望。

但是電子雞就截然不同了，我終於有一隻了。我給了爸爸一個超大的擁抱——他穿著汗濕的襯衫彎下身來，我則踮起腳尖伸出手環抱住他。接著我便撕開盒子，並把蛋上面的塑膠標籤扯掉，然後衝到沙發上，我的小雞同時嗶嗶嗶地出生，而爸爸也掙脫束縛，可以去把浸溼的衣物換掉，卸下他的重擔。

事實上，對我們一家三口來說，那年夏天都是個收穫滿滿的夏天。在電子雞之後，就在我要開始去實驗學校上學之前，爸爸又帶著另一個驚喜回家。

那天媽媽先回到家，而她已經在廚房裡蒸我們那週稍早從中國城搬回來的蔬菜了：洋蔥、紅蘿蔔、高麗菜。我們特別留意要在一天快結束時抵達，這時小販會迫切想要處理掉在夏日豔陽和汽車廢氣的混合中，烘烤了好幾個小時的東西；有時候，如果我們去得夠晚，甚至還能用打到骨折的價錢買到番薯呢。

與此同時，我則癱在我們新的森林綠沙發上和我的小雞玩耍。這座沙發是在最近某次血拼日找到的，硬邦邦又不舒服，但和我們舊的那個相比，看起來乾淨多了。那週稍早，我們把那座舊沙發拖過門口、去到門階上時，我望著總張開雙臂接納我的座墊，因為這些年來我們坐在上面共享過的時光而變得又塌又軟，並問媽媽為什麼我們非得要扔掉這個可靠又舒服的沙發，只為了某個硬梆梆、也不知道坐起來如何的沙發。媽媽解釋，物品的外表有時候比使用起來的感覺還更重要。綠色的沙發看起來更新、更乾淨、更貴，會鼓勵我們更努力工作，甚至還可能為我們帶來好運跟財富呢。我屁股下堅硬的聚酯纖維硬塊，在我把我小雞的血量補滿時，也在我腦海中飄進飄出。我培養出這個習慣，有空的時候就會這麼做，因為我永遠都不知道明天會發生什麼事，以及在我有辦法回到小雞身邊之前又會經過多久，所以最好還是早點讓牠吃飽，就像對待瑪麗蓮一樣。

接著爸爸衝進房裡，讓我嚇到坐了起來。「快來，快來！快點！」等到我離開小雞身邊、走出房間時，他已經跑到走廊上、進去廚房了，並從廚房牽著媽媽的手帶著她走出來。我記不得上一次看見爸爸牽著媽媽的手是什麼時候了，所以我想說一定是什麼非常重大的事。爸爸沒關前門（他從來不會這麼做），一邊把我們三人給推出去外面。他指著一輛就停在我們門外的車，是輛四門的轎車，讓我想起一隻又長又平的鞋子，而且跟賓果彩券上刮下來的屑屑一樣，是閃爍的金色。

「這邊無時無刻都停著一輛車啊，爸爸。」我迫不及待想回去小雞身旁，我就快把牠的血給補滿了。

「爐子還開著，我應該回去了。」媽媽似乎也不覺得有多了不起。

「不是，不是。」爸爸邊說這話，邊跑下門階，並打開其中一扇車門。「這輛車是我們的。」

我一開始先笑了出來，我們擁有一台車這個概念實在是太無法想像了。先不談錢，媽媽甚至連張駕照也沒有，爸爸則是一直在跟老詹學開車，而且最近才剛考到駕照。我依然不可置信爸爸竟然會願意走進一棟政府建築。他難道不擔心他們會逮捕他，並遣返他嗎？老白曾告訴他，要拿到駕照應該不成問題，但是爸爸又怎麼能百分之百確定這麼做安全呢？他難道不會害怕這是個陷阱嗎？

最終，他說，他就只是想要體驗看看身為一個真正的美國人，究竟是什麼樣子的。

媽媽和我一言不發非常久，久到爸爸開始一連串的解釋：這筆交易非常划算，簡直是一生一遇；他得當場就接受，不然就吹了；我們在那個咖啡色公事包裡還有剩下一些錢，我們只是需要今年稍後再多存一點，把我們的存款補回來就好；他在做決定前，已經沒時間和媽媽商量了；有了這台車，我們就可以去很多地方，一次少買一些食物，甚或是可以搬去別的州，那裡一切開銷都會更便宜，對媽媽和她的學位來說，也會有更多機會。我的頭在爸爸和媽媽之間輪流轉來轉去，爸爸則一邊辯解著，但是為時已晚了——媽媽的臉色暗了下來，宛如暴風雨前夕。

「我得去顧爐子才行。」

隨著媽媽走回屋裡，我看著爸爸盯著他的腳看。他再度抬頭，並對我露出微笑：「那你覺得呢，小母猴，想去兜個風嗎？」

我不知道發生了什麼事，但我確實了解爸爸做了件壞事。不過我也很想知道擁有一台車是什麼感覺，我在想天花板會不會也垂下來，而且我也在想，車子會不會跟老詹的一樣，聞起來像老人和大蒜，在停下來之前又會不會先不住抖動。最重要的是，我在想，想開到哪條街道，就開到哪條，而不只是通往麥當勞的街道，會是什麼感覺？隨心所欲，想慢下來就慢，想加速就加速，究竟會是什麼樣子？而爸爸和我開過我們的社區時，就只有我們兩個，同時涼爽的空氣從降下來的窗外流洩而入，並親吻著我的雙頰，而且就這麼一次，終於輪到我坐前座了！同時我嘰嘰喳喳說著要去上國中的事，彷彿我跟其他所有正常的美國小孩別無二致，又會是什麼感覺？

但是比起去體驗這一切，我反而搖了搖頭。媽媽因為車子的事對爸爸很火大，所以我也應該因為車子的事對爸爸很火大才對。

「我可不想錯過晚餐。」我回答。

就在我轉身要走回我的小雞身邊時，我瞥見爸爸孤身一人站在他的新車旁，一臉陰鬱，就跟沒人可以一起玩的小男孩一樣悲傷。

那晚，我們在細火慢燉的鄙視中吃晚餐。即便我們一如往常，坐在同一張桌旁同樣的位置上，媽媽和爸爸現在卻離彼此越來越遙遠了。我多希望他們對我大吼、痛罵我，有關我沒教養、我的牙齒、我的邋遢，要罵什麼都好，但他們完全沒有對到眼，也沒對彼此說半句話，只是瞪著一盤盤的蒸洋蔥、紅蘿蔔、高麗菜、水煮雞肉。這頓飯以爸爸站起身作結，他把他的碗盤和筷子放進水槽，然後開始清洗媽媽用來洗高麗菜的大碗。接著，他把大碗裝滿水，並拿了我們的擦碗布，然後便走出廚房，到走廊上去。媽媽和我坐在那裡盯著桌子，同時聽見他打開前門，並砰一聲關上。他在外面待了將近一個小時，而我之所以會知道他是在徒手洗車，完全是因為我後來從日光室的窗戶往外窺探；他還用上了我忘記他所擁有的，那種溫柔的呵護。

爸爸前腳一出門，媽媽就站起來，開始把剩菜冰進冰箱，並把髒碗盤集中到水槽裡。我走向水槽邊，也開始我每晚例行的洗碗工事。在我們的室友眼中，這看起來肯定像是又一個尋常的夜晚吧。

28 團體

我上國中的第一天，早早就抵達雀兒喜，並走過西十七街，直到我看見那棟建築。我還有半個小時，然後他們才會開始供應免費早餐，所以我迴避和就站在門外的孩子們眼神接觸，其中有些人在抽菸。我沒有朝他們走去，反而是繼續走到第九大道，這條路接著又帶我來到西十八街。那條街才走到一半，我就遇上另一間學校，外頭同樣也有孩子在抽菸，他們看起來很像我剛剛看到的那些孩子，但身高更高，而其中一個女孩全身唯一有額外重量的地方，就是在她的肚子周遭。我站在那裡，觀察了好一陣子，因為這些並不是之後會和我一起上學的孩子而感到安慰；他們只不過是普通的小孩，言行舉止我可以當作參照。既然我現在要上的不是中國城的學校，裡頭不再充滿雙親就跟我父母一樣的中國城小孩，那我就不再知道該怎麼樣表現了。我研究了他們十分鐘左右，直到現在這個時間出現在學校比較適合，這時我便回頭朝實驗學校走去，同時練習著在這個嶄新的世界中，似乎代表著酷酷冷漠的各種動作和表情。

回到實驗學校的大門邊，我推擠經過那些抽菸的孩子，其中有好幾個時髦的女孩，眼周畫著黑暗的眼妝。一名穿著制服的警衛歡迎我，而我十分感激我來面試時已經體驗過這道手續了。PS 124小學副校長辦公室的祕書曾跟爸爸保證，實驗學校就跟PS 124小學沒什麼兩樣，並且擁有同樣的規矩，不會過問國籍，但是爸爸的聲音在我腦中不斷重播，跟我說著我們永遠都沒辦法百分之百確定的。我從肩膀上把我的JanSport背包拿下來，並放在黑色的輸送帶上，背包就是我小學背的那個紅色的，我在上面用立可白塗了酷酷的字母S（PS 124小學的每個女孩，背包上都有個這樣的S），再加上各種花朵和貓咪。我後來又加上了其他圖案，因為那時爸爸注意到了那個S，並問我說我是不是加入了某種幫派。他當然是知道我沒有啦，但我難道不擔心人家會覺得這是某種幫派標誌嗎？他們接著就會看穿我們，並發現我們是非法移民。我聽完笑了出來，但反正還是加上了貓咪和花朵，那些天真無邪的小女孩圖案，爸爸已經有夠多事要擔心了。

警衛揮手要我通過探測器，我經過時全程屏息。我不確定探測器是要探測什麼，只是祈禱著我身上應該沒有吧，要一直到我整個人都通過時，我才把那口氣吐出來。機器依舊悄然無聲，我從輸送帶的另一端拿走我的背包。背包上的立可白塗鴉，曾一度看似如此成熟，但現在在國中的燈光下，看來卻幼稚到刺眼的地步。我把這個想法逐出腦中，並跟著一排孩子進入食堂。他們告訴所有六年級生說要我們早到，而我此時突然驚覺，不像我在PS 124小學的第一天，我並不是唯一一個誰都不認識的人。最棒的是，我現在會說這裡的語言、也了解規則了，我在這裡再也不會走錯進男廁了。

在我們過了安檢來到食堂的途中，我瞥見其他人偷偷摸摸對彼此露出害羞的笑容，所有人都祈禱著自己不會是最後一名交到朋友的。但對我來說，這個盼望和我空空如也的肚子相比，可說相形失色，我在食堂前頭拿了個托盤，並走進那個獨立的小區域，早餐的香味在那裡召喚著我。前一週，我在信箱收到兩本兌換券，可以換免費的食物，橘色換早餐，紅色換午餐。此刻我拿出一張橘色的，並交給一名戴著髮網、面無表情的白人婦女，她接著舀了兩杓東西到我的餐盤上：一杓是薯餅，還熱騰騰的、冒著蒸氣，另一杓則是歐姆蛋，鮮黃色的，還有加起司。我一看見，就開始流起口水，這裡的食物比我在PS 124小學吃過的每一餐都還更棒——不過話說回來，這就是為什麼我會得到兌換券。爸爸跟我解釋過，我是從一間幾乎所有人都有免費午餐吃的學校，換到一間全校可能只有我吃免錢的學校。這可能會很難熬，他警告過我，但我也把這個想法甩開。

話雖如此，當我看著身後的一個白人女孩把五塊美金遞給那名面無表情的婦女，羞恥也緩緩爬上我的腳踝，經過我的雙腿和肚子，並來到我臉上。我頭低低的盯著餐盤不敢抬起來，同時心懷感激注意到，至少臉紅很快就退掉了。回到外頭食堂的座位區後，我發覺，確實，我不該向我的飢餓屈服的，這是個糟糕的主意。有些學生已經交到朋友了，他們坐在一起聊著天，並小心翼翼地笑著，不過也還有其他人進度依舊落後，臉上掛著遲疑的表情。現在還不算太晚，我告訴自己，況且，也許那些小孩在小學的時候就已經彼此認識了。

比起闖入已經形成的團體（我實在太害羞了，不敢那麼做），我反而是自己一個人坐著，面向門口，並強迫自己盡可能以最為友善、也最宜人的方式吃飯。我坐下時注意到，這間學校就連桌凳都比我在PS 124小學碰過的一切還更堅固、也更時髦——話是這麼說啦，但我還是希望我的國中生活不會以「一個人坐的那個女孩」展開。

就在我把一整叉子的薯餅塞進嘴裡時，三個女孩魚貫走進食堂，一個接著一個。她們似乎不認識彼此，臉上還掛著那種害怕的表情，就跟我看見桌邊坐著很快成為朋友的孩子們時所感受到的一樣。我對她們三個每一個都露出我最溫暖、最友善的笑容，直到事後才發覺我當時牙齒間還卡著薯餅和炒蛋。

不過女孩們似乎並不介意，她們朝我走來，一個接一個。第一個是葛洛莉雅，她是個嬌小的廣東女孩，讓我想起我在PS 124小學的朋友們；再來是艾琳娜，苗條的羅馬尼亞女孩，總是駝著背，上半身無時無刻都微微往前傾，看著她就讓我想起我因自己日漸高聳的身高所感受到的格格不入；最後則是蜜雅，她是拉丁裔，臉上的笑容燦爛到足以照亮血汗工廠。結果呢，我們四個全都在同一班，而且我們所有人也都是來自移民家庭。所以那年後來的日子裡，我們可說無堅不摧。

蜜雅是敢說敢言的那一個，她會讓人聽見自己的意見，不過只在重要的事情上；她堪稱是我們的道德砥柱，而且她堅定的忠心耿耿及友誼，也為我樹立了榜樣，讓我之後好些年都跟隨效法之。艾琳娜則是實質上的領袖，她擁有一種隨和的笑容及一種特別的魅力，這是我們其他人都欠缺的；再加上，她也是我們之中唯一擁有兄弟的人，所以她知道該怎麼跟男孩講話，而也只有同為移民的我們，才可以看穿她泰然自若的表象，並認同她自嘲的笑話，有關身為一名「羅馬尼亞吉普賽人」。葛洛莉雅是負責調停的，她是認真安靜的那個，只有在讓步和補償變得重要時才會出聲；她讓我蠻不爽的，並讓我想起爸爸一而再、再而三的告誡，有關亞裔在美國應該要有怎麼樣的行為舉止。我要花上更久時間，才能看見她熱愛藝術的靈魂，這點體現在她哼的披頭四歌曲，以及她可以吸收周遭他人無形痛苦的能力上。

當時，我從沒想過我在這個團體中扮演什麼樣的角色。不過現在回首，我很明顯擔當許多角色：大腦、惡霸、男人婆。

和她們三個一起，探索這個不只充滿亞裔同學，也有白人、黑人、拉丁裔同學的新世界，便不再令人害怕。

在實驗學校，我這輩子第一次不再覺得上學很無聊。課堂截然不同，比起只教我們動詞的變化，或要我們做英譯西還是反過來，托蕾絲老師——她是根精力充沛的瘦竹竿——反而是規劃了一趟午餐之旅，到附近的一間西班牙餐廳去，並給了我們一張單字表，好讓我們可以從菜單上點餐。我們只能用西語點餐，她警告，所以我們最好弄懂該怎麼點到想要的東西，因為不管上桌時盤子上擺的是什麼，我們都得吃光才行。

我們的人文學老師則讓我想起彭老師。蘿絲妲老師是名嬌小的白人女子，一頭短短的棕髮，雙眼總是閃閃發亮、帶著關注，即便學生在聊天時也是。她要我們讀各式各樣的書，並讓我們的討論不僅是聚焦在書裡發生了什麼事，還有關事情為什麼會發生，以及這些事情究竟代表著什麼意義。而且，比起只是讓我們沉默地觀賞著指定閱讀書籍的改編電影，蘿絲妲老師還真的會要求我們問問題，問她、問彼此、問我們自己。

就像彭老師將《夏綠蒂的網》帶進我的生活，蘿絲妲老師則給了我《記憶傳承人》（*The Giver*），這是一本反烏托邦小說，裡面的社會沒有任何痛苦或衝突。主角是名十二歲的男孩，名叫喬納思，他擁有一項獨特的天賦，同時也是重擔，會傳承更古老、更痛苦、更情緒豐沛時代的記憶。喬納思是我新生活裡的另一塊碎片，讓我覺得不那麼孤單。閱讀喬納思的反思，有關記憶及看見太多事，也替我自己的感受賦予了聲音。我駐足在許多段落和句子間，閱讀、重讀、對自己重覆著，那本書裡有許多字句都可說是護身符般的副歌，使我內心極深處的傷慟、快樂、孤獨，這輩子第一次栩栩如生。

家裡的情況每況愈下。媽媽和爸爸幾乎不說話了，我們在兩種極端中生活：沉默和尖叫。這唯一帶來的好事，就是半夜時從他們的床上，不會再發出那令人不適的人聲了，所以我不用再擔心會摀著耳朵睡著。媽媽跟手術前一樣，依然拒絕告訴我太多事。三不五時，她會錯過晚餐或週末的一整天，去拜訪住在長島的那個新朋友，那個我還沒見過的朋友。我不知道在我辜負了她多

次之後，該怎麼贏回她的信任，而曾一度充斥話語的房間，現在卻寂靜無聲，簡直要讓我窒息。

話雖如此，我依舊頗為鬼鬼祟祟，並從說出來的話跟沒說的話中，拼湊出了兩件事：媽媽對爸爸沒先和她商量就買了那台車很火大，而她現在想要他同意某件她想做的事。她深信自己找到了方法，可以讓我們脫離現在的處境，但是爸爸有異議。「這是她唯一能夠去上大學的方法。」媽媽會這麼大喊，有時是在廚房裡，而那時的我在我們房間裡，有時則是在餐桌上越過我的頭對著爸爸喊，我們的室友則一邊驚慌失措地離開。

爸爸通常都一言不發，但他有次提到政府裡的白人有時候會利用移民來勝選，而在過去，他們曾發過綠卡給我們這樣的人。我沒辦法找出更多資訊，不過這個主意仍緊緊攀附在我的腦膜中。

第二件事則是，因為媽媽對爸爸買了那台車很不爽，她於是決定用那台車來學開車。而爸爸不喜歡這樣。要是她撞車了怎麼辦，他大吼。那台車簡直是他的心肝寶貝，我覺得自己都還比不上。他吃完晚餐後的大多數夜晚都在街上度過，先用一條濕抹布，再換一條乾抹布，把整台車從頭到尾擦得乾乾淨淨的。這可是很巨大的犧牲：我們根本就沒有那麼多條抹布。

有兩次，那台車一夕之間被人破壞。第一次，有個小偷幹走了收音機，以及其他我甚至都不知道存在的零件。爸爸馬上把車開到距離最近的修車店，彷彿車子是個小孩，手腕腫了起來，需要立刻趕到醫院掛急診似的，而在那個星期之內，車子就跟新的一樣了。爸爸接著買了根棍子，把方向盤給鎖住，這樣一來如果有人要把車開走，就一定要先解開棍子，要不然就會撞破窗戶。那根棍子是沒牌子的，是他買得到最便宜也最迷你的，從來都無法好好卡在方向盤上。

即便如此，這筆花費還是讓媽媽更不爽了，而且也讓她更意志堅決想要開車。「你把這個，這個**鬼東西**，看得比我們還重要，」她這麼說，「比我們的安全和我們的未來更重要？我是你老婆耶，而且這是你的孩子。」

在那些時刻，我在爸爸的眼中看見一種熟悉的神情，就在他的眼神堅決了起來，並被陰影接管之前。我花了點時間追溯尋找，不過觀察過幾次之後，我就知道了：那表情跟他提起小時候家裡被洗劫，還有奶奶被人拖出去、然後在全村面前痛打時一樣。那並不是純粹由悲傷或恐懼組成的表情，而是在我的想像中，那隻棕白相間的鳥兒瞥見瑪麗蓮、接著她就猛撲過來時，心中所擁有的相同感受。

第二次，那台車則是整台直接消失。爸爸於是生病了，察覺發生了什麼事之後，似乎把他體內所有力量都吸乾了，即便當時是早上，他應該要去上班，我也應該要去學校，他還是爬回床上。他的表情讓我想起瑪麗蓮沒有陪伴在我身邊的第一天，在我心裡的那塊大石頭。他拒絕報警，所以後來，當我放學回家，他也重新恢復了行走的能力之後，我們從一條街徘徊到另一條街，希望可以剛好遇見車子。這招還真的管用——就在我們住處的兩個街區外，在我們展開搜索的反方向，我們的車子就在那裡，停在一個禁止停車的位置。車門被偷走了，擋風玻璃也碎掉了——**在插著小棍子的情況下，要左轉兩次就是得這麼做**，爸爸拼湊起情況，**他媽的，我早就知道我該買貴的那種**。還有很多東西也壞了，其中包括全新的收音機，遭到開腸剖肚。然而，裸露的儀表板上依然塞滿停車繳費單。正義，我當時學會了，還真的是盲目的。

但爸爸不是被唬大的，他再次把車子修復回先前的狀態，而在這之後，媽媽也要老詹用這台車幫她上課，就在麥當勞的遠足結束後。媽媽每次上完課回來，我都學會要撤退到浴室去；話雖如此，有時候我在裡面甚至都還是聽得到大吼大叫，而這種情況發生時，我就盡力想辦法讓事情平息。我以前本來會坐在馬桶蓋上，雙手交握，同時沉默乞求著瑪麗蓮、上帝、隨便哪個有能力的人，幫幫媽媽和爸爸，但我現在則是改成站著，並且用盡全力大聲禱告。

拜託、拜託、拜託，我不斷重覆，直到我的話語串在一起，成為一條穩固的鏈子。**拜託、拜託、拜託讓他們再度快快樂樂吧，要我做什麼事都行，不管祢想要我做什麼都好**。

———

隨著六年級的日子緩慢開展，我也因為葛洛莉雅和我位於我們友誼小團體的最底層，感到越發不適。艾琳娜和蜜雅越來越常和我們班上其他非亞裔女孩混在一塊，那些因為和男孩混在一塊所以很酷的女孩，那些會穿肩帶鮮豔的胸罩，而且胸罩還會從衣服透出來的女孩。艾琳娜和蜜雅會邀請我們加入——這是當然啦，但是存在著某種階級障礙，對我和葛洛莉雅來說，感覺好像永遠不可能跨越。也許是因為我們是中國人吧。也可能是因為我們負擔不起顏色鮮艷的胸罩，而且我們也還不需要穿。

葛洛莉雅是我們班上少數幾個也有餐點兌換券的人之一。她也是唯一也喜歡去學校免費圖書館的人，裡面的書多到我家附近的公立分館永遠都追不上。她喜歡我喜歡的一切，她也負擔不起我負擔不起的相同東西。她是我最要好的摯友，但她也超級好相處又自尊超低落，使得我幾乎不可能不去狠狠貶低她，並希望藉此讓自己晉升到更高的社會階層。

在我這輩子永遠都忘不了的某一天，我們四個和酷小孩們一起吃午餐，其中還有男孩。我一直以來都很小心翼翼藏著我的兌換券。一如往常，葛洛莉雅和我還是很難為餐桌上的對話帶來什麼貢獻，直到主題轉向流行音樂跟亞瑟小子。我已經開始研究酷炫音樂的文化了，在沒有錄音帶或Walkman隨身聽的情況下盡量啦。爸爸有個附天線的手提收音機，而在媽媽和爸爸回到家並在空氣中灌滿憤怒和緊張以前，我會伴著103.5 KTU電臺的聲音做作業，這個電臺是凱莉——也就是其中一個酷女孩，金髮藍眼，穿著緊身細肩帶上衣，還有雙長腿，她某次提到過的。這番研究讓我大致可以理解他們在討論些什麼，還有亞瑟小子是誰，雖然依然不夠讓我做出半點有意義的貢獻就是了。即便如此，酷小孩之間的喋喋不休短暫中斷了一下時，葛洛莉雅用一個問題闖入了他們的對話：

「R&B是什麼啊？」

我覺得我的臉漲紅了起來，就跟開學第一天一樣，在我發覺那個白人女孩為了我免費拿到的早餐付錢時。我痛恨葛洛莉雅竟然問了這個問題，也痛恨自己不知道答案。

「天啊，葛洛莉雅，你甚至都不知道R和B各自代表什麼意思嗎？你是有多魯蛇啊？」在我認出自己的聲音之前，殘忍就從我口中流出了。

所有人都轉過來盯著我們看，包括桌子另一頭的兩個可愛男生。葛洛莉雅天生就紅潤的臉頰更紅了，蜜雅則是第一個開口的。

「乾，你幹嘛非得要這麼惡劣啊？難道你自己就知道R&B是什麼嗎？」

「我當然知道啊。」我沙啞著回答，卻說服不了半個人。

「那是什麼？」

「搖滾和藍調啊。」

「答錯了。」

我坐在那裡動彈不得，全身籠罩在羞恥之中。過了好一陣子之後，沉默讓路給竊笑，而我在那天剩下的時間裡，都默不作聲、低聲下氣度過。

——

我的祈禱在家裡一點用也沒有。媽媽開始一週會在她長島朋友的家裡過夜好幾天，而她回來時，爸爸和媽媽也會開始對彼此互罵著各種我以前從沒聽過他們使用的字眼。我開始淡出他們晚餐時間的爭吵，嘴巴咀嚼著食物，喉嚨吞嚥著，但腦袋是關機的，身體也麻木不堪。那些晚餐後，我總會胃痛，也許是因為我吃得太快了，也可能是因為我吃得太慢了，或是因為我根本幾乎什麼都沒吃。我沒辦法精確指出一個原因，因為以往記得太多的大腦，一夕之間決定什麼也不要記得了。

然而，某頓這樣的晚餐，卻還是把我的腦袋給叫回來歸位。爸爸先用尖銳的語氣說了些什麼，媽媽則以更尖銳、更挑釁的語氣回應。這讓爸爸又掛上了那種表情，像隻受驚的小鳥，困在一名三十六歲男子的身體裡，但這只持續了那麼一剎那，接著就由一臉鐵青取代。然後爸爸便站起身來，並做出了那件讓我猛然驚醒的事：

他伸手越過桌面，手掌經過我身邊，然後打了媽媽一巴掌。

聲音從廚房的一面牆上反彈到另一面，就像在洶湧的風中翻飛的自製風箏，撞到這個角落和那個角落，直到籠罩在我們四周。

接著爸爸奪門而出，重重走進我們房間，應該是去拿他的外套和車鑰匙吧，之後用力摔上兩扇外門，一扇接一扇。

「媽媽……媽媽，你還好嗎？」我多麼希望她可以像從前一樣再度向我敞開心房。

「沒事，沒事。」她頭依舊低低的，卻硬擠出一個笑容，「他只是覺得飯不好吃而已。」

媽媽繼續把食物放進她嘴裡咀嚼，但我看得出來她食不知味。她的頭低低的朝著碗，左手摀著左臉頰，我能看見的，就只有她的頭頂，她的頭髮以一條直線分開，稍微旁分。在烏黑的縷縷髮絲之間，有幾根頭髮變成了令人心驚的純白色。

媽媽再次抬頭時，我心知她以為自己看來完全正常。她以為她看起來還好，以為她在發抖的女兒面前，扮演著保護人的母親角色，要不然的話，她根本不會抬頭。深信自己看來一如往常的媽媽，開口對我說了些什麼——應該是要我放心、安慰我的話吧，可想而知，但我記不得了。我從來沒真正聽進去過，因為當她抬起頭、拿開手時，充斥我整個世界的，就只有一條又一條橫越她臉頰的深深紅線，是我父親的一根根手指，在她臉上留下的熱辣辣痕跡。

29 離去

Gone

事情來得很快。事件發生後的那個週末，媽媽就開始清房間了。是時候收起我們的冬衣，並拿出夏天的衣物了，她說，所以她要我們同時打包跟拿出衣服，把破太多洞跟我已經長太大穿不下的堆成一堆，同時再另外把那些還有救的整整齊齊摺成第二堆。再來，媽媽說，我們得去附近的布魯克林圖書館，把我借出來的所有書都拿去還。我問她為什麼時，媽媽回答說一直留著我已經讀完的書不讓別人看，這樣不太好，而且反正，她也想去散個步。我把那些書整理好——是慣常的《保姆俱樂部》和《甜蜜谷》，還有幾本愛麗絲系列跟《超級偵探海莉》（*Harriet the Spy*）——並排成高高一疊，媽媽幫我塞進我的JanSport背包裡，然後一把甩上她的肩頭。

「那這本呢？」她的目光落在另一本依然放在沙發上的書上。

我衝過去拿起來，幾乎就像是我相信越快拿起來，就越有可能把書留下來一樣。那本書是《茱莉與狼》（*Julie of the Wolves*），當初之所以會吸引我的注意，是因為封面上有個看起來跟我有點像的女孩，她還擁有我為自己選擇、卻依然害怕使用的同一個名字。茱莉——她跟愛麗絲系列裡的主角一樣，年輕時就喪母且必須和她父親一起生活，但後來她爸爸也消失了，而她的人生變得非常、非常艱難。我差不多快讀完茱莉的故事了，而且也迫不及待想看到她邁向快樂的結局。我跟媽媽說了這回事，並承諾我一讀完就會把書拿去還，這樣其他小孩就也可以認識茱莉，並和她跟她的狼一起相處。此外，幫我借出那本書的圖書館員，也給我看過另一本封面上有同一名女孩的書，而那本書的書名就叫《茱莉》（*Julie*）。

「這是你借的那本的續集，」她邊說邊瞇起眼角，「你讀完之後，就來借這本吧，很好看哦。」

「謝謝您。」我回答，「我也叫這個名字。」話語就這樣跌跌撞撞吐出，隨後我才發覺，她手上拿的那張借書證上，寫的並不是這個名字。幸好，她沒發現。

「這是個很漂亮的名字。」

「謝謝您。」我再次回答，熱切想擁有某個其實並不真正屬於我的東西。

我跟媽媽說了這段對話，但願能讓她放心，我說會盡快拿書去還，是認真的，不是說說而已。

然而，她卻會錯意了，因為她看起來一臉悲傷。

「如果你想要的話，我今天也可以拿去還的，媽媽。」

媽媽轉向我，悲傷的表情滑離她的臉龐，「好，乖，沒事。」所以我們把那本書留在沙發上，然後一起走去圖書館，手牽著手。

打包和整理的全程，爸爸都在旁邊，但他沒有來礙手礙腳，反而是看著電視，接著就開車出門兜風去了。事件發生之後，不管是媽媽還是我，都沒有跟他說過半句話，要是我早知道之後會發生什麼事，我那個週末肯定會跟他說很多話的。但是等到我發覺時，已經為時已晚了。

週一一如既往揭開序幕。我醒來，並打起精神準備上學。爸爸已經出門上班了，但媽媽在家，擺弄著我們從中國帶過來的行李箱，也就是我們前一晚因為夏天即將到來，而把還能穿的毛衣收進去裡面的那些行李箱。

出門前，我親了親媽媽的臉頰，並保證我放學後就會去還《茱莉與狼》。我昨晚熬夜讀完，對續集已經迫不及待了。媽媽心不在焉地點了點頭，我還覺得很奇怪，她竟然似乎不再在乎這件她昨天還覺得很重要的事了。

通勤上學的路途和往常不同，因為就這麼一次，我沒有書可以讀。我把我所有的書都還回去了，而且也沒有借半本新書。我只剩下看人的選項，以及盯著地鐵站中已成為我日常生活一部分的各種標示。

那天剩下的時間平淡無奇度過。那天不是那種你會記住的日子，沒有特別的事件，也沒有值得注意的細節，要是我早有預期，我就會把這段時間好好花在捕捉種種時時刻刻、人、事、物上，跟我在我們離開中國時所做的一樣。要是我早知道，那我就會對我的朋友們更好，並努力嘗試記住我們那天分享的笑話。我也會感謝蘿絲妲老師和托蕾絲老師啟發了我，讓我能再度專心上課，而不是百無聊賴度過每一天。但是相較之下，時間自鳴得意著分分秒秒流逝，而最後一節課結束之後，我擺脫掉葛洛莉雅、艾琳娜、蜜雅，前往學校的圖書館，我沒辦法忍受又一趟沒書看的地鐵車程，而且我也熱切想多拿個幾本，甚至是借走《茱莉》！然後再去趕搭A線地鐵。

和圖書館員打完招呼，並大失所望得知她手邊並沒有《茱莉》後，我一頭栽進我的慣例中。我有個習慣，會系統化瀏覽過每一排書架，細細品味每本書的書脊、封面、推薦語，等到我挑好兩本書，《永恆之光》（*A Ring of Endless Light*）和《天使雕像》（*From the Mixed-Up Files of Mrs. Basil E. Frankweiler*），可以陪我熬過通勤回家的路程時，已經過了三十幾分鐘了。我走出校門，臉已經黏在《天使雕像》的頭幾頁上，一路都沒有抬起頭，直到一連串刺耳的喇叭聲攫獲我的注意力。我的目光從翻爛的書頁上離開時，發覺我們家那隻閃閃發亮的金色鞋子，正停在人行道旁。

駕駛座的窗戶是打開的，而從裡頭探出來的，是媽媽皺成一團的臉。

「乾乾！我好擔心我錯過你了。」

「媽媽？發生什麼事了？」

「上車，上車。我在路上再告訴你。」

要一直到我踏進前座，才注意到我們那兩個鼓鼓的行李箱堆在後座。

「媽媽？發生什麼事了？」

「我們要去加拿大。」

「什麼？為什麼？現在馬上嗎？」

「不是。現在，我們要先去長島的一個地方，叫作……峽，什麼峽的。」她拿出一張地圖和一張紙，「對，長峽（Great Neck）。」

「來，拿著這張地圖。我已經研究好路線了，但我還是需要你的幫忙，乾乾，有看到我標示出來的這條路嗎？眼睛好好盯著這條路，並且確保我們是朝正確的方向去，好嗎？」

一下子湧上太多話了。有這麼多話，我卻半句都聽不懂。不過，盯著地圖夠具體、也夠簡單，我是媽媽的小醫生，而一切全都一次歸位了：唯一重要的，就是我幫助媽媽去做她想做的事。努力了一會兒，轉錯幾個彎之後，我們終於找到所謂的I-495號州際公路，這是條又大又寬的路，還有很多條車道。

接下來一個半小時期間，我們又轉錯了更多彎，並引發各種喇叭聲和尖叫聲。也正是在那一個半小時期間，媽媽向我解釋了一切：她是怎麼從她住在長島的新朋友那邊，得知加拿大正在尋找受過教育的移民的；那個朋友是怎麼介紹她給一個律師的；媽媽是怎麼和那個律師合作了好幾個月，幫我們拿到許可，可以搬去加拿大的；我們一到那裡之後，是怎麼樣不只可以拿到簽證，還能拿到完整的綠卡的，只不過在那邊並不叫做綠卡，而是叫做「楓葉卡」；我是怎麼想上哪間大學，就去上哪間的，而且她也可以找個真正的工作；那邊是怎麼有免費的健保；爸爸是怎樣拒絕離開，他有多麼害怕，又是怎樣太愛美國，也許比愛我們還更多的。實在是很多資訊，而我無法全部了解，無法一次了解。我能理解的，就只有媽媽已經準備這件事情好一段時間了，卻從來沒有告訴過我。她本來以為爸爸最終會同意的，但他從來都沒有，接著發生了那次事件，然後事情就變成這樣子了。

我們要先前往媽媽的朋友在長島的家。因為我們要花很多個小時才能抵達多倫多，媽媽在那邊有個中國來的朋友，而且她對自己也沒有足夠的信心，不覺得有辦法自己一個人一路開到那邊去。要是在我們抵達自由前，就被攔下來怎麼辦呢？不會的，這種方法更棒、更安全，她說，這樣的話她跟阿姨就可以輪流開車。

況且，阿姨跟她的兒子還有白人老公，一起住在白人社區裡的一間古老大房子裡，難道我不想在我們永遠離開之前，看看美國人，真正的美國人，實際上過著的究竟是怎麼樣的生活嗎？

一聽到這個想法，我們在布魯克林的生活片段便在我眼前重播起來。實驗學校的那些測驗和作文，一片空白、沒人寫過，而我永遠都不會有機會完成了。我那張又長又窄的床，就在媽媽和爸爸更大也更寬的床旁邊，還有我早上一醒來之後，是怎麼馬上整理好那兩張床鋪的：把每個角落都塞好，直到被子跟三明治一樣夾在二手床墊和成對的床框間。我的朋友們——她們圍在食堂長桌邊的臉龐，邊說著話，嘴裡塞滿家常的午餐，除了葛洛莉雅之外，她撥弄著裝著學校餐點的托盤。然後，我們房間的窗戶面對的小巷，而從那邊，我依舊在尋找著瑪麗蓮的身影，即便在我決定她代表厄運，必須用一根棍子威脅趕走之後，我就越來越少看見她了。

接著還有爸爸，他遞給我電子雞時臉上的笑容、他唱跳著〈小母猴〉時的嘴巴、他在那最後一個無語的週末期間望著我時的眼神。

實在很奇怪，那些浮現在你腦海中的景象啊，一旦你知道這輩子一次都不會再看見之後。

我們來到那間巨大的磚屋時，我還不敢相信我們抵達了正確的地方。房子很大，就像我想像中的甜蜜谷雙胞胎潔西卡和伊莉莎白．威克菲爾德住的一樣，不過這對威克菲爾德一家來說還蠻合理的，因為他們的父親是名律師。我對阿姨認識不多，但我認為要是她很有錢的話，那媽媽肯定會先告訴我的；不過話又說回來，媽媽也從來不會和我或爸爸談到她。我只知道阿姨之前離婚過，然後又再婚了，而爸爸並不喜歡這件事。「離婚啊，是會傳染的，」爸爸有次曾這麼表示，「最好是離遠一點比較好。」

這樣子比較好，媽媽說，因為這樣就算爸爸想找我們，他也不會知道該從何找起。

媽媽把車停進車道時，阿姨也走出門來。她年紀比較大，有一頭很長的長髮，跟一張差不多長的臉蛋。她的臉很黑，皺紋比媽媽的還多，讓我想起一匹駿馬，因為騎了太多次而相當嚴厲。

阿姨帶我們進去她家，裡面有好幾間房間，還到處都是硬木，家具和牆上都是。她老公是個老人，有張和藹的臉、粉紅色皮膚、全白的頭髮，他也常常笑。阿姨的兒子則肯定是來自她前一段婚姻，因為他是徹頭徹尾的中國人，就像我們。他年紀比我還大，臉上掛著漠不關心的表情，跟我開學第一天在實驗學校端詳著的那些孩子們一樣。他又高又壯，看起來有在打籃球，但我不記得他那時除了吃飯之外還做了哪些事。

阿姨是那種總是在說話和發號施令的成人。她把我們趕這趕那，帶我們去看圖書館——沒錯，她家裡有個房間專門只放書！而日光室、地下室充滿我不認識設備的健身房。最後，她帶我們來到一間頂樓的臥房，她說是給我們的，裡面還有間私人的浴室。我一臉讚嘆走過房間和相連的浴室，我們以前從未擁有過屬於自己的美國臥室。回到臥房裡，我放下背包，我在整趟導覽期間都背著，即便裡面裝滿現在一點用也沒有、也不相干的上學物品。不需要再從車上拿更多東西進來了，媽媽先前說，我們只會在這過夜一晚，明天日出時就會啟程離開。

阿姨讓我們在房間裡獨處了珍貴的幾分鐘，我把時間都用在檢查我的電子雞上。接著，我們再度被叫過去，這次是來到一張餐桌邊，上面擺滿讓人提不起食欲的美式食物，不管往哪裡看，都是白色和咖啡色，充滿起司、肉、蛋。我本來應該要很餓的才對，但光是想到要從這堆黏糊糊的食物裡找東西來吃，就只讓我的喉嚨感到一陣反胃。我從旁邊的麵包籃裡拿了一塊麵包起來，並開始咀嚼，邊看著阿姨在我的盤子上堆上一坨又一坨咖啡色和白色的食物。

「吃吧，吃吧，你得吃點東西才行。然後，我們就要去看電影囉，男生們啊，他們要去看《神鬼傳奇》，我們女生則是要看《新娘百分百》。」

我在學校有聽說過《神鬼傳奇》。這還真令人難過，我唯一一次有機會和媽媽一起去看電影，卻不能看我想看的片子。爸爸應該也會喜歡《神鬼傳奇》的，但反正他人也不在這啦。

阿姨在吃飯期間繼續發號施令，而她家中的男人們完全聽命行事，邊吃邊點著頭。媽媽有禮地挑揀著阿姨幫她盛的那盤食物，找到一兩樣配菜放進嘴裡咀嚼。我很高興媽媽並沒有大吃起司和肉，這些食物對她來說非常不好，而且我們現在距離聖文森醫院也太遠了，可沒辦法送她到那裡去急診。

晚餐後，我們把髒盤子留在水槽裡，並魚貫進入那家人好幾台車裡的其中兩台，男生坐一台，女生坐另一台。開往電影院的路途充滿樹木和青草，比我這輩子看過的所有樹和草加起來還多，劇院本身則是位在一座人行道的島嶼上，車子則停進筆直白線標誌出的停車位。阿姨開著我們那台車停進其中一個位置，接著我們便匆匆忙忙衝進戲院，電影已經開演了。

我對那場電影的印象十分模糊。我試著努力注意那個有英國腔的斜視男子，但是實在很難集中精神。我的大腦彷彿一顆正在融化的冰塊，根本沒地方可以抓，到處滑來滑去。

走出戲院的路上，我注意到牆上掛著一張《神鬼傳奇》的海報，上面有張臉看似是由天空和群山所組成的。我好痛恨那個都不講話、吃得胖嘟嘟的男孩，竟然可以去看那部片子，而我卻得坐在那裡撐完一整坨煽情的情感大雜燴。

——

那晚，《神鬼傳奇》海報上的那張臉在夢中朝我襲來。那張臉籠罩著我和媽媽，嘴巴移動著，彷彿要把我們給生吞活剝。我們跑了又跑，但是一點用也沒有，因為那張臉無所不在。我盡可能迅速移動雙腳，手牽著媽媽的手，但我們一邊跑著，我滿腦子想著的，卻是《天使雕像》的開頭：比起逃離某個東西，最好是跑向某個東西比較好。

媽媽的雙手拯救了我，搖晃著我的雙肩。我睜開雙眼，以為我正盯著太陽，但並不是，那只是天花板中央橘色的燈泡球體而已。透過窗戶，我看見外頭只有幾絲光線，天空還是橘褐色的。

媽媽，怎麼了？

該走了，乾乾，終於該走了。

是時候離開了，終於是時候離開了。

30 回家

Home

那天我們彷彿開了好幾年的車，我也隨著每一段路變老。自從離開中國之後，我就再也沒見過地平線了，只除了在夢中，但是在這趟車程中，我看見的，唯有地平線。在我們、天空、樹木之間，別無他物。我們在趕路，中途只停下過幾次，媽媽沒說什麼話，彷彿為了前方等待的某件事儲備著她的力氣一般。

阿姨在前座和我們閒聊，和媽媽輪流坐在駕駛和副駕駛座上。在她和暈車之間，我選擇了暈車，於是坐在後座，目光死盯著我的電子雞。

告訴她不要再玩那個東西了，那對她不好。

假如媽媽真的聽見了阿姨的命令，那她仍選擇無視，所以我繼續玩著。

我沒辦法寫信給爸爸，也沒辦法對他大吼大叫，並告訴他我有多火大，跟他說他怎麼敢這樣子。而我也沒辦法找到瑪麗蓮，沒辦法確保她沒事，沒辦法告訴她我愛她，沒辦法好好告別。

我只有這隻電子雞，我時而萬分溺愛照顧牠，時而冷眼無視並看著牠挨餓消瘦。每一次新的小雞孵出來，我都無法決定我究竟想怎麼樣：是要給牠圓滿快樂的一生，還是迅速空無的死亡。

隨著太陽下山，風景也改變了。我們身邊越來越多樹木，緊接著有些橋橫亙在舞動的水流上。我搖下車窗，吸進川流不息的空氣，空氣對我訴說著青草和蟲子、河流和鳥，還有更多生物。

隨著黑暗開始在天空中鋪展開來，我在我們那條路的盡頭，也認出一連串的小亭子和路障。路旁有間房子，看起來像是我有次在電視上看過的滑雪小屋。

接近小屋時，媽媽把車停到一旁。四周到處都是男男女女，穿著制服，而他們頭頂上，是一面紅白相間的旗幟，上面還有片楓葉，在輕柔的風中翻騰著。

媽媽，我們該躲起來嗎？

她沒有回答。

媽媽，這樣安全嗎？

毫無回應。

媽媽，他們到處都是。

終於，媽媽驚醒。

別擔心，乾乾，她緩緩說著，彷彿從深沉的睡眠中醒來，**很安全的**。

我們下車，走向穿著制服的男人。我們進去小屋——結果小屋並不是用來滑雪的，裡面有很多小亭子，還有更多穿制服的男人。

我們會被關起來嗎？

別擔心，乾乾。

但是在這一切之後，我除了擔心，還能怎麼樣呢？

媽媽和阿姨走向某個亭子，熟悉的遲疑在我體內甦醒，但我還是跟了上去。

那個守衛，是個穿制服的白人，透過玻璃盯著媽媽。接著他看著我，然後，他做了一件不可置信的事：他竟然露出微笑。

「現在去坐著吧，小女孩。你媽媽會處理好這事的。」

我望著媽媽，她點了點頭。我別無選擇，在房間另一頭找了個冷冰冰的座位，就在一排全手拉手連在一起的硬梆梆塑膠椅子上。我拿出我的電子雞，並盯著牠看。

我的電子雞餓了，但我就只是一直盯著牠。

我豎起耳朵想聽清楚房間另一頭發生了什麼事，但在發覺我什麼都聽不見、只會害我的耳朵流血後，便放棄了。

我讓電子雞的螢幕繼續亮著，暗下去的時候就按按鈕喚醒。我小雞的血量已經從滿血降到中等，再降到垂危，很快，牠的眼睛就會變成叉叉，而牠小小的身軀也會由一個墓碑取代。但我一點也不在乎。我滿腦子能想到的，就是媽媽究竟行不行，我不在她身邊，她是要怎麼聽懂他們在說些什麼呢。

一陣紙張移動的沙沙聲後，媽媽示意要我過去找她們。

「來吧，乾乾。」

我衝刺過去，然後我們——我們三個人和那個守衛，走出小屋。守衛又做了那件難以置信的事，朝著我笑，一邊戴上一頂紅白相間、還附有耳罩從最上頭垂下來的帽子。他讓我想起可口可樂耶誕節廣告裡那種快樂的北極熊。

我們走向車子，並看著北極熊在車子旁繞圈圈，檢查著後車箱，接著是內部。

「沒問題啦。」他對我們三個微笑。我以前從沒在穿制服的男人身上，見過這麼多笑容。

接著我發覺，自我們搭機上升以來第一次，媽媽似乎終於比我還更了解眼前的情況了。

她打開車門、坐進駕駛座，阿姨也在副駕駛座如法炮製，而且還在繼續喋喋不休。北極熊打開我的車門，示意要我上車，然後又做了一件不可置信的事：

「歡迎回家。」他說。

媽媽謝謝他，並露出微笑。我在後照鏡裡幾乎認不出她的臉了，上面盈滿喜悅和平靜。

接著我們再度上路。有更多地平線，也有更多樹，媽媽依舊一言不發，但車裡已截然不同，更輕快，也更寬闊了。阿姨點著頭睡著了，寧靜降臨在我們母女身上。

太陽已經下山，天空是塊深藍色的布料，小小的水鑽在其上閃閃發亮。

在我們前方，依舊還有更多地平線，但是在黑暗中，很難分辨陸地是在何處結束，天空又是在何處開始。我回到我的電子雞，並按下按鈕——雞醒來了，而蛋上面的小小視窗，是我們車內唯一的光源。

未來從何展開

How It Begins

我的故事在我們過境數十年後還在繼續。

幾週後，爸爸也跟著我們來到加拿大，就在實驗學校派了個社工到我們的公寓調查我的缺席之後。敲門聲促使爸爸相信，他遭到遣返的時刻多年後終於降臨——可是並不是，只不過是某個兒童服務局的人員，是名女士，眉頭緊蹙掃視過房間，接著在爸爸把他飽經風霜的臉龐埋進雙手之間，他所有的防備就這麼一次全都撤退時，還安慰了他。

等到爸爸抵達加拿大，媽媽和我已經回中國放暑假了，我們的新文件是張安全網，頭一遭允許我們可以出國，並且回來。回到中國，我釋放了我當年跟我的腳踏車一起鎖起來的那部分自己。我發現我在英語中雖然理性、疏遠、鐵石心腸，但在中文裡卻是很容易激動、溫暖、溫柔依舊。而我也驚訝地發現，我依然是那個腳步會自動走向爺爺臉龐光芒的孩子。

在用媽媽替他準備的文件、繞道經過加拿大後，爸爸在姥姥家門口給了我們一個大驚喜，門口仍然裝飾著五個月前慶祝農曆新年的紅色剪紙。這幅景象帶我回到了我童年的另一側，彷彿又來到甘迺迪國際機場，久別後第一次跟他重逢。那些漫長的年歲啊，他都披掛在臉上。

一個月後，我們一家三口登上一班前往多倫多的班機，第一次朝一個我們獲准能夠稱為家的北美洲而去。但我們當時還不知道，無論合不合法，家都已經不存在了。

在加拿大的祥和與安靜之中，爸爸腦中的種種聲音和恐懼擁有太多空間了。陽光太過耀眼地照耀在先前五年，我們小小的家庭中刻劃出的斷層線上，各種可能性再度在我們面前開展，但我們的目光，卻望不過在那個美麗國度時，為了保護自己所長出的尖刺。

我們不知道該拿穩定度日如何是好。

媽媽和爸爸告誡我，永遠都不可以提起我們在美國那段時間的真相，所以我用茱莉當作我的新名字，並開始藏起那個疲憊的小女孩，那個曾在翻飛的藍斗篷下跋涉過壽司加工廠的小女孩，那個曾用對她的雙手來說過度沉重的剪刀，喀嚓剪去一個個線頭的小女孩。當我終於去看牙醫時，他問我是不是發生過什麼不尋常的事，才讓我的牙齒變成這樣。我擠不出任何謊言，只好說我向來都懶得刷牙，而我最愛的睡前點心，還是汽水配糖果。他為此訓斥了我好一段時間，我邊繼續斜躺在那張時髦的死刑電椅上，然後他才願意放我走，不過一定是等到他拒絕給我棒棒糖之後——我後來在一個和我年紀差不多的白人女孩得意的手上看見。

我們在加拿大的那些年間，我藏起那個小女孩的種種嘗試，也並不怎麼有效。她就在窗簾後，在床底下，永遠都看得見一部分：這裡一隻骯髒的運動鞋、那裡一隻瘀青腫脹的手。我無視她出現的各種跡象，方法則是專注在其他一切上。我在中學時期的許多兼職工作期間，都會盯著我的同事們看，假裝我彷彿跟大家別無二致，彷彿我人生的第一份工作並不是在一間血汗工廠裡，彷彿我脖子上已經不會感覺到貧窮和飢餓熾熱的氣息。我也看著媽媽，她反覆生病又好轉；還有爸爸，不斷在憤怒、恐懼、偏執間徘徊，他童年的各式場景在他望向遠方的目光中一再重播又重播。最重要的，我也盯著他們婚姻的遺骸，在我們三人一起打造的停屍間中腐爛。

——

我沒有埋葬那個害怕的小女孩，沒有開始把她包起來，並在她蜷曲的屍首上蓋上土，直到我下定決心回到美國為止——這一次是合法的，我回去念大學和法學院。畢竟，想要過上《北京人在紐約》快樂結局那般的生活，我首先得回到紐約才行。

我在史瓦斯摩文理學院（Swarthmore College）找到一把鏟子。當我表示想要去念頂尖的法學院時，我在那邊的指導教授，一名鬍子已開始轉灰的教授，直接笑了出來。那是大一的第一週，而他斷言因為他從沒聽過我的高中，所以我絕對不會變成什麼巨星的。在那蒼翠的校園裡，我第一次發覺我成長期間擁有的資源有多麼少，其他所有人擁有的又有多麼多，相對剝奪感堆在我肩上，越堆越高，而且是在事情發生這麼多年後才出現。

念法學院時，我匆匆忙忙鏟起鬆土，蓋在那個小女孩身上。我在那裡稍微慢了一拍才發覺，我身邊可能永遠都會圍繞著那些和我不一樣、心中沒有承載著深沉傷慟的人，他們是包覆在特權的軟墊內長大的。

發現這件事之後，我鏟得更快了，飛快把鬆動的鵝卵石和石頭往她頭部和沒洗的頭髮上蓋去。我仔細詢問我同學們的成長故事，並模仿他們。「我也是在曼哈頓長大的，」我會鼓起膽子這麼說，「我爸也是個律師。」這些是半真半假的謊言，部分的謊言，但終究還是謊言，因為省略了最關鍵的真相。而就像我小時候所做的，我披上這些謊言，並活在其中，但謊言卻拒絕合身。

我肩上的重擔越來越重。

隨著我戴著綴有流蘇的學士帽走上臺，我也在我創造出的那一小堆土堆下方瞥見動靜。但我別開目光。我搬到國家遙遠的另一頭，我的過去不會跟來，而且擔任法官助理，也終將宣告著我的歸屬，我的價值。

可是那個鬼鬼祟祟的小女孩，她還是如影隨形跟著我。我第二任助理任期開始的幾個月後，打開另一樁移民上訴的卷宗時，我的身體帶著我走進了法官的辦公室。她坐在桃花心木書桌邊，閱讀眼鏡擱在她莊嚴的窄鼻上。就在那裡，就在她對面的座位上，我讓那個小女孩爬了出來。我不知道我為什麼要這麼做，這時我想起才沒幾個星期前，法官溫柔地問我為什麼會選「茱莉」這個名字，以及我是否曾經使用過我的本名。

我坐在法官對面，邊看著那個小女孩從土中鑽出來，四肢萎縮跟什麼的，她花了一會兒，但最後還是整個人都爬出來了。她裸露又營養不良的身子，在白熾的檯燈下閃爍。

話語從我口中滾滾湧出，一句接著一句，而我甚至不敢換氣打斷。這些是嶄新的話語、陌生的話語，卻依然熟悉不已，因為這些話已經躺在我的喉嚨上超過二十年了，等待著發聲的時刻。

法官有好一陣子沒有說話。她想確保我已經說完了。這是個我從未踰矩占據過的空間，感覺度日如年，種種思緒一個接一個彼此堆疊。**我要被炒了。我要被遣返了。再次成為非法移民。這整段時間，媽媽和爸爸都是對的。現在太遲了嗎？我現在可以把剛剛說過的話全都收回來嗎？我在這裡生的，我也一直都住在美國！但是不行，肯定為時已晚了。就在這裡，此時此刻，我終於要完蛋了。**

法官拿下她的閱讀眼鏡，並用一種從來沒有大人用過的方式望著我。她開口時，聲音因理解而厚實，也因篤定而緩慢。她說了很多事，是我等待了一輩子想聽見的事；是我在那間小房間的黑暗中想像出來，並對自己低聲訴說的事，因為我的床太靠近媽媽和爸爸的床了；是我不可置信終於出現在我眼前，等著我伸手去碰觸的事。我不敢相信這是真的，卻也毫不質疑其中的真實。我在那些話語中燉煮著，在每個音節中烘烤著，這些話同時為我的靈魂調味。我把自己裹在這些話裡，並讓話語圍繞在我身旁。

不過其中有個句子與眾不同，讓我困惑不已，也在我夜半無眠睜眼躺著時，托著我的腦袋。那是她開口說的第一句話，她說，彷彿她深知這一切有多麼沉重和疲憊，也彷彿她親身經歷過一般篤定，那種種躲藏、逃跑、謊言、保護：

「祕密啊，威力就是這麼強大，不是嗎？」

從那時起，那個小女孩就在我的影子中住了下來，就連我搬回紐約市，並在一間一流的法律事務所中工作時，她也沒走。我知道她就在那裡，看著我在我鍍金的美國夢中，扮演我分配到的角色，過著我空洞的曼哈頓生活，其中卻充滿我這輩子能渴望的所有食物、衣物、物質享受。你是不可能知道某些東西就是再怎麼樣都不夠的，直到你真正擁有為止。

起初，我表現得好像她不存在。我試圖再度在我腦中埋葬她，在她身上蓋上土，可是太遲了——她已經出土了。

每天早晨醒來的那最初幾秒間，我的感覺最為清楚明白。我一睜開眼睛，就忘了我是誰，還有我為什麼淪落到要追求這樣的生活，接著我便在我的臥室角落看見她，依然害怕、依然挨餓著。我越過她看向窗外，思緒漫遊越過哈德遜河，進入澤西市，穿過媽媽和爸爸現在住的公寓大門：乍看之下自由又安全，實則卻是困在創傷做成的牢籠之後。接著我瞥向未來，看見數十年後老去的我，頭髮灰白、皮膚鬆垮，卻依然困在那同樣的牢籠後方，而那個小女孩也仍然瑟縮在我身旁。

我重覆法官的話。這已成了每天早晨的固定練習，但是這一次，在將近一年之後，我發覺謊言從我編織的咒語間溜走，我的肌肉也失去了某種我先前不知道存在的緊繃，而站在我真相的面前，我終於能夠自在承認：我真的好累。逃跑和躲躲藏藏真的讓我疲倦不堪，但我已經持續了這麼久，根本就不知道怎麼停止。我不知道該怎麼用其他方式過活。我整個人就是由這定義的：以對抗非法自居，血管裡卻流淌著非法。

法官的話是我的毯子窩，而在這舒適的擁抱中，我重新發現了一種，我很久、很久以前曾經知曉的安全感。

我轉頭望向窗邊，並且第一次看見那個小女孩在初升太陽的照耀下，閃耀著光芒。接著，我試了個新招——我直視著那個聰明小女孩的雙眼，然後伸出手牽住她的手。

全家福，一九九四年攝於布魯克林

致謝

Acknowledgments

需要一定程度的愚蠢，才會選擇把你第一本書的主題，圍繞著童年最深沉的創傷展開。這同時也需要運氣和支持，而我相當幸運能一次擁有三者。

首先，要感謝黑戶社群的所有成員，尤其是眾追夢人和童年入境者暫緩遣返政策（Deferred Action for Childhood Arrivals，簡稱DACA）的受益者。謝謝那些我知曉他們的故事的人，以及那些他們的故事我尚未聽過的人：你們的勇氣和韌性，是我的啟發，而且我也很期待繼續向你們學習。即便我現在擁有的資源已經多到難以置信，我依然永遠會和你們站在同一陣線，只要你們願意的話，多久都可以。

我永遠都虧欠我唯一且真正的家鄉：紐約市和我摯愛的中國城。要是我們當初抵達美國時是落腳其他別的地方，我就不確定我能否得到任何事物近似於這座城市提供給我的公共資源。我虧欠紐約公共圖書館（New York Public Library）實在太多，我就是在那裡第一次發現形塑了我夢想的書本，而我也很感謝地鐵系統，讓我能夠接觸這座城市的方方面面，否則我是永遠都不會窺見的。我甚至很感激誤點的列車呢，因為這替我創造了條件，讓我能夠在每天通勤的路途中，寫完這本書的初稿。

也要感謝加拿大和安大略省多倫多的好人們，接納了我們，並在我們求助無門時，提供我們庇護。你們的慷慨是我們的命脈，我也很驕傲能夠自稱是加拿大人，就跟我是美國人和中國人一樣。

我也有幸能夠遇見許多不可思議的老師。謝謝 Poon 老師、Rothman 老師、Berenstein 老師、Gregory Frost、Bolton 教授：也許距離我們上一次談話，已經是許多年前了，但我每天都帶著你們無可磨滅的影響，讓我有膽自稱是個作家。也要感謝 Michele Filgate，正是在她的工作坊中，我寫下了這本書的頭幾個字，且她在最初的鼓勵也給了我勇氣繼續往下寫。我也永遠感謝無與倫比的 Hillary Frey，在我還搞不清楚這本書究竟是什麼時，就已經理解，也感謝她在我朝著出版世界踏出顫顫巍巍的最初幾步時，牽著我的手。

也要感謝同為作家的 Stephanie Scott 和 Roseann Lake，兩人都慷慨分享了出版首作的相關指引，我保證會繼續傳遞這份精神的。

而要是少了 Ryan Muir 的攝影才華，以及 Cecilia Galliani 的協助，那我在我所有的作者照裡，看起來就都會像隻緊張的青蛙了。

也感謝我的版權經紀人 Andrianna Yeatts，她在一份來自無名小卒的稿子上賭了一把，而且也似乎總是知道我究竟想要表達什麼意思，以及怎麼樣才會聽起來更棒。她也比所有人都讀過這本書的更多版本，同時也讀了更多次——我不可能有辦法把我一生的夢想託付給一個更有才華、更鞠躬盡瘁、更有能力的夥伴了，我真的是不可思議地幸運，才能和你一起踏上這趟旅程。也感謝Karolina Sutton和Ron Bernstein，他們是產業中的巨人，我也很幸運可以稱他們是我的版權經紀人，還要感謝Sophie Baker，代理了本書的海外版權市場。我深切的謝意也要獻給John De Laney，他是一流的律師，感謝他睿智的建議和熱情的支持。

感謝我的編輯們，Margo Shickmanter和Mary Mount，他們看見了我的願景，並且深信著——我永遠都不會忘懷我有多幸運，才可以在你們睿智精明的指引之下，讓我的第一本書問世。也要特別感謝Doubleday出版社的Bill Thomas，從最一開始就對這本書展現了這麼多信心，以及各個才華洋溢的公關及行銷人員，Todd Doughty、Elena Hershey、Lauren Weber、Lindsay Mandel、Jane Gentle、Rose Poole，感謝你們孜孜不倦支持著本書，感覺好像地球上每個角落，都有你們的蹤影；還有傑出的藝術家Linda Huang，設計出了比我所能想像還更棒的書衣。也感謝所有在Doubleday出版社賜給我一個文學家園的人們，尤其是Michael Goldsmith、Ana Espinoza、Erin Merlo、Daniela Ayuso、Amy Edelman、Peggy Samedi、Pei Koay、Yuki Hirose、Dan Novack，還有我在Viking UK出版社的家，特別是Karishma Jobanputra、Julia Connolly、Leah Boulton、Samantha Fanaken、Guy Lloyd、Kyla Dean、Tineke Mollemans、Ruth Johnstone，你們變魔術般把我的白日夢幻化成現實，而我永遠都會捏捏自己，看看我是不是在作夢。

感謝所有在出版產業中，致力於放大來自邊緣背景作者聲音的人，特別是Margo Shickmanter、Bill Thomas、Todd Doughty、Elena Hershey，以及Doubleday出版社的每個人：謝謝你們。要是沒有像你們這樣的英雄，那進步是永遠不可能發生的。

感謝我的諮商師們——沒錯，不只一個！Julia Werman Zwerin和Thomas Neuschul：謝謝你們協助我消化及理解我的童年，並努力克服伴隨著和全世界分享而出現的焦慮，還有最重要的，從磕磕碰碰中，救回我的人生。

我也要感謝Judy Zhou Yi、Bonnie Doyle、Toby Xinghua Wu、Sarry Zheng，謝謝他們提供臨時的中文諮詢，也感謝我之前的寫作小組，Isa Chandra Moskowitz、Kathryn Jergovich、Jessica Slattery、Taryn Rothstein、Anita Anburajan，以及最重要的Edwin Poché，感謝你們無價的支持，協助我度過開始寫第一本書時，那不可能度過的階段。誠摯感謝我完稿的初期讀者，Laurie Camiel、Eric Camiel、June Lee、Sonja Belau、Yana Mazin、Amy Seife、Melanie Spaulding，感謝你們的回饋及意見，還有親愛的Rebecca Weintraub和Jeremy Edelman，在過程中的每一步都鼓勵著我。感謝Emma Thomasch和Christopher Donahue-Wait：要是少了你們，還有你們的專業見解及慷慨友誼，那我是不可能保持理智度過這個過程的，謝謝你們。

我初次開始思考撰寫這本書，是在我第一段婚姻離婚過程的期間及之後，那難熬的一年中。那段時間，還有展開這個寫作計畫的行為本身，在我的摯友及靈魂姊妹Emma Grunberg的愛和支持之下，都變得更加好過和容易。

即便他們無法閱讀，但遺漏我收養的兩隻狗狗，鹽巴和胡椒，似乎也蠻怪的，因為他們在撰寫本書期間，提供了超多情緒上的支持。鹽巴和胡椒都是我在他們被安樂死的前幾個鐘頭領養的，而他們教會了我許多有關生命的道理，不亞於任何人類。所以為了向他們致敬，我要感謝所有動物援救及收容工作者，特別是半島遺棄寵物（Peninsula Unwanted Pets）的 Debbie Rhone，感謝你所做的一切，以及讓我學會人生的第二次機會，永遠都不嫌晚。

Morgan Christen 法官：能夠稱你為我的導師及摯友，可說是我這一生中最為獨特的特權之一。感謝你確保我對正義的信心、協助我看見我的真相擁有的力量、給予我能夠訴說的安全感，以及阻止我在一把這些事情寫到紙上後就全部刪掉。

感謝 Barbara Gottlieb 和 Jay Gottlieb，你們是我堅固的磐石，也是我熱忱的泉源。我不知道你們是怎麼有辦法讀過每一版草稿，並且參加每一場活動的，但我肯定是中了公婆樂透，才會遇見你們。

要是沒有姥姥和姥爺，我也不會成為現在的我，我已經過世的爺爺、奶奶、大大，以及我所有的阿姨、姑姑、叔叔、伯伯、舅舅、表親、堂親，他們教導了我勇氣和家庭的真諦，而他們的愛，也讓我能夠熬過這麼多年的孤獨寂寞，不致滅頂。

謝謝 Marc（他讀過這本書每一個部分的每一個字，只除了這一段之外，這讓他還蠻懊惱的），你是我的頭號讀者、編輯、啦啦隊、我私人專屬的單口喜劇演員、我在法律和人生中的夥伴，在你身邊，我就永遠不需要再躲躲藏藏。我的選擇不一定總是最容易支持的，但你仍然不知怎地，想辦法一次又一次不斷支持著我。即便我們新婚的那年是在一場全球疫情中度過，我的心一看見你還是忍不住雀躍起來，而且和你這個我最要好的摯友在一起，每一天也依然都是一場睡衣派對。我是全世界最幸運的人，可以和你共度我的人生，一起成長、歡笑、執業、大哭，還有——沒錯，甚至跟你一起吵架也是。

最後，謝謝爸爸，我的韌性和不屈不撓榜樣，我和他一起分享我噁爛的幽默感，以及我對這個美麗國度頑強的愛；也要感謝媽媽，她如此奮不顧身地愛我，而且這麼早就給了我各種工具，讓我可以為自己打造出想要的生活，只要我放膽去做夢。當你們一無所有時，卻還是不知怎地想方設法給了我一切。光是為了這樣的魔法，就算獻上全世界所有的感謝，也都遠遠不夠。

〔identity〕009

美麗國度

不被記錄的黑戶童年

Beautiful Country: A Memoir

作者 王乾（Qian Julie Wang）
譯者 楊詠翔

副總編輯 洪源鴻
責任編輯 柯雅云
封面設計 萬亞雰
內頁排版 宸遠彩藝

出版 二十張出版／左岸文化事業有限公司
發行 遠足文化事業股份有限公司（讀書共和國出版集團）
地址 新北市新店區民權路108-3號3樓
電話 02·2218·1417
傳真 02·2218·0727
客服專線 0800·221029
信箱 akker2022@gmail.com
Facebook facebook.com/akker.fans
法律顧問 華洋法律事務所 — 蘇文生律師
印刷 呈靖彩藝有限公司
出版 二〇二四年十一月 — 初版一刷
定價 四八〇元

ISBN | 978-626-7445-58-7（平裝）、978-626-7445-56-3（ePub）、978-626-7445-57-0（PDF）

美麗國度：不被記錄的黑戶童年
王乾（Qian Julie Wang）著／楊詠翔譯
一版／新北市／二十張出版／左岸文化事業有限公司
2024.11 ／ 368 面／ 14.8 x21 公分
譯自：Beautiful Country: A Memoir
ISBN：978-626-7445-58-7（平裝）
1. 王乾 (Wang, Qian Julie, 1987-)　2. 傳記　3. 移民
785.28　113014101